An Dúchas agus
An Domhan

Diarmuid Ó Giolláin

CORK **cup** UNIVERSITY PRESS

An Chéad Chóiriú 2005
Cló Ollscoile Chorcaí
Coláiste Ollscoile
Corcaigh do fhoillsigh

ISBN 1 85918 389 1

An t-údar, le cúnamh
Redbarn, Sciobairín a chlóchuir
ColourBooks, Baile Atha Cliath, a chlóbhuail

www.corkuniversitypress.com

Clár

Do
Mary O'Callaghan

Réamhrá

Is beag focal Gaeilge chomh dúchasach le 'dúchas'. Tá sé ar cheann de na focail sin i roinnt teangacha is deacair a aistriú: leithéidí *duende* na *Spáinnise* nó *Gemütlichkeit* na Gearmáinise. Is focail iad a léiríonn a ndoaistrithitheacht leithleachas éigin náisiúnta, tréith éigin nach bhfuil ag aon náisiún eile—mar dhea. Dáiríribh, má bhaineann fadhb leis na focail sin, is fadhb aistritheoireachta í seachas fadhb mheitifisiciúil. Tugann na focail sin ábhar díospóireachta dúinn mar sin féin, agus ábhar machnaimh ar nádúr phobal teanga. Má bhíonn coincheap do-aistrithe ag pobal teanga, ní áiteofaí mar sin féin go bhfuil gach coincheap dá chuid doaistrithe. Is fusa glacadh leis go bhfuil formhór na gcoincheapanna i gcoitinne idir phobail, ach gur féidir coincheapanna a bheith ann a bpréamhaítear a gcomharthaí sóirt i stair ar leithligh, nó i gcreideamh nó in institiúid shóisialta faoi leith seachas sa mheitifisic.

Ciallaíonn 'dúchas' an cultúr agus an nádúr.[1] Seo samplaí d'úsáid an fhocail i seanfhocail Chúige Chonnacht:

> Briseann an dúthchas trí shúile an chait.
> Thug sé ó dhúthchas é, mar a thug an mhuc an tochailt.
> Is treise dúthchas ná oileamhain.
> A dhúthchas féin ní bainfear ó aoinneach go deo.
> Is minic nár lean bó dúthchas.
> Ní fáidh duine 'na dhúthchas.
> Toghaibh an bhean de réir a dúthchais.[2]

Ciallaíonn 'dúchas' go bunúsach an nádúr dosheachanta agus an oidhreacht. Baineann an réigiún arb as do dhuine agus an teanga a labhrann sé lena oidhreacht, mar a bhaineann a mheon (fiú maran fíor sin ó thaobh na síceolaíochta, tuigeadh gur le sinsearacht a fuair duine a

i

thréithe pearsanta). Is dóigh liom go bhfuil an dá bhrí sin, an nádúr agus an oidhreacht, chun tosaigh sna foclóirí.[3]

Is fusa 'domhan' a aistriú ná 'dúchas'. Luann an foclóirí Pádraig Ó Duinnín gurb ionann le chéile iad an domhan agus an saol chun tagairt '*to the world we live in*'.[4] Ciallaíonn an 'domhan' an saol (sa bhrí díreach luaite), an pláinéad seo agus an t-úinivéarsa. Ciallaíonn *an chruinne* an dá bhrí dheireannacha díobh. Nílimid ag tagairt don domhan mar phláinéad ná mar úinivéarsa anseo áfach, rud a bhaineann le réimse na geolaíochta nó na fisice, ach don saol a mairimid ann. Ach an mairimid go léir in aon domhan amháin? An féidir an domhan sin a thuiscint i slí aontaithe? An bhfuil stair amháin ag an domhan? Agus an próiseas cothrom domhanda é an domhandú (*globalization, mondialisation*)? Cabhróidh sé linn, b'fhéidir, glacadh le dhá thuiscint ar dhomhan, mar atá, an saol a mairimidne mar phobal leithleach ann, agus an canbhás mórthaibhseach a dtiteann imeachtaí tromchúiseacha idirnáisiúnta amach air.

Tráchtann scoláire ar an gcreideamh William E. Paden ar dhomhan, nó ar dhomhain, i dtéarmaí an reiligiúin. Is é sin, ní mhaireann reiligiúin éagsúla sa domhan céanna ach tá domhan—'úinivéarsa', córas—dá chuid féin ag gach reiligiún, nach mbíonn i bpáirt ag reiligiúin eile. Rianaíonn Paden an coincheap seo de dhomhan aniar ón bhfealsamh Immanuel Kant (1724–1804) agus ón socheolaí Émile Durkheim (1859–1917). Rud is ea domhan a chruthaíonn an duine, agus tá baint aige le haigne an duine agus le struchtúir shóisialta an phobail. Nádúr gach reiligiúin is ea an domhan a mhíniú. Cineál amháin taighde ar éagsúlacht daoine eile is ea na coda difriúla dá saol a thuiscint i dtéarmaí iomláine a ndomhain, is é sin, iad a thuiscint de réir a dtéarmaí tagartha féin:[5]

Religions are systems that must cope with the full burden of human suffering, and affliction, disasters, and death must all be addressed by the resources of myth, scripture, and ritual. Within its own world, there is nothing a religion cannot explain or at least interpret.[6]

Ar an gcuma chéanna, domhain—nó córais—is ea cultúir agus teangacha; d'úsáid an séimeolaí[7] Jurij Lotman an téarma 'córas múnlaitheach' chuige seo, agus 'príomhchóras múnlaitheach' ab ea an teanga, dar leis: .i. 'múnlaíonn' na córais seo an domhan a airíonn an duine seachas an domhan a bheith ann go neamhspleách agus go hoibiachtúil.[8] Baineann an dúchas le domhan ar leithligh go pointe áirithe. Córas is ea domhan a mhíníonn i bprionsabal gach ní. Ach bagairt don chóras sin is ea domhain eile a chuireann dúshlán faoi, a dhiúltaíonn dá théarmaí tagartha agus a bhaineann dá údarás mar fhoinse eolais agus mínithe.[9] Baineann an dúchas le domhan amháin, ach cuireann domhain eile isteach air, domhan na gcomharsan, domhan na gcarad carthanach, domhan na namhad foghlach. Agus cuireann an domhan uilíoch isteach air, an domhan atá mar thoradh ar phróisis chuimsitheacha idirnáisiúnta sa mhachnamh, san eacnamaíocht, sa pholaitíocht agus sa chultúr, a thagann chun cinn i ré na nua-aoiseachta ionas gur féidir a rá gur domhan faoi leith is ea an nua-aoiseacht, an domhan ba chuimsithí dá raibh riamh ann, agus gurbh é a loighic an domhandú a dtugaimid ceann dó sa lá atá inniu ann.

Domhan faoi leith agus an bhaint idir é agus na domhain lasmuigh de is ábhar den leabhar seo. Is iad na foinsí is mó a mbaintear úsáid astu ná téacsaí foilsithe béaloidis, beathaisnéisí Gaeltachta, mionstaidéir antraipeolaíochta ar Éirinn, taighde anailíseach agus teoiriciúil léann an bhéaloidis, na hantraipeolaíochta, na socheolaíochta, na staire, léann an reiligiúin agus léann na cumarsáide. Dar liom, níl pribhléidí ag na foinsí béaloidis mar fhoinsí eolais ar chultúr traidisiúnta na hÉireann thar na beathaisnéisí ná na mionstaidéir antraipeolaíochta ach amháin sa mhéid is gur saibhre agus gur iomadúla go mór iad agus gur mó iad na ceantair agus na daoine a tháinig faoi réim an bhailithe. Ní cultúr na hÉireann i gcoitinne atá le plé anseo, ná cultúr na Gaeltachta i gcoitinne ach chomh beag. I mbeagán focal, is é an caidreamh atá i gceist sa leabhar ná é sin idir an béaloideas nó an cultúr traidisiúnta—agus go háirithe an chuid Ghaelach de—ar thaobh amháin, agus an t-ardchultúr nó an cultúr oifigiúil nó an nua-aoiseacht ar an dtaobh eile.

Fadhb amháin is gá a lua ó thosach is ea: an domhan é, nó ar dhomhan é, an cultúr traidisiúnta? Is ciallmhaire an *tsochaí* thraidisiúnta a phlé i dtosach ós rud é nach mbíonn cultúr ann neamhspleách ar dhaoine. Is 'aontacht sheasmhach daoine ar mhaithe le cuspóir coiteann a bhaint amach' í sochaí.[10] Córas is ea í a aontaíonn le chéile daoine indibhidiúla a bhfuil cultúr i bpáirt acu. Braitheann an tsochaí agus an cultúr ar a chéile. Ciallaíonn cultúr an t-eolas, an t-iompar, na nósanna, na luachanna agus na noirm atá ag sochaí, agus iad aontaithe mar chóras i modh maireachtála.[11] Ach cad is sochaí thraidisiúnta ann? De ghnáth nuair a shamhlaítear an saol traidisiúnta d'Éireannaigh, ritheann daoine, rudaí agus áiteanna áirithe leo. Peig Sayers. Biddy Early (nó Bríd Moch-Éirghe[12]). Poitín. Naomhóga (nó currachaí). Cliabhacha. Tithe ceann tuí. Bróga úrleathair. Seanscéalta. Amhráin ar an 'sean-nós'. Piseoga. Síóga. Pátrúin. An Ghaeilge labhartha. An Blascaod Mór. Conamara. Oileán Toraigh. An Ghaeltacht. Iarthar na hÉireann.

Tá cuid díobhsan caillte nó imithe le fada, a thuilleadh nach bhfuil, a thuilleadh athruithe ó bhonn. I mbeagán focal—mar pléifear an cheist seo níos doimhne sa tríú cuid den leabhar—is féidir sochaí thraidisiúnta a mhíniú mar seo a leanas: sochaí a athraíonn go mall, a heacnamaíocht bunaithe ar amhábhair áitiúla, a déantús á chaitheamh go háitiúil, teagmháil teoranta aici leis an saol lasmuigh, ionad lárnach ag an gcreideamh inti agus an smacht sóisialta docht i bhfeidhm uirthi. De réir na bhfoinsí a luaim, baineann an saol traidisiúnta atá á léiriú sa leabhar seo le ceantair Ghaeltachta agus BreacGhaeltachta Iarthar na hÉireann go háirithe, ach tá ceantair eile in Éirinn agus thar lear luaite freisin. Ó thaobh thréimhse ama de, cathain a bhí an tsochaí thraidisiúnta ann? Bailíodh formhór na dtéacsaí béaloidis agus foilsíodh na beathaisnéisí móra Gaeltachta sa chéad leath den 20ú haois, agus baineann an dá fhoinse araon le daoine a fhás suas sa tarna leath den 19ú haois. Foilsíodh an chéad leabhar ar antraipeolaíocht na hÉireann sa bhliain 1937, staidéar ar cheantar BreacGhaeltachta. Ach níos mó ná aon ní eile, braitheann an tsochaí thraidisiúnta ar choincheap eile, mar atá, an tsochaí nua-aoiseach, an dá choincheap mar thoradh ar fhorbairt na n-eolaíochtaí sóisialta sa 19ú agus sa 20ú haois.

Glacaim leis *de facto* go bhfuilimid ag trácht den chuid is mó ar thréimhse ó na blianta i ndiaidh an Ghorta Mhóir go dtí, abraimis, lár an 20ú haois, agus an cultúr traidisiúnta á phlé, ach is deacair tús ná deireadh cinnte a chur leis. Agus leanann plé an leabhair go dtí an lá atá inniu ann. Ní féidir a mhaíomh gur fhan an saol traidisiúnta ina stad le linn na tréimhse sin chun gur féidir pictiúr cruinn a thabhairt de. Níor fhan, agus ní pictiúr cruinn is cuspóir den leabhar seo. I rith na tréimhse sin ar fad bhí tréithe ag teacht chun cinn agus tréithe eile ag dul ar gcúl. Tháinig réabhlóid i seilbh na talún. Tháinig athrú mór ar bhia na ndaoine. Leathanaigh an t-oideachas agus an litearthacht go mór. Ghéaraigh ar an bpróiseas cultúrtha a dtugann staraithe—ag déanamh aithrise ar an staraí Meiriceánach Emmet Larkin—'réabhlóid na deabhóide' air sa chreideamh.[13] D'fhás infrastruchtúr na cumarsáide go mór le bóithre, iarnróid agus longa gaile. D'athraigh an talmhaíocht ó bhonn. Thit an daonra go fíochmhar. Leathanaigh an Béarla agus chúlaigh an Ghaeilge. Chruthaigh an pholaitíocht aigne nua agus féiniúlacht nua sna daoine, arbh é an toradh air ollghluaiseacht a ghnóthaigh stát neamhspleách don chuid ba mhó den tír. Agus le linn na tréimhse sin ar fad bhí an saol traidisiúnta ag dul ar gcúl, an chúis gur siar agus níos faide siar a chaith scoláirí a ghabháil chun teacht air, agus an chúis gur bhrúigh béaloideasaithe, teangeolaithe agus antraipeolaithe ar a chéile sna ceantair bheaga chéanna. Mar gheall ar dhébhríocht áirithe agus easpa cruinnis an téarma 'saol traidisiúnta', táim sásta tagairt de ghnáth don 'seansaol' freisin, téarma 'traidisiúnta' a bhfuil sé de bhuntáiste aige go bhfuil blas an 'dúchais' air (cé nach focal traidisiúnta é 'traidisiúnta' féin!).

Tosnaíodh ar an leabhar seo le linn dom tréimhse fhíorthaitneamhach a chaitheamh ag múineadh in Ollscoil Notre Dame sna Stáit Aontaithe.

Thug mo chomhleacaithe in Institiúid Mhic Eochaidh an Léinn Éireannaigh agus i Roinn na hAntraipeolaíochta an-mhisneach dom. Gabhaim buíochas ó chroí le Christopher Fox, Breandán Ó Buachalla, Breandán Mac Suibhne, Seamus Deane, Nila Gerhold, Michael Griffin, Brian Ó Conchubhair, Sarah McKibben, Peter McQuillan, Aideen O'Leary agus Susan Harris, a chuir fáilte romham san Institiúid agus le Jim McKenna, Kimbra Smith, Merdith Chesson, Ian Kuijt, Agustín Fuentes, Joanne Mack agus Diane Pribbernow i Roinn na hAntraipeolaíochta. Táim fíorbhuíoch díobh.

Thug mo chomhleacaithe i Roinn an Bhéaloidis i gCorcaigh riamh an-tacaíocht dom, agus ba mhaith liom mo bhuíochas a chur in iúl do Ghearóid Ó Crualaoich, Marie-Annick Desplanques, Stiofán Ó Cadhla, Maeve McDevitt, Cliona O'Carroll, Margaret Humphreys, Jenny Butler, Ina Buckley agus Seán Ó Duinnshléibhe (atá anois i Roinn na NuaGhaeilge). Murach mic léinn, ní bheadh an spreagadh ann a thugann an oiread sin taitnimh d'acadúlaigh: mo bhuíochas díobh. Bhí an t-ádh linn mar Roinn go raibh iarchéimithe chomh maith agus chomh gníomhach againn: cuireann siad go mór le cultúr na Roinne a chabhraíonn chomh mór sin leis an machnamh. Tá cairde agus comhleacaithe agam a thug spreagadh intleachtúil agus misneach dom ba mhaith liom a lua: Andy Bielenberg, Angela Bourke, Mícheál Briody, Neil Buttimer, Rosa Carrancho, Linda Connolly, Maeve Conrick, Ethel Crowley, Pat Crowley, Mary Donnelly, Jim MacLaughlin, Séamas Mac Philib, Frank Martin, John Mee, Siobhán Mullally, Sylvie Muller, Bo G. Nilsson nach maireann, Patrick O'Flanagan, Clíona Ó Gallchóir, Pól Ruiséal, Tuula Sakaranaho, Ríonach uí Ógáin.

Táim buíoch do Dhámh na nEalaíon i gColáiste na hOllscoile, Corcaigh, a thug airgead taighde dom chun turas a thabhairt ar an India i 2001. Thug an turas, agus an t-eolas a bhailíos ann, léargas nua dom ar chuid mhaith fadhbanna taighde. Ba mhaith liom buíochas ó chroí a ghabháil le Sadhana Naithani, Jawaharlal Nehru University, New Delhi; Ashis Nandy, Center for the Study of Developing Societies, New Delhi; Shashikala Gurpur Murphy, Manipal Institute of Higher Education, Manipal, Karnataka; agus Jawaharlal Handoo, Central Institute of Indian Languages, Mysore, as an gcabhair a thugadar dom agus as an bhfáilte a chuireadar romham. Tá roinnt de smaointe an leabhair seo ag teacht chun cinn le fada. Táim buíoch do dhaoine a thug seans dom iad a thriail ós comhair lucht éisteachta acadúil. Ina measc, ba mhaith liom na daoine seo a leanas a lua: Pádraig Ó Héalaí in Ollscoil na hÉireann, Gaillimh, Mícheál de Mórdha in Ionad an Bhlascaoid, Lauri Harvilahti agus Anna-Leena Siikala, a thug cuireadh dom múineadh sa Folklore Fellows' Summer School i Lammi na Fionnlainne i 2002, Mabli Agozzino in

Ollscoil California, Berkeley, agus Breandán Mac Suibhne in Ollscoil Notre Dame.

Táim fíorbhuíoch do Chló Ollscoile Chorcaí as an leabhar seo a fhoilsiú, do Sarah Wilbourne a ghlac leis an tionscnamh ar dtúis, do Mike Collins, Caroline Somers, Tom Dunne agus Máire Ní Shíocháin a threoraigh chun críche é agus don bheirt léitheoirí gan ainm ar chabhraigh a dtuairiscí ar mo théacs dom a lochtanna a aithint. Ba mhaith liom mo bhuíochas a ghabháil le hOllscoil Náisiúnta na hÉireann agus le Dáimh na nEalaíon i gColáiste na hOllscoile, Corcaigh, as cúnamh airgid chun an leabhar a fhoilsiú.

Gabhaim buíochas ó chroí le mo mhuintir, Nora Gillan, Mary Gillan, Simeon Gillan agus Elisabeth Gillan as a dtacaíocht mhorálta. Murach Mary O'Callaghan, a thug an oiread sin misnigh dom, bheinn dulta as mo mheabhair i bhfad ó shin! Is dise a thiomnaím an leabhar seo.

CUID A HAON

Am

(i) An Comhthéacs

(i)

Ceist lárnach i staidéar an chultúir thraidisiúnta is ea an t-am. Baineann gach pobal le ham faoi leith: baineann a fhéiniúlacht agus a thuiscint air féin lena leanúnachas san am. Tá an ginealach anseo i gceist go pointe áirithe agus sa chiall is leithne. Ag deireadh, is ionann an bhaint atá ag an duine lena ghinealach agus ag an bpobal lena stair: gan iad ní féidir le ceachtar acu, duine ná pobal, bheith ann. Baill den phobal is ea na daoine atá caillte agus iad atá fós ar an saol: murach sin níl sa phobal ach slua, *flash mob* a tháinig le chéile ar mhaithe le cuspóir gearrthéarmach agus a d'imigh leis arís.[1] Caomhnóirí sealadacha is ea na daoine atá beo: caomhnaíonn siad feirmeacha, trealamh, creidimh, scéalta, luachanna. Deineann na glúinte sealaíocht ar a chéile i gcaomhnú na rudaí seo. Maireann na rudaí sin san am ach faigheann an duine aonair bás san am freisin. Má tá an t-am tábhachtach, conas is féidir é a chaomhnú? Mar tá an iomarca den am ann.

Tá dhá shlí chun é a láimhseáil: an chuimhne agus an dearmad. Baineann coincheap an traidisiúin nó na hoidhreachta leis an dá cheann díobh. Mar a deir Lauri Honko, scoláire Fionnlannach a bhí ar dhuine de scoláirí móra na haoise, gan mhalairtí, gan bheith ábalta ar ghlacadh le rud nó diúltú dó, gan rudaí a chur in oiriúint don lae inniu, gan an smacht sóisialta, gan an míniú, ní féidir cuid den chultúr a dhéanamh de thraidisiún.[2] Agus ní féidir an chuimhne a dheighilt ón dearmad. Tá ceist an traidisiúin agus na nua-aoiseachta lárnach i dtuiscint an ama, mar tá stair ag an am féin, nó ar a laghad tá stair ag coincheap an ama. Tugann an traidisiún agus an nua-aoiseacht téarmaí tagartha dúinn freisin chun an tsochaí i gcoitinne agus an béaloideas go speisialta a phlé. Gan an dá

3

choincheap seo agus an caidreamh nó an choimhlint eatarthu, is é is
dóichí nach mbeadh aon tuiscint ann ar a leithéid de rud agus an
béaloideas. Coincheap é an nua-aoiseacht a théann thar ceist an ama
chun ceisteanna móra nádúr agus dul chun cinn na sochaí a chlúdach. Is
é an dálta céanna é ag an 'iarnua-aoiseacht', atá ar cheann de cheisteanna
móra na linne seo.

(ii)

Téama lárnach sna heolaíochtaí sóisialta is ea an nua-aoiseacht. Léann
na nua-aoiseachta cuid mhaith is ea an tsocheolaíocht, ach ní féidir an
antraipeolaíocht ná léann an bhéaloidis a shamhlú gan choincheap na
nua-aoiseachta a thuiscint laistiar díobh ach chomh beag. Ní deacair
teacht ar dheifnídí den sochaí nua-aoiseach, ach ós rud é gur rudaí
tánaisteacha cuid mhaith deifnídí ar an sochaí thraidisiúnta—is í an nua-
aoiseacht an bunchoincheap—déanfar iarracht anseo ar an sochaí
thraidisiúnta a léamh 'aniar', ag imeacht ó dheifnídí na nua-aoiseachta.
Dhá choincheap iad an traidisiún agus an nua-aoiseacht a bhraitheann ar
a chéile, ar nós dubh agus geal, nach féidir ceann amháin a thuiscint
neamhspleách ar an gceann eile. Ach murab ionann agus dubh agus geal,
nach raibh ceann amháin ann roimh an ceann eile agus ar féidir an dá
cheann a bheith ann ag an am gcéanna, tuigtear an tsochaí thraidisiúnta
agus an tsochaí nua-aoiseach i dtéarmaí stairiúla. Is é sin, in imeacht na
staire tháinig athruithe, agus ceann de na hathruithe sin is ea dul ar gcúl
na sochaí traidisiúnta agus teacht chun cinn na sochaí nua-aoisí.

Cé gur féidir teacht ar an gcodarsnacht 'seanda–nua-aoiseach' i
gcultúir eile, tá sí ceangailte go háirithe le cultúr an Iarthair. Mar a luann
an staraí Jacques Le Goff, ón 5ú haois go dtí deireadh na ré
réamhthionsclaí bhain sí le coimhlint intleachtúil a fuair cruth faoi leith
le linn an tSoilsithe.[3] Tá sé le tuiscint san athrú a tháinig ar *moderne/*
modern ('nua-aoiseach') le linn ré na tionsclaíochta, nuair a tháinig an
coincheap nua *modernité/ modernity* ('nua-aoiseacht') chun cinn. An focal
modernus féin, ba sa Laidin déanach a bhí fáil i dtosach air agus ar feadh
i bhfad d'fhan an bhrí 'déanach' (.i. 'le déanaí') leis. Tá trácht ar
'*modernité*' ('nua-aoiseacht') den chéad uair i lár an 19ú haois (agus ón
bhfocal seo a thagann '*modernity*' an Bhéarla, *modernität* na Gearmáinise,
modernidad na Spáinnise, ⁊rl.). Míníonn an socheolaí Göran Therborn
coincheap na nua-aoiseachta mar a thuigimid anois é go beacht: 'ré a
thugann a haghaidh don am atá le teacht, agus tuigtear go bhfuil an t-am
seo difriúil agus b'fhéidir níos fearr ná an aimsir láithreach agus an aimsir
chaite'.[4] Mar adeir Le Goff, téann an chodarsnacht 'seanda–nua-aoiseach'
níos faide ná an t-am: tagraíonn sí do mheon atá ag daoine, sochaithe
agus réanna i leith na haimsire caite.[5]

Is féidir coincheap na nua-aoiseachta a cheangal go háirithe le teagasc fhealsaimh an tSoilsithe san 18ú haois.[6] Tá roinnt feiniméan i gceist leis an nua-aoiseacht. Tháinig sí chun cinn le meathlú an tseanoird sóisialta, le dul ar gcúl an chreidimh agus le fás sochaí bunaithe ar an réasún. Gnéithe di ab iad cur chun cinn na heolaíochta mar mheán chun an saol a fheabhsú, agus an iontaoibh as leathnú an oideachais agus an ardchultúir chun daoine a fheabhsú go morálta. Dá bhrí sin, bhí an duine nua-aoiseach éagsúil le gach aon saghas duine a tháinig roimhe. Bhí sé neamhspleách, scartha ón traidisiún, agus bhain céim amach sa saol de bharr a réasúin agus cur i bhfeidhm a thionscail. Bhí aghaidh na sochaí nua-aoisí ar an todhchaí, a cúl leis an aimsir chaite, agus an barr aici, dar léi, ar gach aon ré eile.

I bhForógra na gCumannach (1848), léirigh Karl Marx agus Friedrich Engels an difear idir ré na buirgéise—an nua-aoiseacht—agus na réanna a chuaigh roimpi:

> . . . ní bheadh an bhúirgéiseacht ann ar chor ar bith murach síorfheabhsú a húirlisí táirgíochta agus eagar na táirgíochta féin, dá réir sin, maille le heagar iomlán an chórais shóisialta. Níorbh amhlaidh do na haicmí tionsclaíocha a d'imigh roimpi arbh é caomhnú na seanmhódhanna déantúsaíochta, i riocht nach n-athródh, chéad-choinníol na beatha dhóibh. Is é an síorfheabhsú táirgíochta, maille le síorathrú táirgíochta, maille le síorathrú gach coinníoll sóisialta, an éiginnteacht is an rírá síoraí, a dhéanann idirdhealú idir an tréimhse bhúirgéiseach agus chuile thréimhse dá dtáinig roimpi. Siabtar gach ceangal socair, docht-reoite, chun siúil, maille leis an driobal de chlaontuairimí agus de bharúltaí seanchaite a bhíonn crochta taobh thiar de; imíonn chuile nuadhéantús as dáta sula dtig leis é féin a bhuanú.[7]

I measc chomharthaí sóirt na ré sin, luaigh Marx agus Engels scrios na seantionscal ag tionscail nua, 'nach bhfaigheann a mbunábhar sa chomharsanacht ach san imigéin'; cruthú riachtanais nua 'nach féidir a shásamh ach le hearraí ón iasacht'; agus, '[i]n áit ceantar nó réigiún a bheith scoite amach agus taobh lena dhéantús féin amháin, fásann gréasán leathan caidrimh i ngach treo . . .' Chuir an bhuirgéis an tuath faoi smacht na mbailte móra, lárnaigh sí an stát go polaitiúil. 'Cumhachtaí na dúlra smachtaithe ag an duine, innealra, úsáid cheimice sa tionsclaíocht agus sa talmhaíocht, úsáid ghail sa bhádóireacht, bóithre iarainn, sreangscéalta, mórchríocha iomlána á dtabhairt chun míntíreachais, canáiliú aibhneacha, daonraithe iomlána mar a bheidis ginte as talamh aníos le cumhacht draíochta . . .'

Bhí an lucht oibre tionsclaíoch—an phrólatáireacht—ann de thoradh na n-athruithe sin, ach ba lucht oibre de shaghas nua é, 'tráchtearraí' ab ea na hoibrithe, 'a chaitheann iad féin a dhíol de réir a chéile ar nós chuile chineál tráchtearra eile . . .' Mar gheall ar úsáid an innealra, 'ní bhaineann sainiúlacht phearsanta ar bith le hobair na bprólatáireach' agus, dá dheasca sin, níl san oibrí ach 'ball breise den inneall . . .' Chuaigh go leor ceardaithe, siopadóirí agus tuathánaigh isteach sa lucht oibre tionsclaíoch mar ba bheag ab fhiú a n-oilteacht suas le modhanna nua táirgíochta agus ba bheag an caipiteal a bhí acu. Mheath na haicmí eile, 'agus cuireann an tionsclaíocht de dhroim sheoil iad . . .'. Ba í an phrólatáireacht an t-aon aicme réabhlóideach.[8] Cuireann Seoirse Mac Tomáis an próiseas céanna in iúl go tíriúil gonta in *An Blascaod mar a Bhí*:

> Do réir mar leathnaigh cúrsaíocht an airgid, tháinig athrú ar na ceangail a bhí ar na daoine. In ionad a bheith ag obair as láimh a chéile mar chairde gaoil agus mar chomharsana, is amhlaidh a bhídís ag cur i gcoinnibh a chéile mar dhíoltóirí agus mar cheannaitheoirí. Scaoileadh as a chéile na ceangail phearsanta a bhí eatarthu roimis sin, agus d'éalaigh an t-airgead isteach eatorthu ina gcúrsaí go léir go dtí sa deireadh ná raibh de cheangal eatorthu ach é.[9]

I measc na dtréithe a bhaineann leis an nua-aoiseacht, is féidir tagairt do roinnt de scoláireacht chlasaiceach na socheolaíochta. Dar le hÉmile Durkheim (1858–1917), ba cheann de chomharthaí sóirt na sochaí nua-aoisí an forás i speisialú na hoibre. Bunaíodh na ceangail shóisialta sa tsochaí nua-aoiseach air sin—in ionad ar shaoldearcadh reiligiúnach[10]— mar bhraith gach duine ar speisialtacht duine eile chun earraí agus seirbhísí riachtanacha a sholáthar. Sa deireadh níor fágadh puinn ann d'aithne chomhchoitianta an phobail. I sochaithe casta, ba shoiléire iad na difríochtaí idir dhaoine, glacadh leis an indibhidiúlacht agus ag deireadh deineadh ceart di. Chosain an stát cearta an duine aonair thar éileamh grúpaí tánaisteacha ar a nós siúd bunaithe ar an ngaol fola nó ar an dúthaigh. Fadhb sa tsochaí nua-aoiseach ab ea gur theip ar an móráltacht thraidisiúnta, rud a fhág an duine gan treo—*anomie* a thug Durkheim ar an staid sin.[11]

Thuig Ferdinand Tönnies (1855–1936) an t-aistriú ón sochaí thraidisiúnta go dtí an nua-aoiseacht mar bhealach ó *Gemeinschaft* ('coitiantacht, pobal') go dtí *Gesellschaft* ('páirtíocht, cuideachta'). Le *Gemeinschaft* thuig sé na ceangail phearsanta dho-sheachanta a bhí ag baill phobail lena chéile, ceangail a bhí bunaithe ar an traidisiún, ar an gcomhbhá agus ar an dlúthchaidreamh: 'ar scáth a chéile a mhaireann na daoine'. Chiallaigh *Gesellschaft* na ceangail teibí, a bhí oibiachtúil, neamhphearsanta, foirmiúil agus bunaithe ar riachtanas faoi leith, sa stát nua-aoiseach. Ghlac Tönnies leis gur fhuascail an '*Gesellschaft*' an duine ón smacht traidisiúnta a mbíodh sé nó sí faoina réir, ach ag an am gcéanna scriosadh dlúthpháirtíocht an phobail agus cuireadh an conradh, an margadh agus an iomaíocht ina hionad.[12] Dar le Max Weber (1864–1920), bhí idirdhealú tábhachtach idir 'sprid an chaipitleachais' (a cheangail sé leis an bProtastúnachas) agus an 'traidisiúnachas', maidir lena meon i leith na hoibre. Ní raibh dúil san airgead ag an duine sa tsochaí thraidisiúnta. Ba leor dó an bheatha a thuilleamh mar ba ghnáth leis. Bhí ar an gcaipitleachas troid i gcoinne na haigne sin chun torthúlacht na hoibre a mhéadú. Comharthaí sóirt sochaithe nua-aoiseacha ab ea an t-atheagrú ar an táirgíocht ar bhonn réasúnach agus cruthú maorlathais stáit a rialaigh cuid mhór den saol sóisialta.[13] Mar gheall ar réasúnachas an tsaoil nua-aoisigh agus ar mheath na sochaí traidisiúnta, chaill daoine an tuiscint traidisiúnta ar an saol a thugadh saibhreas mothaitheach dóibh, rud a fhág easnamh mór dá uireasa.[14]

Leis an Soilsiú, le machnamh Darwin ar an éabhlóid, le cur i bhfeidhm choincheap na héabhlóide ar an sochaí ag Herbert Spencer (an 'Darwineachas sóisialta') agus le teacht chun cinn na hantraipeolaíochta, tháinig tuiscint faoi leith ar shochaithe an domhain i réim, a chuir síos ar fhorás áirithe: ón bhfiántas go dtí an bharbarthacht go dtí an tsibhialtacht, nó ón bprimitíveacht go dtí an tsibhialtacht. Tháinig claochluithe ar an mbundeighilt seo ar ball—an tsochaí thraidisiúnta agus an tsochaí nua-aoiseach, tíortha 'fofhorbartha' (cheap an tUachtarán Truman an téarma *underdevelopment* sa bhliain 1949) agus tíortha 'forbartha', cuir i gcás—ach is í an bhundeighilt atá á plé anseo agus í ceangailte le tuiscint faoi leith ar an stair.

Má léimid 'aniar' trí chur síos na n-údar thuas, is féidir iarracht ar chomharthaí sóirt na sochaí traidisiúnta dar leo a léiriú. Sochaí dho-athraithe ab ea í, a heacnamaíocht bunaithe ar amhábhair áitiúla, a déantús á chaitheamh go háitiúil, agus teagmháil teoranta aici leis an saol lasmuigh. Bhí an tuaith cuibheasach neamhspleách ar an mbaile mór. Bhí oilteacht faoi leith ag gach ceardaí, agus iad ag freastal ar phobal faoi leith. Níor mhór an speisialú ar an obair sa tsochaí thraidisiúnta. Mar a deir Mac Tomáis i dtaobh an Bhlascaoid:

> [n]í raibh máistir ná seirbhíseach ina measc, ach iad go léir dlúite le chéile ar an dá thaobh le gaol fola agus cleamhnais; gan fiche slat idir aon dá theaghlach acu; an tslí bheatha chéanna acu uile; gach fear acu ina ilcheardaí agus iad ag fiach agus ag iascach i gcomhar le chéile, ionas gur chosúil leis an aon chlann iad.[15]

Saoldearcadh reiligiúnach a rialaigh a leithéid sin de shochaí ina raibh nósanna i gcoitinne ag gach éinne. Bhí an dlúthpháirtíocht go láidir ann agus caidreamh báúil ag daoine lena chéile. Ach mar gheall ar dho-sheachantacht na gceangal sin, bhí an smacht sóisialta an-láidir. Bhí tuiscint i gcoitinne ag an bpobal traidisiúnta a thug saibhreas siombalach dó. Bhí meon éagsúil aige i leith an airgid agus an bhrabúis; d'oibrigh daoine chun a riachtanais bheatha a shásamh, ní chun airgead a thuilleamh ná caipiteal a bhailiú.

(iii)

Dar le Llorenç Prats, antraipeolaí, agus é ag trácht ar bhéaloideasaithe na Catalóine sa 19ú haois, chruthaigh na scoláirí an béaloideas ina gcuid oibre. 'Is é an béaloideas an rud a dheineann na béaloideasaithe'.[16] Ní imeartas focal amháin é seo. Tá stair faoi leith ag gach coincheap, agus beireann gach coincheap leis a ualach féin di, cuid de is deacair a chur ar leataoibh. Ós rud é nach raibh coincheap aibí an bhéaloidis ann go dtí an 19ú haois, an bhfágann sin nach raibh an béaloideas ann roimhe sin? Cuid d'ualach an choincheapa is ea 'stairiúlacht' an bhéaloidis. Cad ina thaobh go dtuigfí an béaloideas mar fhoinse stairiúil? De ghnáth sa lá atá inniu ann tuigtear an cultúr coiteann—'cultúr an phobail', *popular culture*, *'la culture populaire'*—san antraipeolaíocht, sa tsocheolaíocht, sa chumarsáid, sna *Cultural Studies*, mar fhoinse chomhaimseartha. Is é sin, ní chun eolas a fháil ar an am atá caite ach ar an am atá anois ann a dheintear staidéar air. Agus pléann an stair le cultúr coiteann na haimsire caite mar fhoinse stairiúil.

An téarma ar an mbéaloideas is sine againn, *Volkskunde* na Gearmáinise, is ó na 1780í é. Ceapadh téarma an Bhéarla, *folk-lore*, sa bhliain 1846—W.J. Thoms, ársaitheoir, i litir don irisleabhar, *The Atheneum*, a cheap agus is é is dóichí gur mar leagan Gaeilge de sin, le linn Athbheochan na Gaeilge, a tosnaíodh ar athúsáid a bhaint as téarma a bhfuil trácht air cheana féin sa 17ú haois: *'béaloideas'*. Is mar fhoinse stairiúil a raibh trácht ar *béaloideas* sna tagairtí ba luaithe dó, sa 17ú haois. Dar le Seathrún Céitinn, staraí agus file, bhí trí fhoinse lasmuigh den Bhíobla—mar a scríobh sé i bh*Foras Feasa ar Éirinn* (1630í)—le fírinne na staire a mheas: seanscríbhinní, *Monumenta*, agus béaloideas na sean. Ach cérbh iad na 'seana'? Ba é gearán an Chéitinnigh gur dhein staraithe gallda neamhaird ar 'shubhailcibh nó ar shobheusaibh na n-uasal do Shean-Ghallaibh agus do Ghaedhealaibh do bhí ag áitiughadh Éireann re n-a linn'. Dhein na staraithe sin cur síos ar 'bheusaibh fodhaoine agus cailleach mbeag n-uiríseal, ar dtabhairt maith-ghníomh na n-uasal i dearmad'. Chuir an Céitinneach i gcomparáid iad leis an bpriompallán, agus chun tarcaisne a chur i gceann na héagóra, scríobh sé gurb é ba nós don phriompallán 'bheith ar fuaidreadh go dteagmhann bualtrach bó nó otrach capaill ris, go dtéid d'á unfairt féin ann'.[17] Más báúil iad lucht aon cheirde, níor aithnigh ciaróg ciaróg eile. Tugann focail an Chéitinnigh le tuiscint nárbh ábhar dlisteanach don léann iad na gnáthdhaoine, agus ós rud é gurbh iad traidisiúin na ngnáthdhaoine, nó ar a laghad traidisiúin ghnáthmhuintir na tuaithe, a bhí i gceist le *folk-lore* ó cumadh an focal, fágann sin nach féidir an focal 'béaloideas' a mhíniú mar *folklore* an Bhéarla go dtí ré na hAthbheochana ar a luaithe.[18]

Cé go bhfuil glacadh go forleathan leis an bhfocal Béarla inniu i dteangacha éagsúla mar ainm an ábhair (*folklore*) nó an bhrainse léinn (*folklore* nó *folkloristics*), téann bunús an choincheapa, agus an fhocail féin, siar go dtí tréimhse níos luaithe ná 1846, agus níos faide soir ná Sasana.[19] Tá *lore* soiléir a dhóthain as Béarla, '*a body of traditions and knowledge on a subject*', de réir an *Concise Oxford English Dictionary*, cé nach dtagraíonn sé do rud is soiléir do gach Béarlóir, go bhfuil *lore* ar leibhéal níos ísle, agus níos neamhfhoirmiúla, ná léann. Ach an focal atá laistiar den choincheap is ea *folk*, focal go bhfuil a mhacasamhail i dteangacha eile gaolmhar leis an mBéarla, *Volk* na Gearmáinise nó *folk* na Sualainnise. Sa Ghearmáinis nó sa tSualainnis, ciallaíonn *folk* 'pobal', 'náisiún', 'daoine', cuir i gcás sa tiomnú do mhuintir na Gearmáine—'*dem Deutschen Volke*'—a cuireadh ar an Reichstag i mBerlin i 1916. Ar imirce mhór na bpobal Gearmánach agus Slavach sa mheánaois tugtar *Völkerwanderung*, 'seachrán na bpobal'. Agus tugtar *Folkhemmet*, 'baile an phobail', ar eiseamláir stát an leasa shóisialaigh, 'an patrún Sualannach'. Sa Bhéarla is beag an t-amhras ná gur cúinge an focal *folk* ná a mhacasamhail sa Ghearmáinis ná sa tSualainnis. Ciallaíonn *folk* 'gnáthdhaoine' nó daoine a bhfuiltear ag tagairt dóibh go neamhfhoirmiúil. Ní chiallaíonn sé 'pobal' ná 'náisiún', ná baol air.

Tá a shinsir ag *folklore*. Bhí trácht ar *Völker-Beschreibung* ('cur síos ar phobail') sa Ghearmáinis sa bhliain 1740, agus trácht ar *Ethnographie* (an téarma céanna i gcruth eolaíoch Gréigise-Laidine) agus *Völkerkunde* i 1771: is ionann ciall díobh seo go bunúsach. Ó Wien na hOstaire bhí tuairisc ar *Volkskunde* (*kunde* 'eolas') i 1782 agus ar *ethnologia* sa Laidin i 1783, agus an chiall chéanna leo araon. Baineann na coincheapanna seo le staidéar stairiúil ar phobail a thug cur síos orthu. An difear idir *Völkerkunde* agus *Volkskunde* ná gur bhain an chéad cheann díobh le pobail uile agus an tarna ceann le haon phobal amháin. Dar leis an antraipeolaí Han Vermeulen in alt ar bhunús na dtéarmaí seo, tháinig coincheap na heitneolaíochta nó na heitneagrafaíochta ar an saol i measc lucht labhartha na Gearmáinise idir na blianta 1771–87 mar chuid de thionscnamh an tSoilsithe, chun eagar a chur ar an eolas a bhí á bhailiú ar phobail agus ar náisiúin an domhain ag an am.[20] Brainse den léann a raibh luí aige leis an stair, más ea, ab ea an eitneolaíocht/eitneagrafaíocht a tháinig chun cinn i ndeireadh an 18ú haois.

Is sa *Volkskunde* is mó atá an tsuim againne, i léann a bhí dírithe ar phobal amháin seachas bheith comparáideach. Cuid de *Statistik* ab ea é, léann a bhain leis an staidéar ar *stáit* ar dtúis, mar is léir ón bhfocal féin.

Ní haon ionadh go raibh ceann de na samplaí is luaithe d'úsáid an fhocail *Volkskunde* i leabhar staitistice le Josef Mader, scoláire i bPrág, *Verzeichniss einige gedruckten Hilfsmittel zu einer pragmatischen Landes-, Volks- und Staatskunde Böhmens* (1787), clár foilsiúchán ar thíreolaíocht, eitneolaíocht agus eolaíocht pholaitiúil na Bóihéime, a cheangail le chéile go loighiciúil an tír, a háitritheoirí, agus an stát a rialaigh iad.[21] Mar a chonaiceamar cheana, tá brí leathan leis an bhfocal *Volk*, agus ciallaíonn *Volkskunde* 'eolas ar an bpobal' seachas 'eolas an (ghnáth)phobail', mar is brí le *folklore* (agus le *béaloideas* ag deireadh). Ach dá mba léann é *Volkskunde* a raibh baint aige leis an stair, dhein sé staidéar ar dhaoine a bhí ina mbeatha, ar phobal a bhain leis an am a bhí i láthair ann. Conas gur tháinig scoláirí ar an tuairim gur bhain an t-eolas a bhailíodar leis an am a bhí caite?

Cé gur faoi anáil an tSoilsithe a ceapadh an chéad téarma ar an mbéaloideas, i measc lucht labhartha na Gearmáinise, ba sa cheantar céanna a bhí na céilí comhraic ba chumasaí ag an Soilsiú. Go bunúsach d'aimsigh an Soilsiú luachanna uiliocha sa domhan. Ach ba i bPáras a bhí na *philosophes*, príomhfhealsaimh an tSoilsithe, i bpríomhchathair na tíre ba chumasaí san Eoraip, agus ba le cultúr cathrach cosmapailíteach a samhlaíodh na luachanna sin. Ní raibh stát Gearmánach amháin ann ag an am, ach iliomad prionsachtaí agus ríochtaí Gearmánacha nár aontaíodh in aon stát amháin go haimsir Bismarck, sa bhliain 1871. San 18ú haois, stáit absalóideacha ab ea na stáit Ghearmánacha, faoi cheannas prionsaí a labhair an Fhraincis, teanga an ardchultúir. Agus níor roinn na huaisle sin a gcumhacht leis an mbuirgéis, an aicme a sholáthair na ministrí eaglaise, na dlíodóirí agus na múinteoirí ollscoile. Ní hionadh gur thánadarsan ar athrach tuisceana ar cad ba chultúr ann i gcoitinne agus ar cad ba chultúr Gearmánach ann go speisialta.[22]

Bhí Jean-Jacques Rousseau (1712–1778) agus Johann Gottfried von Herder (1744–1803) chun tosaigh ina meascsan a chuaigh i gcoinne an tSoilsithe, cé go bhfuil go leor snátha éagsúla ina machnamh. Níorbh é Rousseau faoi ndear 'mhiotas[23] an phrimitívigh'—*'le bon sauvage'*—ach chuir sé go mór lena scaipeadh. Dá réir seo, bhí an 'primitíveach'—an tIndiach Meiriceánach i dtús báire—saor ó dhuáilcí na sibhialtachta. Bhí na primitívigh fós i staid na ngrást—'óige an domhain'—agus d'aimsigh Rousseau na suáilcí céanna ar marthain i measc mhuintir na tuaithe san Eoraip, daoine a bhí neamhspleách ar mheath an duine sa chathair. Dhá rud bunoscionn lena chéile ab ea *Naturpoesie* (filíocht an nádúir) agus *Kunstdichtung* (filíocht na healaíne), dar le Herder. B'fhearr filíocht an nádúir, mar cruthú comhchoitianta pobail ab ea í, seachas cumadóireacht aonair ar nós fhilíocht na healaíne. Ag deireadh thiar bhí bunús diaga leis an *Naturpoesie*.[24] Bhí Herder i gcoinne aigne an tSoilsithe a cheangail an traidisiún leis an ainbhios agus i gcoinne an ardchultúir chomhaimsire Ghearmánaigh, a bhí bunaithe ar phatrúin iasachta—pátrúin na Fraince go háirithe. Loighic an tSoilsithe ab ea cultúr uilíoch, faoi mar a aithníodh duine uilíoch (uaidh sin a phréamhaíonn nóisean 'chearta an duine'). Próiseas oiliúna agus sibhialaithe ar an duine a tuigeadh le 'cultúr' i dtosach ionas nach mbeadh ach cultúr amháin ann, agus daoine a raibh sé acu agus daoine nach raibh.[25] Ach ba dheacair an t-idéal uilíoch a scarúint ar fad ó chultúr cumhachtach na bhfealsamh a bhí á chraobhscaoileadh (agus ar ball, le Réabhlóid na Fraince, á chraobhscaoileadh le púdar).

Dhiúltaigh Herder dó seo, ag dearbhú go raibh iliomad cultúr ann, agus iad ar aon luach. Bhí tuiscint orgánach aige do náisiúin, go raibh óige agus seanaois acu faoi mar a bhí ag an duine. Ba dhóigh leis go raibh a linn féin 'faoi sholas fuar an tráthnóna', a hóige caillte aici. Chaith gach ré í féin a athnuachan, agus d'fhéadfaí é sin a dhéanamh trí mheán an *Volksgeist* nó *Volksseele* (anam/sprid an phobail/náisiúin). Bhí a leithéid ag gach náisiún, agus bhí an sprid sin chomh críonna leis an náisiún féin. Ba ag an 'bpobal' go háirithe a bhí an tréith seo, agus tuigeadh gnáthmhuintir na tuaithe go háirithe leis an bpobal, ach mar a léiríonn an plé ar '*Volk*' thuas, ní raibh an míniú sin gan doiléire áirithe. Bhí ansuim ag Herder sna hamhráin tíre: d'fhoilsigh sé cnuasach díobh, *Volkslieder*, sna blianta 1778–1779—dar leis, 'cartlanna an phobail/náisiúin (*Volk*)' ab ea iad. Chuaigh bréagaistriúcháin an Ghaeil Albanaigh Séamus Mac an Phearsain (1736–1796) ar an bhFiannaíocht, *Ossian* (1760-), agus cnuasach amhráin tíre an Easpaig Shasanaigh Thomas Percy (1729–1811), *Reliques of Ancient English Poetry* (1765), go mór i bhfeidhm ar Herder, saothair is féidir a áireamh mar chuid de 'réabhlóid na filíochta' a loirg foinsí nua inspioráide leis an litríocht a athnuachan.

Bhí locht ar an am i láthair i dtuiscint Herder. Bhí an náisiún faoi smacht iasachta agus ní raibh an t-ardchultúr dúchasach ná fírinneach. Ach má bhí locht ar an am i láthair, d'fhéadfaí an aimsir chaite a shamhlú mar ré órga. Go háirithe leis an ngluaiseacht Rómánsach, deineadh idéalú ar an tuathánach, ar an meánaois, ar an traidisiún, ar an gcreideamh, ar an samhlaíocht: ar gach ar chuir an Soilsiú ina gcoinne. Is as an gcomhthéacs intleachtúil seo a tháinig an béaloideas chun cinn mar ábhar léinn. Dar le Renato Ortiz, socheolaí Brasaíleach a scríobh staidéar cumasach ar bhéaloideasaithe na Breataine Móire agus na Fraince sa 19ú haois, bhí tuiscint 'gheolaíoch' ag an mbéaloideasaí:

> Ar dhrompla na sochaí tá feiniméin éagsúla, an cultúr léannta, an pholaitíocht, na hinstitiúidí; faoina mbun thíos aithníonn sé uaidh fírinne atá

ceilte ag aoiseanna na staire. Is é a dhualgas dul thar teorainneacha geolaíocha na srathanna seo ionas go nochtófar ag deireadh doimhneas an stórchiste bhéaloideasúil.[26]

Tagann an meafar geolaíoch—i gcomhthéacs níos diúltaí—as saothar Edward Tylor, *Primitive Culture* (1871), leabhar ceannródaíoch san antraipeolaíocht, a raibh anáil an-mhór aige ar léann an bhéaloidis. Thuig Tylor an béaloideas mar 'iarsma' cultúrtha ó ré níos luaithe. Faoi mar a chuaigh an cultúr chun cinn san éabhlóid sóisialta, ag dul ar aghaidh i ngach áit ón bhfiántas go dtí an bharbarthacht go dtí an tsibhialtacht, d'fhan fuílleach go minic ó ré níos luaithe. Dhein Tylor comparáid mar sin idir an primitíveach (Laidin *primitivus*, 'an chéad rud dá chineál') agus an tuathánach Eorpach.[27]

Más meafar geolaíoch é seo, d'úsáid scoláirí eile meafair den chineál céanna chun seandacht an bhéaloidis a chur in iúl. I léacht cháiliúil, 'The Gaelic Story-Teller', thagair Séamus Ó Duilearga (1899–1980), bunaitheoir léann an bhéaloidis in Éirinn, d'fhocail Kuno Meyer (1858–1919), scoláire mór Ceilteach a mhaígh gur sa Ghaeilge a bhí '*the earliest voice from the dawn of West European civilization*'. D'áitigh an Duileargach go raibh guth níos sine fós sa bhéaloideas, '*echoes out of the vast silence of a still more ancient time, of which hitherto the archaelogist has been the only chronicler*'.[28] Ar an gcuma chéanna, thug an tIodálach Raffaele Corso (1883–1965) 'an réamhstair chomhaimseartha' ar an mbéaloideas.[29] Mar a léiríonn Johannes Fabian, antraipeolaí a dhein staidéar clúiteach ar bhonn intleachtúil a dhisciplín féin, bunfhadhb san antraipeolaíocht is ea an rud go dtugann sé 'séanadh na comhaimsearthachta' air. Is é sin, go bhfuil claonadh san antraipeolaíocht na pobail a gcuireann sí síos orthu a shuíomh in aimsir atá éagsúil leis an am a maireann na hantraipeolaithe ann.[30] Bhain, agus baineann, an fhadhb chéanna le léann an bhéaloidis.

Léiríonn an staraí Oliver MacDonagh anáil mhachnamh den saghas céanna ar thuiscint na staire in Éirinn. Ón mbliain 1800 anonn, chaith staraithe agus ársaitheoirí Protastúnacha agus aontachtaíocha anuas ar aon phictiúr rómánsúil nó glórmhar d'Éirinn roimh aimsir na Lochlannach nó na Normannach agus, ag an am gcéanna, chosain a macasamhla Caitliceacha agus náisiúnaíocha a leithéid sin de phictiúr. '*The nationalist-Catholic school saw the course of Irish history in terms of degeneration from an initial purity, whereas the unionist-Protestants presented it in terms of a triumphant, if lengthy and incomplete, emergence from barbarism*'.[31] Is féidir argóint na n-aontachtaithe a cheangal le dearcadh na *Whig*eanna ar an stair, dearcadh a bhí faoi bhláth sa 18ú agus sa 19ú haois a thuig córas polaitiúil na Breataine Móire mar bhuaic ar fhorás polaitíochta an domhain.[32] Mheas an dearcadh seo tábhacht na staire de réir is a chuir sí le teacht chun cinn an chórais sin. Próiseas forbartha, éabhlóide agus dul chun cinn, más ea, ab ea an stair.

An deighilt sin a aimsíonn MacDonagh i dtuiscint na staire in Éirinn, bhain sí le léann an bhéaloidis i gcoitinne chomh maith. Bhain an dearcadh 'éabhlóideach' leis na tíortha lárnacha coilíneacha, ar nós na Breataine Móire agus na Fraince sa 19ú haois, a bhí ar na tíortha ba chumhachtaí agus ba mhó anáil sa pholaitíocht, san eacnamaíocht agus sa chultúr i saol na linne sin. Bhain an dearcadh 'déabhlóideach'—ó leagan focal an bhéaloideasaí Mheiriceánaigh, Alan Dundes, 'the devolutionary premise'[33]—leis an léann i dtíortha nó i bpobail a bhí faoi smacht tíortha nó pobal nó cultúr eile agus a raibh gluaiseachtaí náisiúnta iontu—cuir i gcás sa Ghearmáin, san Fhionnlainn nó sa Chatalóin.[34] Agus go deimhin ba láidir an dearcadh seo in Éirinn.

(ii) Aois an bhéaloidis

(i)

Le meafair gheolaíocha agus seandálaíocha, is ceart an cheist a chur: cé chomh críonna is atá an béaloideas? Nuair a bhí an scoil chomparáideach stairiúil-tíreolaíoch—an 'modh Fionnlannach'—i réim i léann an bhéaloidis i ndeireadh an 19ú haois agus sa chéad leath den 20ú haois, deineadh roinnt staidéar ar scéalta idirnáisiúnta agus deineadh iarracht ar dháta a chur leo. Tá fianaise ar roinnt scéalta sa litríocht is ársa: ón Éigipt, ón mBaibealóin, ón Aisiria, ón nGréig, ón Róimh. Cuir i gcás, tugann an staraí Herodotus (an 5ú haois roimh Chríost) scéal ón Éigipt ar ailtire a thóg tigh le haghaidh stórchiste Rhampsinitus. D'fhág an t-ailtire cloch amháin scaoilte ann agus robáladh an ciste. Níor rugadh riamh ar an ngadaí.[1] Bailíodh breis agus 200 leagan den scéal sin in Éirinn sa 20ú haois (AT 950 é seo de réir an chórais cláraithe atá mar oidhreacht ar an Scoil Fhionnlannach; 'Triúr Mac na Barrscolóige' a thugtar go minic in Éirinn air).[2] Is é an dálta céanna é i gcás roinnt mhaith scéalta. Tá leanúnachas suaithinseach in an-chuid de na traidisiúin dúchais freisin— an Rúraíocht, an Fhiannaíocht, an naomhsheanchas, cuir i gcás—ón tSeanGhaeilge go dtí an béaloideas a bailíodh sa 20ú haois, agus ceann de chomharthaí sóirt an traidisiúin Ghaelaigh i gcoitinne is ea an leanúnachas sin.[3] Go minic tá foshraith mhiotasach ann is féidir a rianú siar go dtí Ceiltigh na Mór-roinne.

D'aimsigh scoláirí na Ceiltise agus na focleolaíochta comparáidí go leor cosúlachtaí idir Éirinn sa seanreacht agus an India i litríocht ársa na Sainscríte, is féidir a mhíniú mar fhoshraith Ind-Eorpach atá caillte go minic sa limistéar ollmhór idir an dá thír.[4] Ba é an dálta céanna é i gcás an chultúir ábhartha, gur aimsíodh samplaí d'uirlisí ársa in Éirinn agus in áiteanna eile ar imeall na hEorpa agus gan tuairisc orthu i réigiúin lárnacha na mór-roinne.[5] Ba dhóigh le hEstyn Evans (1905–1989), an scoláire ba thábhachtaí ar an gcultúr ábhartha in Éirinn, gur mhaoinchiste seanaimsireachta í an tír, go háirithe ó tháinig sí slán ó Réabhlóid na Tionsclaíochta agus ón bPiúratánachas.[6] Agus é ag trácht ar sheanfhondúirí na Gaeltachta, dhearbhaigh Séamus Ó Duilearga seandacht an bhéaloidis: '(n)uair a caillfear iad beidh deire leis na Meadhon-Aoiseanna i n-iarthar Eórpa, agus beidh an slabhra briste atá fós i n-a cheangal idir an ghlúin atá suas anois agus an chéad dream daoine a thóg seilbh i n-Éirinn riamh'.[7]

Traidisiún fíorshuimiúil ón taobh sin de is ea fear na gealaí.[8] Dhá mhórleagan de go bunúsach a bhí in Éirinn. I dTír Chonaill, i Maigh Eo agus i nGaillimh, d'iarr a mháthair ar bhuachaill dul faoi dhéin uisce oíche. I dtosach báire dúirt sé nach rachadh, ach tar éis tamaill bhailigh sé an buicéad agus chuaigh sé chomh fada leis an tobar. Nuair a bhí an t-uisce á thógaint aige, tháinig an ghealach anuas agus rug sí léi an buachaill agus a bhuicéad uisce, agus tá siad le feiscint ó shin. Ar uairibh, ba é guí an bhuachalla féin go rachadh sé chun na gealaí; nó fuair sé barrthuisle agus chuir sé a mhallacht ar an ngealach, agus tháinig sí anuas agus bhailigh sí léi é. An mórleagan eile den scéal, bhí sé le fáil sa chuid eile den tír. Chuir Dia fear sa ghealach mar phionós ar sceach a ghoid, uaireanta ó bhéal bearnan, nó óna chairdeas Críost, nó Dé Domhnaigh. Nó ar an sabóid a bhriseadh le sceach a ghearradh nó brosna a bhailiú. Bhí an fear le feiscint ar an ngealach agus an sceach tré thine aige.

Mórleagan bhuicéad an uisce, fuarthas é sa tSualainn agus sna hOileáin Fhreaslannacha amháin san Eoraip, agus mórthimpeall an domhain i measc na ndúchasach sa tSeapáin, sa tSibéir, sa Nua-Shéalainn, i Meirice Thuaidh, ⁊rl. Go minic ceanglaíodh d'aon ghnó é le bunús na báistí nó na taoide. Mórleagan phionós Dé ar pheaca, go háirithe briseadh na saoire, ba choitianta sa chuid eile den Eoraip agus sna Stáit Aontaithe é. Sa dá mhórleagan Éireannacha, tá míniú ar fheiniméan nádúrtha le tuiscint: an bháisteach sa chéad cheann, solas na gealaí sa tarna ceann. Is beag an t-amhras ná gur traidisiún an-ársa an chéad cheann, nach bhfuil rian na Críostaíochta air, agus baineann sé leis an leath d'Éirinn ab fhaide a mhair tréithe ársa inti agus ba lú anáil na Normannach agus na Sasanach uirthi—Iarthar Chúige Uladh, Cúige

Chonnacht agus Iarthar na Mumhan. Cad ina thaobh gur fhan traidisiúin chianársa den saghas sin go minic go dtí an 20ú haois? Is cóir a bheith aireach le téarmaí ar nós 'iarsma', 'survival', 'reflex' agus a leithéidí. Más 'iarsma' an scéal, an iarsma an scéalaí? 'Ní imíonn ná ní fhanann nósanna gan chúis', a áitigh an t-antraipeolaí mór Claude Lévi-Strauss. 'Nuair a mhaireann siad go fóill, is lúide an t-údar an ghreamaitheacht stairiúil [la viscosité historique] ná buaine feidhme is féidir a nochtadh le hanailís an ama i láthair'.⁹

Mar rabhadh do leanaí dána a insítí scéal fhear na gealaí, feidhm a fhan sa scéal tar éis don mhíniú miotasach dul i léig. Mar an gcéanna, ba mar 'léarscáil' den chaidreamh sóisialta san am i láthair a fhan ginealaigh i mbéalaibh daoine seachas mar 'iarsma' ón am fadó (féach thíos). Maidir le seandacht an traidisiúin stairiúil, is gá cúinsí áirithe eile a chur san áireamh. I gcás fhothrach seanmhainstreach nó seanséipéil, is minic traidisiúin in Éirinn a deir gurbh iad na Lochlannaigh faoi ndear é. B'fhéidir gurbh ea, go bhfuil a leithéid de thraidisiún béil tagtha anuas ón am ar deineadh fothrach den fhoirgneamh. Ach tá míniú eile ar an scéal chomh maith: gur tuairimíocht, hipitéis, a bhí ann.¹⁰ Sa cheantar go bhfuil an seanfhothrach ann, an bhfuil leanúnachas i lucht a áitithe ann ó aimsir na Lochlannach, ag cur san áireamh gur lú go mór an daonra um an taca sin sa tír, gur mhinic a tógadh mainistreacha agus séipéil i bhfásaigh ('díseart' ón Laidin desertum) agus gur mó cor sa saol i stair an áitithe ó shin (díbirt, Plandáil, gorta, ⁊rl.). Mar gan leanúnachas i lucht áitithe an cheantair ní féidir an traidisiún béil a rianú siar. I staidéar a dhein an béaloideasaí mór Arnold van Gennep (1873–1957) ar na Saraistíní i mbéaloideas Savoie na Fraince, ba dhóigh leis gurbh iad na chansons de geste, dánta gaisciúla Francacha ón mheánaois, seachas traidisiún béil a chuaigh siar go ré na Saraistíní in aimsir na gCrosáidí, faoi ndear na traidisiúin sa réigiún sin nach raibh leanúnachas áitithe ann.¹¹

Ó sheandaoine a bailíodh formhór an bhéaloidis: bhí Peig Sayers (1873–1958) sna seascaidí agus Kenneth Jackson ag bailiú uaithi, Seán Ó Conaill (1835–1931) agus Stiofán Ó hEalaoire (1858–1944) sna seachtóidí agus an Duileargach ag bailiú uathu. Ba é an dálta céanna é i gcás na staidéar ar chanúintí na Gaeilge. I leabhar Mhic an Fhailigh ar Ghaeilge Iorrais i gCo. Mhaigh Eo, ar 14 cainteoirí a bhí mar fhoinse leis, bhí duine amháin sna daicheadaí, duine amháin idir leathchéad agus trí fichid agus an chuid eile ós cionn trí fichid.¹² Bhunaigh Brian Ó Cuív a chur síos foghrúil ar Ghaeilge Iarthar Mhúscraí ar chaint aon duine amháin, Amhlaoibh Ó Loingsigh, a bhí 71 ag an am.¹³ Má bhunaítear an taighde ar sheandaoine, ní deacair a shamhlú go bhfuil ábhar na taighde ag fáil bháis leo.

Ba dhóigh leis an mbéaloideasaí Meiriceánach Henry Glassie, a scríobh leabhar tábhachtach ar phobal i gCo. Fhear Manach (1982), nár thuig na scoláirí pobail traidisiúnta i gceart. Bhíodar ag tuar dheireadh na n-ealaíonta agus na gceardanna traidisiúnta nach raibh ar eolas ach ag dornán seanfhondúirí, agus ag aithint an fhíodóir slat deiridh agus an amhránaí deiridh i ngach glúin. Ní raibh cáil ar Hugh Nolan agus ar Michael Boyle (beirt ar oibrigh Glassie leo) mar scéalaithe nuair a bhíodar níos óige. Ní inseoidís scéal le béaloideasaí, a labharfadh leis na seanfhondúirí.[14] Sa litir féin inar cumadh an focal *folk-lore*, sa bhliain 1846, thagair an t-údar, Thoms, go meafarach don ghort nach raibh ach beagáinín dias fágtha san áit a mbainfí fómhar maith tráth ann. Taca an ama chéanna in Éirinn, ba dhóigh leis an scríbhneoir William Carleton (1794–1869) go raibh an creideamh sna sióga agus sna taibhsí beagnach imithe. Ag deireadh an 19ú haois, ba dhóigh leis an eitneolaí Meiriceánach Jeremiah Curtin (1838–1906) a bhailigh scéalta in iarthar na tíre, go raibh na seantraidisiúin ag na seandaoine amháin. Sna 1920í, ba dhóigh leis an mbéaloideasaí T.G.F. Patterson nach raibh na traidisiúin á seachadadh go dtí na daoine óga níos mó.[15] Scríobh an Duileargach sa chéad eagrán de *Béaloideas* i 1927 nach fada go mbeadh fuílleach an bhéaloidis imithe agus chásaigh a chomharba Bo Almqvist leathchéad bliain níos déannaí tromluí i rith an lae nuair a chuimhnigh sé ar na traidisiúin a bhí ag imeacht.[16]

I ngach glúin sa saol nua-aoiseach, tuigtear go bhfuil deireadh sheansaol na tuaithe tagtha. Dar le Joep Leerssen, tá an aigne seo bunaithe ar thuiscint ar thuathánaigh a bheith lasmuigh den stair. Dá bhrí sin, níl mianach athghiniúna ná athnuachana iontu. I gcónaí bíonn siad thíos le hathruithe a thagann le himeacht na haimsire stairiúla.[17] Is féidir an dearcadh seo a rianú siar go dtí an Rómánsachas go háirithe, cé go bhfuil a leithéid roimhe sin i scríbhinní Herder, cuir i gcás. In Éirinn, i gcás an bhéaloidis thug an scríbhneoir mór Máirtín Ó Cadhain (1906–1970), a bhí ar dhuine de na criticeoirí ba chumasaí agus ba dhiongbhálta ar thionscnamh na mbéaloideasaithe, faoi ndear é i scríbhinní Robin Flower (1881–1946), scoláire Gaeilge agus údar ar an mBlascaod, agus an Duileargaigh. Bhí an port céanna ag Ernest Renan (1823–1892), ceannródaí i rómánsú na gCeilteach, céad bliain roimhe, agus é ag trácht ar na Ceiltigh chéanna.[18] Thuig an Cadhnach go maith an tsinsearacht intleachtúil a bhí léi seo mar aigne:

> Níl aon cheird ann ach an tseancheird. Níl aon léann ann ach an léann atá ag seandaoine gan léann . . . Ní hé tábhacht na Gaeltachta gur féidir Gaeilge a fhoghlaim inti. .. Beag baol. Is inti 'a chleachtaítear na seannósanna'. Is inti is mó atá béaloideas. Níl sa nGaeltacht ach brainse den bhéaloideas.[19]

Fadhb fhealsúnta agus pholaitiúil is ea 'séanadh na comhaimsireachta', ach fadhb ealaíne leis é, mar a léirigh Seán Ó Ríordáin file nuair a scríobh:

Fág Gleann na nGealt thoir
Is a bhfuil d'aois seo ár dTiarna id' fhuil. ..[20]

Breithiúnas atá sa dán ar Éirinn a linne a thug droim láimhe dá dúchas (dá *Volksgeist*, mar a déarfaí), dar leis an bhfile.

(ii)

Coincheap stairiúil a bhaineann le hábhar anseo is ea '*la longue durée*', a chum an staraí mór Fernand Braudel (1902–1985). Cé go bhfuil síol an choincheapa ina shaothar i bhfad roimhe, is in alt sa bhliain 1958— 'Histoires et sciences sociales. La longue durée' in *Les Annales. Économies, Sociétés, Civilisations*—a ainmníodh den chéad uair é. Thuig Braudel an *longue durée* sa stair i gcomórtas le stair na n-eachtraí ('*l'histoire historisante, ou événementielle*'), ag caitheamh anuas dó dá réir ar 'an eachtra phléascach, nuacht ghlórach . . . ar líon a deatach iomarcach aithne lucht a comhaimsire . . .' Bhain stair seo na n-eachtraí leis an 'aimsir ghearr' ('*le temps court*'), ba í 'ba shaibhre daonnacht', an t-am ar mhair daoine tríd. Ba í seo an stair 'thraidisiúnta', an stair a bpléadh staraithe riamh léi. Ach chuir sí staraithe amú mar bhí sí lán den teaspach, den phaisiún. Ní raibh inti ach corraí dromplach, tonn ar bharr na farraige. Ach bhí an stair pholaitiúil dhéanach go mór faoina smacht. Bhain an ré fhada, '*la longue durée*', leis an aimsir 'ar éigin a chorraíonn', atá 'beagnach lasmuigh den am'. Stair í seo a bhfuil an-doimhneas inti, ar nós sruth mara faoi bhun na toinne. Aimsir í seo chomh maith a atagann—aimsir na ráithí, aimsir an nádúir.

Thug Braudel 'aimsir thíreolaíoch' ar *la longue durée* agus d'áitigh sé gurbh é an duine i gciall na hantraipeolaíochta níos mó ná an indibhid i gciall stair eachtraí a bhí le plé, agus thrácht sé ar 'struchtúir' sa tsochaí, ag áiteamh go dtagann an stair agus an tsocheolaíocht le chéile iontu. Dá bhfágfadh an stair pholaitiúil stair na n-institiúidí ar leataoibh, dar leis, d'fhéadfaí comhthéacs struchtúr an stáit sa tsochaí agus san eacnamaíocht a phlé sa ré fhada; agus thuigfí creideamh na ngnáthdhaoine níos fearr, rud nach féidir a phlé ach sa *longue durée*, ag tosnú, b'fhéidir leis an oidhreacht réamhChríostaí.[21] I bhfocail an staraí Michel Vovelle, '[n]íl aon anfa ná briseadh anseo ná fiú aon eachtra cheart dáiríre sa ghnáthchiall, i stair seo an teaghlaigh, an ghrá, na lánún, na haigne i leith leanaí, na cuideachtúlachta sa phobal, an bháis . . .' Is deacair trácht ar 'réabhlóidí' ina leithéid seo de stair.[22]

D'ainmnigh Braudel an tríú cineál ama, *'le temps de la conjoncture'*. Sin é an t-am idir an eachtra agus an ré fhada, idir an duine mar indibhid agus an duine go hantraipeolaíoch. Is é an t-am sóisialta é, a bhaineann le grúpaí sa chiall is leithne, leis an eacnamaíocht agus an stát curtha san áireamh. Baineann sé le stair shóisialta 'neamhchomhfhiosach', stair shoch-eacnamúil, murb ionann agus stair sho-aitheanta dhromplach na n-eachtraí, agus d'fhéadfaí í a léamh i struchtúir a tháinig i ndiaidh a chéile sa stair. Is féidir é a chur i gcomparáid leis an mbéaloideas, a sheasann siar ó stair na n-eachtraí, ach atá níos stairiúla ná *la longue durée*, an stair thíreolaíoch. Níl aon amhras ná go dtagann, agus gur tháinig, athruithe ar an mbéaloideas, ach ba go mall a thánadar agus is deacair stair an bhéaloidis a thuiscint i dtéarmaí eachtraí nó imeachtaí. Ní chuimhníonn an béaloideas ar eachtraí pé scéal é, más fíor do Mircea Eliade, mórscoláire na gcreideamh, mar shampla, nuair a thráchtann sé ar eachtraí a iompó ina gcatagóirí agus daoine aonair ina n-aircitípeanna in aigne na dtuathánach san Eoraip go dtí an lá inniu nach mór.[23] Ag an am gcéanna, baineann an béaloideas le haigne faoi leith.

Is léir gaol anseo idir an ré fhada agus ceist na *mentalités* ('aigne', 'meon', 'intinn') i léann na staire. Sa phlé a dheineann an staraí Peter Burke ar an gceist seo, aimsíonn sé trí ghné léi. Cuireann stair na *mentalités* an bhéim ar intinn na cuideachtan seachas ar intinn an duine aonair, agus ar ghnáthdhaoine i dteannta an lucht ceannais. Is mó a fhéachann sí ar 'mheabhair an tsaoil', ar rudaí is gnách talamh slán a dhéanamh díobh, ná ar mhachnamh comhfhiosach agus ar theoiricí casta. Agus is mó is spéis léi struchtúr an chreidimh ná lena bhfuil sa chreideamh ó thaobh ábhair de, is é sin, is spéis léi catagóirí, meafair agus siombail, rud a chiallaíonn go bhfuil níos mó ná tuairimí i gceist le difear intinne idir dhá ghrúpa.[24]

Is dóigh le Burke go dtagraíonn an téarma *mentalité* don chaidreamh a cheanglaíonn creidimh i gcóras, ach tagann deacracht le contrárthachtaí móra a aithint idir *mentalités*: is é sin, conas a mhínítear an t-aistriú ó intinn amháin go hintinn eile.[25] An féidir a mhaíomh gur *mentalité* faoi leith atá i gceist leis an mbéaloideas? Ba dhóigh le hAntonio Gramsci (1891–1937), fealsamh agus gníomhaí polaitiúil, gurbh é a bhí sa bhéaloideas 'meall easordaithe blúirí de gach tuiscint ar an domhan agus ar an saol atá tagtha i ndiaidh a chéile sa stair, agus nach bhfuil fáil ar dhoiciméid chiorraithe agus truaillithe den chuid is mó díobh ach sa bhéaloideas amháin'.[26] Ach ó thaobh struchtúir de, is cuma cad as ar tháinig ábhar an bhéaloidis más córas é. Theastaigh aonghnéitheacht éigin agus neamhspleáchas éigin i bpobal an bhéaloidis chun *mentalité* aontaithe a bheith acu. Má bhí *mentalité* acu, bhí sé i bpáirt acu go pointe áirithe le grúpaí eile lasmuigh díobh, agus baineann an gaol eatarthu, b'fhéidir, le ceist an smachta, an tionchair chultúrtha agus an chlaochlaithe ar mhentalités.

(iii) An Miotas, an Stair agus an Chuimhne

(i)

Níorbh ionann an t-am faoin tuaith agus sa chathair thionsclaíoch. Bhíodh am na tuaithe ceangailte le 'clog' nádúrtha na gréine agus na ráithí agus am na cathrach tionsclaí le ham teibí an chloig agus an uaireadóra. Sa seansaol, dhein daoine an t-am a áireamh i rith an lae le féachaint ar airde na gréine sa spéir agus ar fhad a scátha ar an talamh. Bhraith daoine ar na réalta chun an t-am a áireamh istoíche. De réir chuntas an Chláirínigh, Stiofán Ó hEalaoire (1858–1944), théadh cuairteoir amach féachaint an raibh an Stróillín i bhfad ó dheas sa spéir. Dá mbeadh, bheadh sé in am dul abhaile.[1] De réir Sheáin Mhic Mheanmain (1862–1941), ó Iorras i gCo. Mhaigh Eo, d'fhéachadh daoine ar an gceithre chumraíocht réiltíní—an Céachta, an tSlat Mhór, an Bhanlámh agus an Bhualaí Bhodach—chun a fhios a bheith acu cad é an tráth den oíche a bhí ann.[2]

Thacaigh an creideamh leis an taithí a bhí ag daoine ar an am: faoi mar a bhí féilire nádúrtha ann bhí féilire eaglasta ann, agus lean féilire go ceann bliana sarar thosnaigh sé arís. Ba bheag trácht ar na míonna ag daoine; '[f]éilte áirithe ba mhó a bhíodh acu chun tráthanna a chomharthú dóibh'.[3] Roinn féilte an t-am; tréimhse chinnte ama ab ea an t-achar idir dhá fhéile den saghas céanna. Chabhraigh féile amháin le dáta féile eile a chinntiú, dála ráiteas Chois Fharraige, 'naoi n-oíche agus oíche gan áire (áireamh) ó Oidhche Shamhna go dtí Oídh'l Mártan'.[4] Seachtain ab ea an t-achar idir dhá shabóid. Ráithe ab ea an t-achar idir dhá cheann de na féilte cinn ráithe:

'Ráth ó Lúnasa go Samhain;
Ráth ó Shamhain go Lá Fhéile Bríde.
Ráth ó Lá Fhéile Bríde go Bealthaine.
Ráth ó Bhealthaine go Lúnasa'.

B'shin iad 'ráthaí fírinneacha na bliana', mar a mhínigh an Ciarraíoch Seán Ó Conaill, agus 'ráthaí cama na bliana' ab ea:

'Ráth ó Lá Fhéil' Shan Seáin go Lá Fhéil' Mihíl.
Ráth ó Lá Fhéil' Mihíl go Nollaig.
Ráth ó Nollaig go Lá Fhéil' Pádraig.
Ráth ó Lá Fhéil' Pádraig go Lá Fhéil' Shan Seáin'.[5]

Bhí áireamh níos áitiúla orthu sin in Iarthar Cho. Mhaigh Eo:[6]

'Ráithche ó Lá Fhéil' Pádhraic go lá aonaigh Bhail' Uí Fhiacháin.
Ráithche ó lá aonaigh Bhail' Uí Fhiacháin go lá Fhéil' Muire Mór.
Ráithche ó lá Fhéil' Michil go Lá Nodlag.
Ráithche ó Lá Nodlag go Lá Fhéil' Pádhraic'.[7]

Cleasanna chun cuimhne iadsan, ar nós ráiteas coitianta an Bhéarla chun cuimhneamh ar fhad na míonna: 'Thirty days hath September. ..' Tráth is ea an fhéile, más ea, nach ionann leis an stair, a thagann arís.

Baineann áireamh cruinn na míonna le féilire scríofa. Go dtí gur tháinig an seanphinsean isteach, i 1909, ba mhinic nach raibh cúis ag daoine a fhios a bheith acu go cruinn cathain ar saolaíodh iad (nó cathain nár saolaíodh iad: de réir dhaonáireamh na bliana 1911, ba líonmhaire na daoine idir 70 agus 75 bliain ná idir 65 agus 70).[8] Gan léamh ná scríobh agus, dá bharr sin, gan stair na leabhar, níor chuimhnigh daoine ar imeachtaí na staire i dtéarmaí bhlianta an fhéilire. Bhí 'Bliain na bhFrancach', an bhliain a tháinig arm Francach i dtír i gConnachta i mí Lúnasa 1798, i mbéal na ndaoine, mar a bhí 'Oíche na Gaoithe Móire', oíche cháiliúil (go háirithe oíche Eanáir a 6, 1839) ar dhein stoirm díobháil mhór sa tír.[9] Ní raibh ach 'bliain na bhFrancach' amháin ann. Ach níorbh amhlaidh do 'bhliain na gaoithe móire'. Bhí go leor tráchta ar an Drochshaol, ach bhí tréimhsí gorta ann roimh ghorta mór na mblianta 1845–1848 a bhí chomh tubaisteach pro rata leis, agus bhí blianta gátair ina dhiaidh go maith isteach sa 20ú haois, ionas nár shoiléir i gcónaí cén tréimhse gur thagair an 'Drochshaol' di.

Tráchtann an staraí Robert Muchembled ar an saol san Fhrainc sa nua-aois luath. Dar leis, ba lú an tuiscint a bhí ag tuathánaigh ar na ráithí éagsúla seachas mar atá againn sa lá atá inniu ann. An roinnt ba mhó a thuigeadar ná dhá thréimhse nach raibh cothrom lena chéile ó thaobh faid de, tréimhse obair mhór na talún a thosnaigh san earrach agus a chríochnaigh sa bhfómhar agus tréimhse eile níos ciúine agus níos socaire, agus an t-airneán ar siúl lena linn. Bhain an tarna tréimhse seo le fuinneamh a shábháil sa gheimhreadh—bhí an gátar riamh ag bagairt— agus le hullmhú roimh na triaileacha a bhí le teacht. Briseadh sa rithim bhitheolaíoch a bhí i gceist, ar chuir liotúirge na hAidbhinte an bhéim uirthi le cosc ar phósadh agus le céalacan agus staonadh a ghearradh ar dhaoine. Tugann Muchembled faoi ndeara gur thit dúnmharaithe agus foréigean go mór i measc na dtuathánach sa tréimhse sin; an t-am ba mheasa chun dúnmharaithe agus foréigin ab ea an samhradh agus an fómhar.[10] Is cosúil gur mhar sin do chás na hÉireann freisin, cé nach fios don scríbhneoir ar deineadh taighde ar ráta an fhoréigin sa tír de réir na ráithí. Bhí droch-cháil ar fhoréigean na bpátrún san 18ú haois agus i dtosach an 19ú haois, agus is eol dúinn gur thit a bhformhór sa samhradh agus san fhómhar. Bhí formhór na bpóstaíocha idir mhí Dheireadh Fómhair agus mí na Márta agus go háirithe san Inid. Glacadh leis nach bpósfadh daoine go ceann bliana mura mbeidís pósta faoin tráth sin. Fianaise air sin ab ea na nósanna, a bhain go mór leis an smacht sóisialta, a dhein magadh fúthusan nár phós faoin Inid.

(ii)

De réir William E. Paden, córas teanga agus cleachtais is ea an reiligiún, a chuireann eagar ar an domhan de réir slat tomhais na naofachta.[11] Is féidir deighilt a dhéanamh idir dhá shórt reiligiún. Tháinig na 'reiligiúin stairiúla' chun cinn ar an bhfairsinge, i gceantair thirime ina raibh an tsealgaireacht agus an aoireacht mar shlí bheatha ag a n-áitritheoirí. Tuigeadh gur ón spéir anuas a tháinig an chumhacht ósnádúrtha, agus d'aithnigh na háitritheoirí dia uilechumhachtach fireann ann. Is féidir an Zoroastrachas, an Giúdachas, an Chríostaíocht agus Ioslam a áireamh ar na reiligiúin stairiúla. Thuig na creidimh sin an t-am mar líne dhíreach go raibh an slánú ina dheireadh, ag leanacht oird a bhí riamh ag dul i bhfeabhas go dtí gur baineadh ceann scríbe amach.[12] Sa traidisiún Giúdach-Críostaí, más ea, ba mheán é an t-am chun stair naofa a chur i gcrích. Bhí anáil láidir ar choincheapanna naofa den am sa traidisiún sin ag creideamh i gconradh idir Dhia agus pobal agus ag tuiscint den stair mar chur in iúl toil Dé.[13]

D'eascair na 'reiligiúin chosmacha' as timpeallacht ina raibh an torthúlacht go flúirseach. Bhíodar ceangailte leis an talamh, le plandaí, leis an ngealach, leis an uisce agus leis an mbaineannach. Ba í an torthúlacht siombal lárnach na cumhachta, agus ba aníos ón talamh go háirithe a d'eascair sí. Cuireadh an torthúlacht in iúl in iliomad déithe baineanna. Ba mhinic an talamh a shamhlú mar mháthair mhór, 'magna mater'. Ón gcumhacht torthúil seo a tháinig an bás agus an t-aiséirí, a tugadh faoi ndeara i mbláthú agus i bhfeo na bplandaí i rith na bliana, i gcrutha na gealaí, i dteacht agus imeacht na taoide agus i dtimthriall míosúil na mná. Mar gheall ar an athghiniúint timthriallach seo, bhí na reiligiúin chosmacha beagbeann ar an athrú agus ar an dul chun cinn.[14] Dar le Mircea Eliade, níorbh fhéidir leis an siombalachas agus leis na cultais a bhain leis na reiligiúin chosmacha teacht chun cinn go hiomlán go dtí tosach na talmhaíochta.[15]

D'áitigh Eliade go raibh difear bunúsach idir an tsochaí thraidisiúnta agus an tsochaí nua-aoiseach (go bhfuil rian láidir Giúdach-Críostaí uirthi). Bhraith an pobal traidisiúnta dlúthcheangal idir é féin agus an Cosmos (.i. an chruinne mar aonad, eagraithe ag déithe nó laochra). Níor dhiúltaigh an pobal traidisiúnta don stair, ach ba chruthú na ndéithe í an stair, a caomhnaíodh i bhfoirm an mhiotais, an deasghnátha agus na féile. Tharraing na miotais, na deasghnátha agus na féilte go rialta as fuinneamh cumhachtach an chruthaithe chun an domhan a athghníniúint. Bhí an stair timthriallach: tharla a heachtraí arís is arís. Dheimhnigh an tsochaí nua-aoiseach ar an láimh eile nár bhain sí ach leis an stair amháin, is é sin, an stair mar shraith eachtraí nár tharla ach aon uair amháin.[16] Sa tsochaí thraidisiúnta, bhí gníomhartha na ndéithe nó na laochra a tharla i dtosach na haimsire ina n-eiseamláirí do gach gníomh go raibh brí faoi leith leis i saol an duine, de réir Eliade, agus áiríonn sé an fiach, saothrú na talún, cluichí, bruíonta agus an gnéas i measc na ngníomhartha a raibh baint acu dá réir leis an naofacht.[17]

Tugann an béaloideas samplaí go leor den naofacht fite fuaite leis an saol laethúil. Cuir i gcás 'ortha na doighe', ar thóg cartlannaí Choimisiún Béaloideasa Éireann, Seán Ó Súilleabháin, leagan de síos i dTuath Ó Siosta i gCo. Chiarraí ó Mhícheál Ó Súilleabháin (1858–?):

> 'Fear séimh ag mnaoi bhuirib,
> Do chuir Mac Dé 'na luighe i gcolg.
> Deárna Muire agus a Mic
> 'Sin áit a bhfuil an phian 's an doigh.
> I n-Ainm an Athar ⁊rl.'[18]

An difear idir an phaidir agus an ortha (*oratio* na Laidne is bun leis an bhfocal) ná gur impí (ar Dhia, ar naomh) í an phaidir agus oibríonn an ortha aisti féin. Tá éifeacht san ortha mar go bhfuil sí páirteach i ngníomhartha agus i bhfocail atá ar leithligh ón domhan saolta, gníomhartha a deineadh agus focail a dúrthas *in illo tempore*, nuair a cruthaíodh an saol a mairimid ann. I gcreideamh an phobail tradisiúnta, nocht déithe nó laochra gníomhaíochtaí tábhachtacha uile an tsaoil.[19] Tagairt don nochtadh sin is ea an *historiola*, an 'scéilín' atá laistigh den ortha, dála na tagartha d'Íosagán ina luí i gcolg an mhainséir san ortha thuas.

Deir Eleazar Meletinskij, miotaseolaí, gurb é buntréith an mhiotais nádúr rudaí a cheangal lena mbunús. Is ionann cur síos ar an domhan agus scéal a chruthaithe a insint. Cruthaíodh an domhan, cruthaíodh na cnoic is na sléibhte, na réalta, na hainmhithe agus na plandaí, cruthaíodh eagraíochtaí sóisialta agus rialacha creidimh, cruthaíodh gach rud sa nádúr agus sa chultúr. Ba sna cianta cairbreacha, sa ré mhiotasach, a cruthaíodh iad, agus ba iad déithe nó laochra a chruthaigh. Ba í an ré mhiotasach ré na chéad rudaí agus na chéad tionscnamh. Deineadh ceangal idir shubstaint an ruda faoi mar atá sé anois agus a bhunús anallód, ionas gurbh ionann eolas ar an aimsir chaite agus an eagna. Ach ní stair eiseamlárach amháin í an aimsir mhiotasach atá caite, ach 'taisce naofa na bhfréamhshamhaileacha, na gcumhachtaí draíochta agus spioradáltachta a chothaíonn an t-ord atá bunaithe sa nádúr agus sa tsochaí le cabhair na ndeasghnáth . . . '[20] Is féidir stáisiún cumhachta a bheith ina mheafar don aimsir mhiotasach, agus is iad na deasghnátha agus na féilte na plocóidí a cheanglaíonn an duine agus an pobal dó.

I gcás na hÉireann, cathain a bhí an ré mhiotasach ann? Is gá deacracht choincheap an chultúir thraidisiúnta a chur san áireamh anseo, ós rud é nach raibh saol an bhéaloidis agus an traidisiúin bhéil riamh neamhspleách ar chultúr léannta na hEaglaise agus na dtuatach Gaelach agus Gallda—rud a phléifear ar ball. Ar an seanchas a bhaineann le bunús rudaí is féidir rian an Bhíobla agus na n*Apocrypha*,[21] traidisiúin stairiúla léannta agus foinsí liteartha eile a thabhairt faoi ndeara i dteannta ábhar coitianta an bhéaloidis—cuimhnímis anseo ar bhreithiúnas diúltach Gramsci ar ilghnéitheacht an bhéaloidis thuas. Ba iad na sióga Aingil an Uabhair, na haingil a caitheadh amach as Neamh.[22] Tá srón an mhadra riamh fliuch mar b'amhlaidh a sháigh sé í sa pholl a deineadh in Áirc Naoi aimsear na Díleann.[23] Tá 'aghaidh gach éinne . . . ar theach an ghabha, agus aghaidh an tincéara ar gach uile theach' mar gur dhein an gabha biorán do ghúna na Maighdine nuair a dhiúltaigh an tincéir di.[24] Fágadh mar bhua ag an gcuirliún nach féidir le héinne teacht ar a nead mar gur mhill sé rian chos an tSlánaitheora nuair a bhí na Giúdaigh ar a thóir, á gcur amú.[25] Scriostar an daradaol leis an ordóig ag déanamh comhartha na Croise, mar do scéith sé ar Íosa agus É ag teitheadh ó na Giúdaigh.[26] Is iad na sionnaigh agus na heasóga na madraí agus na cait a bhí ag na Lochlannaigh.[27] Bhí Féile Mhártain ina 'saoire ar chasaíbh' mar gur martraíodh an naomh ar roth.[28]

Bhí iliomad creideamh mar sin ann (agus finscéal—féach thíos—laistiar díobh), a thug bunúdar ruda. Bhí a oiread eile ann a thug údar d'iompar faoi leith ach gan bhunús an chreidimh a insint. Uaireanta tugadh 'piseog' ar a leithéid sin, 'baothchreideamh' nó *superstitio* na Laidne, ach mar sin féin creideamh údarásach ab ea é (mar gur lean pionós a bhriseadh) cé nár údarás eaglaise a bhí laistiar de. Is dócha go raibh údarás na ré miotasaí laistiar dá leithéid sin ach é ligthe i ndearmad. Níor chóir abhras a dheilbhiú Déardaoin.[29] Níor chóir caora a bhearradh Dé Luain.[30] Níor chóir beart a thosnú Dé Sathairn 'mar is fada go mbíonn sé críochnaithe'.[31] Níor cheart do bhean gruaig fir a bhearradh.[32] Níor cheart casadh ar ais tar éis turas a thosnú.[33] Níor cheart bróga a ghlanadh sa reilig.³⁴ Comhartha pósta ab ea é an chuach a chloisint roimh éirí na gréine nó ag breacadh an lae.³⁵ Dá gcasfaí madra rua nó bean rua nó sagart ar fhear agus é ag dul ag iascaireacht, 'déarfaidís go mbeadh sé chomh maith aige fanúint sa bhaile'.³⁶ Dar le hEliade, ní raibh eolas ag sochaithe traidisiúnta ar ghníomhaíochtaí saolta; gach aon ghníomh go raibh brí faoi leith leis, bhain sé leis an naofacht.³⁷

Gan dul rómhion isteach sa scéal, tá brí ghinearálta le 'naofacht' de réir staidéar an chreidimh. An rud nach bhfuil naofa tá sé saolta: tá an naofacht taobh amuigh den saoltacht. Tá staidéar an reiligiúin bunaithe ar ábhar faoi leith, taithí faoi leith, córas faoi leith agus cruthaíonn siadsan fráma tagartha dó.³⁸ Ba é Rudolf Otto ina leabhar cáiliúil *Das Heilige* (1917) a chuir tuiscint nua in iúl i leith na naofachta, a bhfuil a rian i gcónaí ar staidéar an chreidimh. Chuir sé an bhéim ar éagsúlacht iomlán na naofachta, a bhí bunoscionn le haon ní daonna agus a léirigh do dhaoine a laghad, a shuaraí agus a dhearóile is a bhíodar. Léirítear an naofacht mar fhírinne a bhaineann le hord atá difriúil go hiomlán le fírinní nádúrtha.³⁹ Foilsíonn an naofacht í féin mar rud atá éagsúil ar fad ar fad leis an saoltacht; mar sin a theagmhaíonn an duine léi. Téarma Eliade ar an bhfoilsiú sin is ea *hierophaneia* (naomhthaispeánadh). 'Ní adhartar an chloch bheannaithe, an crann beannaithe ina gcáilíocht féin; adhartar iad mar gur *naomhthaispeántaí* iad, mar go dtaispeánann siad rud éigin nach cloch ná crann é, ach an *naofacht* . . . '⁴⁰ Dar leis, bailiú naomhthaispeántaí is ea stair na reiligiún.

De réir an duine reiligiúnaigh níl an t-am go léir mar an gcéanna, níl sé aonghnéitheach ná leanúnach. Is sa ghnátham, san aimsir shaolta, a thiteann na gníomhartha amach nach bhfuil aon bhrí reiligiúnach leo.⁴¹ Briseann an aimsir naofa isteach ar an ngnátham i bhfoirm féilte. Difear soiléir idir an aimsir shaolta agus an aimsir naofa is ea go leanann an aimsir shaolta ar aghaidh agus ní tharlaíonn na heachtraí céanna arís. Ní go liteartha a thuigtear aguisín Marx le ráiteas Hegel, gur tharla móreachtraí agus pearsana stair an domhain faoi dhó; an chéad uair, a d'áitigh Marx, mar thragóid, an tarna huair mar mhagadh [*das eine Mal als Tragödie, das andere Mal als Farce*].⁴² Ach eachtraí san aimsir naofa, tarlaíonn siad athuair, agus tarlaíonn siad go rialta. Cuir i gcás, ba nós 'Brat Bríde', ribín nó píosa éadaigh, a chur ar lic na fuinneoige Oíche Fhéile Bríde ionas go gcuimileodh Bríd é ag imeacht di timpeall na tíre. Bhí leigheas ar thinneas cinn ann feasta, agus cosaint ar bhriseadh loinge.⁴³ Ach ba nós é sin a leanadh gach uair le linn na féile sin, agus tháinig an teagmháil idir an naomh agus an pobal mar a chéile athuair. 'I ngach féile thréimhsiúil teagmhaítear leis an aimsir naofa chéanna, an aimsir chéanna a taispeánadh i bhféile na bliana anuraidh nó sa bhféile céad bliain ó shin: is í an Aimsir a chruthaigh agus a naomhaigh na déithe mar thoradh ar a n-éacht í sin a chuirtear i ngníomh athuair go díreach sa bhféile'.[44] Sa bhféile teagmhaíonn an duine leis an aimsir inar bunaíodh an fhéile mar ní raibh an aimsir naofa sin ann roimh an éacht diaga a ndeintear ceiliúradh air lena linn.

Is é an féilire naofa iomlán na n-éachtaí cruthaitheacha a dhein déithe *in illo tempore* agus iad á gcur i gcrích athuair. Tarlaíonn an fhéile riamh sa chéadaimsir.[45] Ní hionann sin is a rá gur tharla sí anallód nó sa seanracht. 'Bhí fear ann fadó agus fadó a bhí . . .' adeir an seanscéal, agus cé nach ionann am an tseanscéil iontasaigh agus am an fhinscéil 'fhírinnigh' (rud a phléifear ar ball), ní raibh an fear céanna sin ann arís. Ach cad mar gheall ar Bhríd ag taisteal na tíre Oíche Fhéile Bríde *gach bliain*? Nó Conall, a thug cuairt ar Inis Chaol i nDún na nGall ar an gcéad lá de mhí an Mheithimh gach bliain, le linn an turais go dtí Tobar Chonaill, a thugtar idir fhéile Chonaill, an 22ú Bealtaine, agus an 12ú Meán Fómhair.[46] Maidir le Lá Phárthanáin—an 24ú Lúnasa—i bParóiste Thuar an Fhíona i gCo. Port Láirge, 'bíonn gach aoinne ad iarraidh a chuid arbhair a bheith bainte aige fé dtiocfadh an lá sin, mar deirtear go ngabhann sé timpeall (sé sin Párthanán) ag bualadh an arbhair, agus ná fágfadh sé gráinne síl ar aon arbhar ná beadh bainte'.[47] Uaireanta i mBaile an Sceilg, Co. Chiarraí, ar Lá Fhéile Míchíl, d'fheiceadh daoine a bhí ag déanamh an turais go Tobar Mhíchíl solas ag teacht aniar ó Sceilg Mhíchíl.[48] Bhí uisce toibreacha áirithe faoi choimirce Eoin Baiste i mbarr cumhachta ar meánoíche idir an 23ú agus an 24ú Mheitheamh nuair a thagadh fiuchadh air agus d'fhanadh éifeacht thar na beartaibh chun leighis ann go ceann uair an chloig ina dhiaidh.[49] Ba um Shamhain a tharla an-chuid de na heachtraí miotasacha go bhfuil tuairisc orthu sa tSeanGhaeilge: *Echtra Nerai, Cath Maige Tuired, Aided Chon Culainn* agus eile.[50]

(iii)

D'áitigh Eliade nár thuig an duine sa seansaol an stair mar rud neamhspleách ar an naofacht. An fíor gur chuir an aimsir mhiotasach an stair ar ceal? Ghlac Eliade leis gur dhein daoine gníomhartha nach raibh aon bhaint acu leis an reiligiún. Tugann sé sin le tuiscint go raibh eachtraí sa stair freisin a bhí neamhspleách ar ghníomhartha na ndéithe is na laochra. De ghnáth tuigtear an Stair mar léann a dheineann staidéar ar dhaoine san am atá caite, ag úsáid na gcáipéisí a fhágadarsan ina ndiaidh. Is mar sin den chuid is mó de na scoláirí atá ag gabháil den stair go gairmiúil. Ach ag dul siar don staraí sna foinsí, tagann tráth nach bhfuil cáipéisí ann a thuilleadh. Is ansin a ghéilleann an staraí don seandálaí, duine a loirgíonn scéal sna hearraí a fhág muintir an tseanrachta ina ndiaidh. Pléann an staraí le foinsí scríofa, leis an gcuntas a fhág daoine go raibh léann orthu ina ndiaidh. Ach cad mar gheall ar na daoine nach raibh léann orthu, nó—b'fhearr a rá—na daoine nach raibh léamh ná scríobh acu?

Tá brainsí éagsúla den léann ann a chuireann spéis sa léann béil sin. Scoláirí béaloidis a phléigh leis i dtosach, agus lucht antraipeolaíochta ansin, ach gan suim ag ceachtar acu sa cheist ba thábhachtaí le staraithe, .i. an bhfuil an t-eolas 'fíor'? Ó na 1950í agus na 1960í i leith, tháinig 'an stair bhéil' chun cinn i measc staraithe. Dhá shaghas staraí a bhí i gceist. Bhí staraithe ann a loirg stair 'dhaonlathach', stair a bhréagnódh Thomas Carlyle (1795–1881) nuair adúirt sé 'The history of the world is but the biography of great men'. Is féidir a leithéid a cheangal leis an irisleabhar *Annales d'histoire économique et sociale* san Fhrainc ó na 1920í, le staraithe Marxacha agus sóisialacha sa Bhreatain Mhór i ndiaidh an tarna cogadh domhanda, leis an gcartlann mhór de chuimhní cinn an lucht oibre a bhailigh an Nordiska Museet i Stockholm ó 1945, nó leis an *Alltagsgeschichte* (stair an ghnáthshaoil) sa Ghearmáin ó na 1970í, cuir i gcás.[51] 'Stair aníos' ab ea a leithéidí sin. Theastaigh ó scoláirí dul thar an stair pholaitiúil, agus stair an lucht oibre, stair chosmhuintir na tuaithe, stair na mban, a scríobh. Níor fhág gnáthdhaoine puinn cáipéisí ina ndiaidh ionas gur chaith staraithe brath cuid mhaith ar fhoinsí seachas cáipéisí foirmiúla an stáit agus na ngrúpaí a raibh an chumhacht pholaitiúil nó eacnamúil acu. Is i measc na bhfoinsí sin atá an stair bhéil.

Bhí fadhb de shaghas eile i gceist ag staraithe a dhein taighde i bpobail áirithe lasmuigh den Eoraip nach raibh an scríobh acu.[52] Cultúir bhéil a bhí acusan, agus d'fhág sé sin deacracht faoi leith ann agus a stair á scríobh sa 20ú haois. Tháinig na pobail sin faoi dhaorsmacht na gcoilíneach Eorpach i ndeireadh an 19ú haois agus i dtosach an 20ú haois. Dá bhrí sin, tá go leor cáipéisí stairiúla ann ó ré an stáit choilínigh, ach is stair an-déanach í sin. Ar ndóigh bhí scoláirí dúchais ann chun an stair a chaomhnú, lucht ginealaigh, seanchaithe, *griots*. Ach traidisiúin bhéil a bhí acusan ba dheacair a chur in oiriúint go beacht do dhátaí cinnte. Conas 'fírinne stairiúil' a shásódh staraí acadúil a áireamh sa traidisiún béil? Léiríonn Jan Vansina, staraí ar an Afraic, gur féidir trácht ar thrí roinn ar chuntaisí béil stairiúla. Tá go leor eolais ann ar an am a d'imigh le déanaí, ach téann an t-eolas i laghad de réir is a théitear siar san am. Ansin tá bearna ann a dtugann sé 'bearna ar snámh' ('*the floating gap*') uirthi, mar nach mbíonn an tréimhse sin seasmhach. Tá go leor eolais arís ann a bhaineann leis an am is luaithe, agus is traidisiúin a mhíníonn bunús rudaí atá ansin i gceist. Is dóigh le Vansina gur féidir 'doimhneas' áirithe a choimeád san am le tagairt do ghlúinte nó d'eagraíochtaí sóisialta eile.[53]

Tagraíonn Máirtín Ó Cadhain do chuntas an scríbhneora agus an

chriticeora Domhnall Ó Corcora ar 'gharbhthuatach gioblach ag cleasa
lútha i gCorcaigh sin 18ú céad' a bhéic 'Ní haon amadán mise. Tá fios mo
ghinealaigh agam'.[54] Tráchtann an tAthair Peadar Ó Laoghaire ar an
gcleamhnas a bhí le déanamh idir a athair agus a mháthair:

> Tuigeadh gur mhaith an cleamhnas le déanamh é. Tuigeadh, leis, go raibh an
> gaol ann, agus go mb'fhéidir nárbh fholáir col a réiteach sula ndéanfaí an
> pósadh. Comhaireadh an gaol, ar an dá thaobh, siar go dtí an bheirt deartháir,
> Diarmuid óg agus Conchubhar Ó Laoghaire, an bheirt úd a díbríodh as
> Caisleán Charraig na Cora; agus fuarthas, ón gcomhaireamh, go raibh an gaol,
> ar gach taobh, ní ba shia amach ná an cúigiú glún. Deineadh an cleamhnas.[55]

D'áirigh an scéalaí Seán Ó Conaill go raibh sé féin ar an gcúigiú nó ar an
séú glúin i gCill Rialaig: Seán Dhónaill Mhuiris mac Séafra, mac Séafra
Uí Chonaill ab ea é.[56] Mar chuid de staidéar Nils Holmer ar chanúintí
Gaeilge Cho. an Chláir sna 1940í, dhein sé iarracht ar sheanchas bhunús
a dtreabhchais a bhailiú ó na Gaeilgeoirí a thug an t-eolas dó. Tháinig
muintir Cotter agus Hegarty ó Chorcaigh tuairim is 260 bliain ó shin.
Tháing muintir Casey ó Fhear Manach 300 bliain ó shin. Tháinig muintir
McKnight, McCarthy agus Leyden ó Chúige Uladh aimsir Chromail.[57]
Ach thar pointe áirithe ní féidir an t-am a áireamh a thuilleadh agus
ritheann cuntaisí isteach ina chéile agus caitear siar iad go dtí aimsir an
bhunúis. Tháinig muintir Shannon ón Spáinn. Ón bhfarraige isteach a
tháinig muintir McNamara.[58] Sa tuiscint sin ar an stair, níl ann ach an
t-am déanach agus aimsir an bhunúis. Ach leis an imeacht ó ghlúin go
glúin, bogann an bhearna eatarthu. Cuir i gcás, timpeall na bliana 1880 i
measc na Tio sa Chongó, níor chuaigh áireamh an ama siar níos sia ná
tuairim is 1800, ach sa bhliain 1960 bhí sé bogtha ar aghaidh go dtí
tuairim is 1880.[59] Tugann Seán Ó Conaill eachtraí an-bheo ar an nGorta
Mór is furasta a chreidiúint. Mar sin féin, níorbh é sin an chéad 'droch-
shaol', agus is féidir glacadh leis go raibh eachtraí ar an droch-shaol ann
cheana roimh an Gorta Mór.[60] Ar an láimh eile, i gcuntas Uí Chonaill,
laoch amach is amach ab ea Dónall Cam Ó Súilleabháin Béarra (†1618),
an phearsa eiseamlárach 'mhiotasach' dulta i bhfeidhm go hiomlán ar an
duine stairiúil.[61]

Léiríonn Tomás Laighléis (1895–1984), ó Mhionlach, Co. na
Gaillimhe, go raibh an-suim ag seandaoine sa stair le linn a óige. Ní raibh
léamh ná scríobh ag éinne acu:

> Dá n-aireofá cuid acu sin ag cur síos ar bhriseacha a bhí fadó ann, na ceannfoirt
> a bhí ar arm na hÉireann á dtroid! Dá n-aireofá ag cur síos ar Eachraim agus ar
> Luimneach iad agus an Sáirséalach mar ceannfort orthu ní dhéanfá dearmad
> de go deo. Bhí sé mar a gcéanna acu i dtaobh Briseadh na Bóinne idir Liam
> agus Séamas. Níor thug siad riamh air ach Séamas na Mallacht nó Séamas an

Chaca. Bhí faoi Eon Rua Ó Néill arís acu agus siar go dtí Cath Béal an Átha Buí.

B'ionadh leis cad as a fuaireadar an t-eolas; níor ghlac sé leis go raibh an scoláire bocht mar bhun leis mar 'go múinfeadh sé beagán eile ina theannta dóibh'.[62] Ba é a thuig sé as gur ó bhéal go béal a tháinig an t-eolas.[63] Caithfidh go raibh foinsí ar nós 'Seanchas na Sceiche', dán stairiúil Raiftearaí (1779–1835), mar bhun le cuid mhaith den seanchas stairiúil sin. Tá scata véarsaí ann a bhaineann leis na heachtraí sin, agus bhí 'Seanchas na Sceiche' i mbéal an phobail i gCo. na Gaillimhe agus i gCo. Mhaigh Eo, rud a léiríonn anáil an chultúir léannta ar an gcultúr béil, agus na teorainneacha le teoiricí ar an gcultúr béil nuair a chuirtear i bhfeidhm iad ar shochaithe go bhfuil aos léinn iontu agus ardchultúr liteartha.[64]

I gcultúir bhéil, an fada siar is féidir an chuimhne stairiúil a rianú? D'aontaigh Mircea Eliade le scoláirí eile nuair ba dhóigh leis nárbh fhéidir le heachtra stairiúil ná le pearsa fhírinneach a choimeád i gcuimhne don phobal thar dhá chéad bliain nó trí ar a mhéid. Ba dheacair don phobal cuimhne a choimeád ar eachtraí aonair nó ar dhaoine faoi leith. I slí eile a oibríonn cuimhne an bhéaloidis: catagóir in ionad eachtra, príomhshamhaltas (aircitíp, .i. eiseamláir ó aimsir bhunús rudaí) in ionad pearsa stairiúla.[65] Thug an Tiarna Raglan faoi ndeara agus é ag scríobh i 1934 go raibh cosúlachtaí idir bheathaí roinnt laochra miotasacha agus stairiúla. Thóg sé pátrún as beatha Oedipus agus chuir sé i bhfeidhm é ar bheathaí laochra eile, ag tabhairt marcanna dóibh de réir na n-eachtraí a bhí i bpáirt acu i scéal a mbeatha. An marc ba mhó, a bhí ag Oedipus, ná a dó is fiche. Dá réir sin, thug sé a haon is fiche do Mhaois an tSeanTiomna, a seachtdéag do Romulus (i scéal bhunú na Róimhe), a sédéag do Rí Artúr, a dódhéag do Sheosamh, a naoi do Siegfried na heipice Gearmánaí, an *Nibelungenlied* (c. 13ú haois), ⁊rl. Is léir gur chuaigh an pátrún sin i bhfeidhm ar phearsana stairiúla, cuir i gcás Rí Cyrus na Peirse (an 6ú haois roimh Chríost), Íosa Críost féin nó Theodoric Mór (c. 455–526). Ba dhóigh le Raglan go mbaineann caibidlí na beatha laochúla go háirithe leis an mbreith, leis an teacht i gcoróin agus leis an mbás.[66] Dar le Jan de Vries, scoláire creidimh, bonn na beatha laochúla ab ea deich n-eachtra, *rites de passage*,[67] i saol an laoich, ina measc a bhreith, a bheatha a bheith i mbaol agus é óg, agus ag leanacht ar aghaidh go dtína bhás.[68]

Léiríonn Ríonach uí Ógáin é sin i gcás Dhónaill Uí Chonaill (1775–1847). Mórphearsa staire ab ea é, a cailleadh níos lú ná céad bliain sarar bhailigh Coimisiún Béaloideasa Éireann an-chuid scéalta air, ach tugann an béaloideas pictiúr de a bhánn tréithiúlacht phearsanta an

Chonallaigh i bpríomhshamhaltas an laoigh.[69] Léiríonn laoch a bhuanna agus é an-óg; Íosa sa teampall, Sétanta a mharaigh cú Chulann, Macghníomhartha Fhinn Mhic Chumhaill, Dónall Ó Conaill a thug breith dlí agus é seacht mbliana d'aois.[70] Ar nós Dhónaill Chaim Uí Shúilleabhán Béarra agus Aichill na Gréige, bhí an Conallach doghonta.[71] Bualadh aghaidh stairiúil anuas ar stóras scéalta agus seanchais a bhí ann cheana. Is é an dálta céanna é i gcás scéalta na bhfilí, a bheag nó a mhór de.[72] Má tharlaíonn sé sin i gcás daoine nach fada caillte iad, nach féidir go dtarlóidh sé lena mbeo? Deir uí Ógáin go mba 'lucht comhaimsire Dhónaill cuid éigin de na scéalaithe ar bailíodh an t-ábhar uathu' sa seanchas faoin gConallach ar dhein sí staidéar air.[73]

Sa tslí chéanna, bhí an laochas i ndán don leanbh a saolaíodh agus comhartha na croise ar a dhrom. Ba leis an gcomhartha sin a saolaíodh an Conallach; agus Éamon de Valera ina dhiaidh, de réir cuntais ó Chontae an Chláir.[74] Chuir an próiseas miotasaitheach sin alltacht ar cheannaire cáiliúil Óglaigh na hÉireann, Ernie O'Malley (1897–1957): le linn Chogadh na Saoirse chuala sé a ainm féin in amhráin. Thrácht sé ar an mbéaloideas ina thaobh féin, rud a chuir míbhuíochas air mar chruthaigh sé gaiscíoch de féin a dhein beart ní de réir leas na gluaiseachta, ach de réir caighdeáin eile, agus a chuir an duine ceart, an duine stairiúil, mar adéarfaí, i bhfolach.[75] Tugann Eliade cuntas ar eachtra neamhchoitianta ar amhrán brónach grá a bhailigh scoláire mór an cheol tíre Constantin Brailoiu (1893–1958) sa Rúmáin. Ba é an t-ábhar fear óg a bhí geallta le pósadh. Chaith leannán sí le faill le tocht éada é cúpla lá roimh a phósadh. Fuair Brailoiu amach le linn an bhailithe go raibh sí fós ina beatha an bhean a bhí geallta leis an bhfear óg a phósadh sarar cailleadh é. Thug sise cuntas ar thionóisc a mhairbh an t-óigfhear, gan aon trácht ar leannáin sí ná a leithéidí: cuntas a bhí bunoscionn le seanchas na háite. Dhá insint, más ea, ar an eachtra chéanna. Cá raibh an fhírinne? Dar le hEliade ba é 'an miotas a inis an fhírinne: bhí an scéal fírinneach cheana féin ina bhréagaireacht'. Ba fhírinní an 'miotas' mar gur thug sé brí níos doimhne don scéal, ag nochtadh na cinniúna.[76] Tagann sé sin le tuairim an antraipeolaí Edwin Ardener, *that structural oppositions are built into history as it happens*. Dar leis, tosnaíonn 'cuimhne' na staire nuair a chuirtear an struchtúrú sin i bhfeidhm uirthi.[77]

Tá ceist na cuimhne lárnach i léann an bhéaloidis agus sa stair araon. Ach is dhá shaghas cuimhne atá i gceist, cuimhne a bhaineann le cultúir bhéil agus cuimhne a bhaineann le saothrú an léinn. Tugann an staraí Jacques Le Goff 'an chuimhne eitneach' ar an gcuimhne choiteann i measc na bpobal nach bhfuil an scríobh acu.[78] Níorbh ionann pobail a raibh aos léinn oifigiúil litear}tha acu i dteannta an tromlaigh gan léamh ná scríobh, agus pobail nach raibh an scríobh ag aon aicme díobh. I gcás tíortha ar nós na hÉireann, bhí an chuimhne eitneach agus an chuimhne stairiúil araon ann, agus anáil léannta más ea ar an mbéaloideas. Sampla is ea 'Seanchas na Sceiche', a chum Raiftearaí, file dall gan léamh ná scríobh, is féidir 'file pobail' a thabhairt air. Dar leis an staraí Louis Cullen, 'bhí rud de bhreis ar an traidisiún béil mar theannta le filíocht Raiftearaí agus, i ndeireadh na dála, is féidir a rá gur mhair sí agus gur caomhnaíodh cuíosach cruinn í mar gheall ar an gceangal leis an litearthacht'.⁷⁹ Difear amháin tábhachtach idir an chuimhne eitneach agus an chuimhne stairiúil is ea go mbraitheann an chéad cheann acu go hiomlán ar phobal murab ionann agus an tarna ceann. Tá an difear céanna idir an béaloideas agus an litríocht. Dualgas aonair is ea scríobh na staire, cé go bhfuil comhluadar laistiar de staraí san oiliúint i dtraidisiún na staire a scríobh agus is baill de chomhluadair éagsúla iad staraithe go pearsanta (rud is annamh a chuirtear san áireamh agus leabhar staire á mheas).⁸⁰ Ach ina dhiaidh sin agus uile, ceadaítear neamhspleáchas áirithe aigne don staraí.

Braitheann an chuimhne eitneach ar eolas a chur ar aghaidh ó dhuine go duine trí bhéal. Braitheann sí, más ea, ar luachanna áirithe agus aontacht áirithe aigne a bheith i gcoitinne idir dhaoine. Nuair nach bhfuil siad ann a thuilleadh, cailltear traidisiún. Tráchtann Seoirse Mac Tomáis, scoláire clasaiceach agus údar ar an mBlascaod, ar an 'mbearna' a bhí tagtha idir óg agus aosta sa Bhlascaod maidir lena n-intinn i leith an tsaoil, na daoine óga agus a n-aghaidh ar Mheirice, na seandaoine agus iad lonnaithe go samhlaitheach ina ndúthaigh féin. Maidir le seanscéalta, ghéill na seandaoine dóibh, ach i gcás na ndaoine óga, '[b]hí a lán acu, gan dabht, gur chuma leo aon ní mar gheall orthu . . . '⁸¹ Is féidir a áiteamh go mbaineann an chuimhne eitneach go príomhdha le háit agus go mbaineann an chuimhne stairiúil go príomhdha le ham, ach bíonn siad araon ag maireachtaint i rudaí, ar nós an dinnseanchais (seanchas ar áiteanna), gur *aide mémoire* dó ainm áite nó tréith faoi leith den tír. Tá 'ionaid chuimhne' ann (ag tagairt dúinn sa téarma sin do shaothar mór staraithe na Fraince)⁸² a bhfuil an stair 'lonnaithe' iontu, logainmneacha, seanfhothraigh, féilte áitiúla, oícheanta airneáin, féilte náisiúnta, séadchomharthaí, cartlanna agus músaeim, ⁊rl. (ach ag cur san áireamh gur dóigh le Pierre Nora go bhfuil ionaid chuimhne ann mar nach bhfuil timpeallachtaí cuimhne [*milieux de mémoire*] a thuilleadh ann).⁸³

(iv)

Tá litríocht chuimsitheach ann ar cheist na haigne sa chultúr béil. An mhórcheist: an machnaíonn daoine nó pobail i slí dhifriúil nuair nach bhfuil an scríobh acu? I gcás na hÉireann de, ó theacht na Críostaíochta bhí ionad tábhachtach ag an leabhar sa chultúr, cé nárbh fhéidir leis an

tromlach é a léamh go dtí an tarna leath den 19ú haois i gcás an Bhéarla
nó go dtí an 20ú haois i gcás na Gaeilge. Ciallaíonn sé seo nach raibh an
cultúr béil agus an cultúr léannta (léannta ón bpréamh Laidne *legere*,
'léamh') riamh neamhspleách go hiomlán ar a chéile. Tá conspóid sa
litríocht scolártha i dtaobh cheist an mhachnaimh sa chultúr béil agus sa
chultúr liteartha. Maidir leis an bplé anseo, an chuid is mó is spéis linn
na teorainneacha praiticiúla a bhaineann le caomhnú an eolais nuair
nach féidir é a scríobh síos. Ní hionann cuimhne duine agus leabharlann.
Go teoiriciúil, níl aon teorainn leis an méid eolais is féidir a bhailiú i
leabharlann—anois ná riamh agus áiseanna leictreonacha ar fáil. Ach tá
teorainn leis an eolas is féidir fanacht i gcuimhne duine, agus cuid lárnach
de phróiseas na cuimhne is ea an dearmad.

Chun eolas a choimeád agus a thabhairt chun cuimhne i gcultúr béil,
is gá leagan amach faoi leith a chur air. Is gá feidhm a bhaint as an rithim,
as patrúin, as an athrá, as an uaim, as téamaí seanchaite, as seanfhocail,
agus as foirmeacha eile cainte. Tá an machnamh dáiríre fite fuaite le
córais chuimhne, dar le Walter J. Ong, a scríobh ceann de na leabhair is
fearr agus is conspóidí ar an ábhar.[84] Ní deacair a thuiscint gur sine an
fhilíocht ná an prós. Is furasta an fhilíocht a chur de ghlanmheabhair le
ciútaí cainte ar nós an churfá, na meadarachta, na huaime agus an cheoil,
ina gcrann taca leis an gcuimhne. *Genres* nua-aimseartha litríochta is ea
an t-úrscéal agus an gearrscéal, agus foirmeacha filíochta ar nós an *vers
libre*. Braitheann siadsan ar an téacs scríofa, agus níorbh fhéidir leo teacht
chun cinn go dtí go raibh pobal fairsing léitheoireachta ann. Luann Ong
roinnt tréithe a bhaineann leis an eolas a chur in iúl sa chultúr béil.[85]
Deintear athrá ar rudaí chun deimhniú go gcloistear agus go dtuigtear iad
mar, murab ionann agus an téacs scríofa, níl aon ní leis an súil a
chaitheamh siar air. Leanann aigne choimeádach é seo mar tá an t-eolas
luachmhar, is deacair é a chaomhnú, tá meas faoi leith orthusan a
chaomhnaíonn é agus dá bharr sin, leantar le múnlaí agus le pátrúin atá
seanbhunaithe.[86] Is mór an difear idir mháistrí an eolais sa seansaol,
seandaoine a bhí ar na scéalaithe agus na seanchaithe ab fhearr, agus
milliúnaithe óga Silicon Valley sa lá atá inniu ann. Nuair is tábhachtaí an
t-eolas traidisiúnta ón aimsir chaite, is ag seandaoine is mó atá sé bailithe.
Nuair is tábhachtaí an t-eolas nua, is ag daoine óga is mó atá sé agus is lú
go bhfuil seaneolas nach mbaineann níos mó le hábhar bailithe acu.

Braitheann catagóirí casta anailíse ar an scríobh. Is fearr leis an
gcultúr béil plé leis an eolas go praiticiúil seachas go teibí, agus é a
cheangal le saol an duine. Ciallaíonn sé sin cuid mhaith go lonnaítear an
t-eolas i gcomhthéacs na coimhlinte idir dhaoine. Bíonn daoine ag sárú a
chéile le seanfhocail agus le tomhaiseanna. Bíonn an buaileam sciath ina
chuid lárnach de sheanscéalta, agus bíonn na scéalta féin lán den

bhforéigean agus den bhruíon. Tá a leithéid coitianta chomh maith i litríocht na meánaoise, ach téann sé i laghad in imeacht ama agus de réir a chéile, bogann sé ar aghaidh ón bhforéigean fisiciúil go dtí an choimhlint inmheánach, ceann de chomharthaí sóirt an úrscéil. Sa chultúr béil, má lonnaítear an t-eolas i gcomhthéacs na coimhlinte, léirítear é ina dhubh agus ina gheal. Is léir é sin sna seanscéalta lena n-idirdhealaithe idir mhaith agus olc, idir shuáilce agus duáilce.[87] Tá cultúir bhéil cnuasciúnach leis an gcuimhne. Is é sin le rá, maireann siad san am atá i láthair ann agus deineann siad dearmad ar aon eolas nach mbaineann leis sin. Ní hionann sin is a rá nach bhfuil aon tsuim sa stair acu. Tá, ach ní ar mhaithe léi féin í. Tá suim acu sa stair a fhad is a bhaineann sí le hábhar, go háirithe leis an gcaidreamh sóisialta agus leis na ceangail ghaoil is tábhachtaí idir dhaoine.

Tugann taighde antraipeolaithe ar ghinealaigh san Afraic na samplaí is suaithinsí de sin. Bhí ginealaigh fhada ag na Tiv sa Nigéiria, a chuaigh i bhfad siar. Nuair a tháinig na Sasanaigh ar an bhfód agus chuir na Tiv faoi smacht, thuigeadar gur bhain tábhacht leis na ginealaigh, gur pléadh iad i gcúirteanna dlí dúchasacha nuair a bhí cearta nó dualgaisí daoine i leith a chéile idir chamánaibh. Scríobh na Sasanaigh síos iad ionas gurbh fhéidir le riarthóirí ina ndiaidh leas a bhaint astu. Daichead bliain ina dhiaidh sin, nuair a tháinig na hantraipeolaithe Bohannan chun taighde a dhéanamh i measc na Tiv, bhí leagan amháin de na ginealaigh á úsáid ag na Sasanaigh agus leagan eile ag na Tiv, agus an scéal ina chnámh spairne eatarthu. B'amhlaidh gur tháinig athruithe ar na ginealaigh bhéil ón am a scríobhadh síos iad. Athraíodh iad ionas gurbh fhéidir leo fanacht dílis don chaidreamh sóisialta sa phobal, a bhí ag athrú. Mar tagann athruithe ó ghlúin go glúin ar phobal, saolaítear daoine, cailltear daoine. Téann dream amháin ar imirce, aontaítear dhá dhream eile le chéile.[88] Bhí an dá leagan de na ginealaigh 'ceart'. Sampla eile, a thugann an t-antraipeolaí Jack Goody, is ea stát Gonja i dtuaisceart Ghana, a bhí roinnte idir scata taoiseach go raibh cuid díobh i dteideal cheannas an phobail ar fad. An scéal a thug bunúdar don leagan amach polaitiúil ná gur tháinig Ndewura Jakpa aduaidh, ghlac ceannas na tíre agus d'ainmnigh a mhic ina dtaoisigh ar na ranna éagsúla a bhí ar an tír. Ag casadh an 19ú haois, scríobh na Sasanaigh síos gur seachtar mac a bhí ag Jakpa, ag freagairt don seacht roinn tíre go raibh gach ceannaire orthu i dteideal bheith ina thaoiseach ar an tír ar fad. Trí fichid bliain níos déanaí, nuair a scríobhadh síos miotais an stáit arís, ní raibh ach cúigear mac ag Jakpa mar bhí deireadh tagtha le dhá roinn tíre idir an dá linn.[89]

Ina chuid taighde ar mhuintir Oileán Toraigh, a thosnaigh sa bhliain 1960, chuir an t-antraipeolaí Robin Fox an-suim i gcúrsaí ginealaigh. Lean seanchaithe an oileáin sinsearacht daoine aniar ón tréimhse idir

1780 agus 1830. Bhí ceithre phríomhghinealach ann—ceithre 'chlann', sliocht sinsir amháin idir fhir is mhná—arbh fhéidir formhór na nginealach eile a cheangal leo. Tagraíonn Fox don ráiteas, 'le h-anmanna na seacht sinnsear d'fhág tú', a thugann an tAthair Ó Duinnín ina fhoclóir leis an nóta '*seven generations, about 210 years is in the popular idea a measurable ancestral period*'. Cé go dtugann Fox faoi ndeara nár rianaíodh na seacht nglún siar i ngach ginealach san oileán, bhí tréimhse dhá chéad bliain iontu de ghnáth.[90] Ba bhreá leis na seanchaithe sinsearacht níos faide siar ná sin a phlé, ach d'admhaíodar gur thuairimíocht é nár bhain le struchtúr lárnach na nginealach, mar, murarbh ionann agus na ginealaigh údarásacha, ní raibh baint acusan le ceart ar éileamh a chur ar thalamh.[91] I ngnáthúsáid an oileáin, go teoriciúil ach go háirithe, bhí scata ainmneacha ar fáil ag duine, ó thaobh na máthar agus ó thaobh an athar (leithéidí 'Jimín Mháire Thaidhg' i scéal an tSeabhaic atá i gceist aige): dhá cheann ó na tuismitheoirí, ceithre cinn ó na seantuismitheoirí, ⁊rl. Thóg formhór na ndaoine ainm an athar, ach thóg 30% de na fir agus 16% de na mná ainm na máthar. Ach níor úsáid an duine ach ceann nó dhó de na hainmneacha go raibh ceart aige orthu, ionas gur deineadh rogha eatarthu. Mar a deir Fox, cuireann sé sin an réaltacht shóisialta in iúl go cruinn: ar na ceangail ghaoil agus ar na hainmneacha a ghabhann leo atá ar fáil go teoriciúil ag duine, ní chuireann sé nó sí éileamh ach ar cheann nó dhó. I stair sheilbh na talún san oileán, bhí na ginealaigh fíorthábhachtach.[92]

Áitíonn Ong nach bhfuil catagóirí teibí i gcultúr béil. Dá bhrí sin, úsáideann siad scéalta ar ghníomhaíochtaí daoine chun a gcuid eolais a chaomhnú, a eagrú agus a sheachadadh, ar nós scéal Jakpa agus a mhic mar bhunúdar le stát Gonja. Toradh amháin air seo is ea go bpléann an chuimhne eitneach le pearsana 'troma', go bhfuil a ngníomhartha mórthaibhseach poiblí, agus gur furasta cuimhneamh orthu: an laoch an sampla *par excellence*. Ní fhanann pearsa leamh sa chuimhne eitneach.[93] Cuid de nádúr an laoich ab ea a thréithe ó thaobh an choirp de, a ghaisce. Luann an t-eitneolaí Wolfgang Kaschuba agus é ag trácht ar dhírbheathaisnéisí scríofa lucht oibre na Gearmáine sa 19ú agus sa 20ú haois, go gcuireann siad an bhéim i gcónaí ar neart agus ar acmhainn oibre an duine. Nuair a thagann duine i láthair ar an leathanach den chéad uair ag ócáid faoi leith, deintear cur síos air i dtosach i dtéarmaí seachtracha ar fad: a neart agus a chumas chun oibre. Is ina dhiaidh sin amháin a thugtar cur síos ar thréithe sóisialta nó ar iompar.[94] Bhí díomá ar Todd Andrews (1901–1985), ball d'Óglaigh na hÉireann agus státseirbhíseach, nuair a chonaic sé lena dhá shúil a laghad is a bhí roinnt de thaoisigh pholaitiúla Chogadh na Saoirse.[95] Is é sin, bhí sé ag glacadh leis go mbeadh gaiscíoch mór. Thug an t-aisteoir Arnold Schwarzenegger cuairt ar arm forghabhála na Stát Aontaithe san Iaráic ar an 4ú Iúl 2003.[96] Ba lú é Schwarzenneger ná mar a bhí sairsint amháin ag súil leis, agus bhí díomá air. '*I was picturing Conan. I saw Kindergarten Cop*'.[97]

(iv) (Réamh)insint, (Iar)nua-aois

(i)

Thráchtamar cheana ar an mbundifear idir an seanscéal agus an finscéal. Tá sé lárnach i léann an bhéaloidis. Scríobh Jacob Grimm, duine de bhunaitheoirí an léinn sin, sa bhliain 1816, '*das Märchen ist poetischer, die Sage historischer*' (tá an seanscéal fileata, an finscéal stairiúil).[1] Sa chomparáid a dheineann Seoirse Mac Tomáis idir *An tOileánach* le Tomás Ó Criomhthain, agus *Fiche Blian ag Fás* le Muiris Ó Súilleabháin, scríobhann sé:

> Fírinne stairiúil atá ag Tomás; é ag cur síos ar gach ní go díreach do réir mar a tharla, gan focal fé ná thairis. Fírinne fhileata atá ag Muiris. Na nithe a inseann sé dhúinn, tá mar bheadh dán déanta aige astu istigh ina aigne féin.[2]

'Tá sé soiléir nárbh aon scéalaí maith Tomás Criomhthain', dar le Seosamh Ó Dálaigh.[3] Seanchas seachas seanscéalta a bhí aige, mar a léiríonn an cnuasach a bhailigh Robin Flower uaidh, *Seanchas ón Oileán Tiar*. Scéalaí cáiliúil ab ea seanathair Mhuiris Uí Shúilleabháin, Eoin Ó Súilleabháin, agus is léir go raibh an mianach céanna i mac a mhic, cuir i gcás nuair a shníonn sé finscéal taistil Guntram (ML4000) trí scéal a bheatha féin.[4] B'fhéidir, más ea, go bhféadfaí leabhar seanchaí a thabhairt ar leabhar amháin agus leabhar scéalaí ar an leabhar eile.

Glactar leis gur ceann de na difríochtaí idir an seanscéal agus an finscéal an tslí go bpléann siad leis an am:

> Bhí ann fadó agus fadó a bhí. Dá mbeinnse an uair sin ann ní bheinn anois ann. Dá mbeinn anois agus an uair sin ann, bheadh scéal úr nó seanscéal agam, nó bheinn gan scéal ar bith. Mar bhí sin rí agus bantiarna anseo in Éirinn fadó, agus phós siad. ..

Ba mhar sin a thosnaigh Éamon a Búrc (1864–1942), scéalaí mór ó Charna, Co. na Gaillimhe, 'Eochair Mac Rí in Éirinn', an scéal ab fhaide a bailíodh riamh sa tír (timpeall 30,000 focal).[5] Scéal gaisce ab ea é agus ba ornáidí an tosach dá bhrí sin ná gnáth-thosach seanscéil. Thosnaigh Peig Sayers (1873–1958) 'An Caitín Gearr Glas' (AT410 agus AT403) leis na focail: 'Do bhí rí ann aon uair amháin, agus rí cumhachtach saibhir dob ea é . . . '⁶ Tugtar faoi ndeara nach aon am faoi leith atá i gceist i suíomh an scéil—'fadó', 'aon uair amháin'—agus cuireann sé sin le hiontas an scéil. Is scéal fada casta ealaíonta é an seanscéal, agus fear nó bean inste aige le bua speisialta dá réir: an 'scéalaí'. Instear ar son an chaitheamh aimsire é agus ní chreidtear é. Ba nós é a insint le linn oícheanta an gheimhridh—tagraíonn na téarmaí 'áirneán', 'bothántaíocht', 'céilí', 'cuartaíocht', 'scoraíocht' don institiúid traidisiúnta go raibh an scéalaíocht ina cuid lárnach di (féach thíos). Tá nó bhí an scéal ar fáil 'ó Éirinn go dtí an India', mar ba dhóigh le scoláirí, agus bhí go leor scéalta a raibh trácht orthu ó cheann ceann na críche sin. Uaidh sin 'scéal idirnáisiúnta' a thabhairt air.

Tá am an tseanscéil éagsúil leis an aimsir mhiotasach agus leis an aimsir stairiúil araon mar níl aon cheangal soiléir idir an scéal agus institiúidí na sochaí. Sa chás sin ní hionann 'fadó' an scéil agus *illud tempus* an mhiotais, ná 'bliain na gaoithe móire' nó 'aimsir an drochshaoil' sa stairsheanchas. Tá pearsana mórthaibhseacha sa mhiotas nach bhfuil ann anois nó a bhaineann leis an saol eile. Ach creidtear go bhfuilid nó go rabhadar ann dáiríribh. Tá pearsana sa stair atá caillte le tamall nó le fada, ach bhíodar ann. Ar an láimh eile tá pearsana sa seanscéal nach raibh riamh ann. Baineann an saol sa seanscéal le ré atá imithe go pointe áirithe chomh fada is a bhaineann sé leis an leagan amach sóisialta atá ar an saol sin. Tá ríthe, banríonacha, iníonacha rí, mic rí, saighdiúirí agus tuathánaigh ann, ach níl baill den bhuirgéis ann ná an chléir, agus níl cathracha iontu ná rian den tionsclaíocht, rud a thabharfadh le tuiscint (ach amháin easnamh na cléire) go léiríonn na scéalta saol feodach roimh ré na tionsclaíochta.⁷ Ach ansin tá ainmhithe a bhfuil caint acu, cailleacha draíochta agus fathaigh sna scéalta, agus is suaithinseach an ní é nach bhfuil Dia ná na naoimh iontu. Níl fírinne stairiúil ná sóisialta sna scéalta, ach is féidir fírinne shíceolaíoch a bheith iontu, faoi mar a bhíonn san ealaíon i gcoitinne, agus is ansin atá cuid de chumhacht mhothaitheach na scéalta.

Tá an finscéal an-éagsúil leis an seanscéal. Ar an gcéad dul síos níorbh fhurasta é a idirdhealú ón ngnáthchaint. Ní raibh focal soiléir ann dó: 'eachtra' go minic, ach níor dhein an téarma sin deighilt idir an rud a tharla agus an cur síos air. Bhí an focal 'seanchas' ann, a thagraíonn don am atá caite ('sean-') agus a bhfuil an fhírinne ann, ach is féidir níos mó ná míniú amháin a chur leis—'stair', 'traidisiún', 'caint'. Más i bhfoirm insinte atá píosa seanchais, is féidir finscéal a thabhairt air. Focal nua é 'finscéal'. Tá 'finn-scéal' i bhfoclóir an Duinnínigh, ach ciallaíonn sé 'scéal rómánsach', 'scéal i dtaobh na Féinne', 'fabhalscéal' (agus tá an chéad dá bhrí ag foclóir Uí Raghallaigh céad bliain roimhe), mínithe atá níos congaraí do nádúr an tseanscéil ná don 'eachtra'.[8] Ach tá glacadh forleathan le 'finscéal' agus an chiall nua leis anois. An duine a chuireann an seanchas i láthair is ea an 'seanchaí'. Brí bhreise le 'seanchaí' is ea 'duine go maith chun gaoil a chuir isteach, i.e. cérbh é féin ó phrémh, nó an fhaid fhéadfá dul siar de'.[9] Léiríonn an bhrí sin an seanchas go liteartha ina ghinealach, ach is féidir a áiteamh go ginearálta gur ginealach meafarach do phobal é a sheanchas, a rianaíonn siar é san am agus sa spás agus atá mar bhonn lena fhéiniúlacht.

Insint is ea an finscéal a dheineann cur síos ar eachtra a tharla le déanaí nó sa stair. Insint ghearr is ea é, simplí ó thaobh déantúis de agus gan snas puinn air. Creidtear gur fíor é; is féidir am faoi leith, áit faoi leith nó pearsana faoi leith, nó iad go léir, a bheith luaite ann. Ní chun caitheamh aimsire a instear é, ach chun eolas a thabhairt nó tagairt a dhéanamh d'ábhar ar leithligh. Is i bhfoirm finscéalta a sheachadtar cuid mhaith den eolas ar an stair agus ar an saol eile i gcultúir bhéil. Cuir i gcás, bhraith an tuiscint stairiúil a bhí ag daoine ar insintí drámatúla, a chuir abhaile orthu fírinne eachtraí a raibh clostrácht acu tharstu. An creideamh sna sióga nó i dtaibhsí, bhraith sé sin cuid mhaith ar an bhfianaise a thug an finscéal. 'Chuala duine á rá go raibh fear ann fadó, isteach is amach leis an nDro'-Shaol, agus bhí aosánach iníne aige, sé bliana déag aoise . . .' atá mar thosach ag Seán Ó Conaill le heachtra ar uafáis na Gorta.[10] Tá a leithéid seo ag an mBéarrach Máiréad Ní Mhionacháin (1861–1957): 'Ó, is minic a chonaictheas na báid sí, agus an bhean feasa seo a bhí ar fuaid na mball seo fadó, do thug sí sin bád ó thaobh Chiarraí, á tionlac . . .'[11]

Deineadh iarracht tráth ar fhinscéalta a roinnt ina bhfinscéalta bunúis, finscéalta cráifeacha, finscéalta ósnádúrtha, finscéalta stairiúla agus mar sin de.[12] Ach áitítear freisin nach raibh aon tuiscint ag an duine sa tsochaí thraidisiúnta ar an stair mar rud neamhspleách ar an naofacht. An deighilt idir fhinscéalta cráifeacha agus finscéalta ósnádúrtha, braitheann sí ar an achar idir iad agus an ceartchreideamh níos mó ná ar aon ní eile; ach tá cosúlacht áirithe idir roinnt finscéalta 'cráifeacha' agus *legenda* na hEaglaise Críostaí sa mheánaois. Is ó *legenda* a thagann *legend*, *légende*, *leyenda*, ⁊rl., ar aistriú orthu é 'finscéal'. Úsáidtear na téarmaí seo i léann an bhéaloidis; is ionann *Sage* na Gearmáinise agus iad sa chomhthéacs sin. Ní san aimsir stairiúil a shuítear finscéalta bunúis agus is léir go bhfuil cosúlacht áirithe idir iad agus miotais. Ó thaobh déantúis de nílid cosúil le seanscéalta, ach ó thaobh aimsir na hinsinte nílid cosúil leis na finscéalta eile.

Tá an aimsir stairiúil sna finscéalta, nó i gcuid mhaith díobh ach go háirithe. Tá aimsir neamhstairiúil sna seanscéalta, nó sna cinn is cáiliúla orthu, na scéalta draíochta. Ach cá bhfuil an aimsir mhiotasach in insintí? Tá deacracht áirithe leis an bhfocal 'miotas' anseo mar ní gnách do scoláirí béaloidis é a úsáid chun tagairt do chultúir Eorpacha a linne. Ní raibh focal don mhiotas sa téarmaíocht dúchais ar an insint bhéil, ach bhí 'seanscéal' agus 'eachtra' ann. Cnámh spairne i stair an bhéaloidis is ea an gaol idir an seanscéal agus an miotas. Téann an díospóireacht siar go mórshaothar Jacob Grimm, *Deutsche Mythologie* (1835), a áitigh gur iarsmaí de mhiotais iad na seanscéalta. Spreag sin scoil mhiotaseolaíochta sa bhéaloidis faoi stiúir Max Müller (1823–1900), an scoláire mór Sainscrite, a mhínigh iad mar thruailliú, mar mhíthuiscint, ar an teanga bhunaidh.[13]

An príomhdhifear idir an miotas agus an seanscéal dar leis an gclasaicí G.S. Kirk ná an fheidhm atá leo. Níl tábhacht leis an ósnádúr sa seanscéal. Ní phléann an seanscéal le ceisteanna móra an tsaoil. Ní dheineann sé machnamh ar fhadhbanna tromchúiseacha. Is chun caitheamh aimsire é go príomhdha.[14] Idirdhealaíonn Paden scéal bunúis ón miotas. Míníonn scéal bunúis go simplí conas gurb ann do rud faoi leith. Ní phléann an miotas leis an mbunús 'teicniúil' amháin, ach léiríonn sé cuspóirí naofa agus luach rudaí i gcomhthéacs chruthú an domhain i gcoitinne.[15] Tá dlúthbhaint idir an miotas agus an reiligiún. Chuir an t-antraipeolaí mór Bronislaw Malinowski na miotais sna pobail ar dhein sé staidéar orthu i gcomparáid le scéalta eiseamláracha Críostaí, dála cruthú an domhain, titim an chine dhaonna agus an slánú de bharr íobairt Chríost ar an gcrois. Tá feidhm an mhiotais ag na scéalta sin do Chríostaithe.[16]

(ii)

Is insintí iad na seanscéalta agus na finscéalta a bhaineann leis an aimsir chaite. Ach ina dteannta sin, tá traidisiúin ann a bhaineann leis an am atá le teacht. Cuid d'fheidhm an reiligiúin is ea brí a thabhairt do shaol an duine, agus i gcás na reiligiún stairiúil is laistigh d'ord diaga é sin, a bhfuil lá an bhreithiúnais ina dheireadh. Sin í an eascateolaíocht, an chuid den diagacht a phléann leis an mbás, leis an mbreithiúnas agus leis an dán. Críostaithe ab ea an pobal traidisiúnta ionas go raibh teagasc na hEaglaise ar an am a bhí le teacht riamh á chraobhscaoileadh i dteannta tuiscintí traidisiúnta, agus uaireanta bhí anáil acu ar a chéile. Cuir i gcás na sióg: ní raibh baint díreach acu leis an gCríostaíocht, ach bhí fráma tagartha na Críostaíochta dulta i bhfeidhm orthu mar ba iad Aingil an Uabhair iad, bhí cosaint orthu i gcomharthaí Críostaí, ⁊rl. Dá bharr sin, bhí suim ag daoine i gcinniúint na sióg. Bhain finscéal coitianta in Éirinn agus thar lear leis an téama sin agus tráchtann sé ar an gceist a chuireadar ar shagart, cad a bhí i ndán dóibh Lá an Bhreithiúnais. De réir an leagain den bhfinscéal ag Pádraig Eoghain Phádraig Mhic an Luain (†1979), ó na Cruacha Gorma, Co. Dhún na nGall, dúirt an sagart, "Tá eagla orm", arsa seisean, "nach bhfaghann sibhse chun na bhFlaitheas a choíche! Ní bhfaighidh neach ar bith ann a choíche nach bhfuil oiread fola ann agus a scríobhfas a ainm féin!"[17]

Níl difear an-soiléir idir shaol na marbh agus saol na sióg sa bhéaloideas. Eachtraí ar dhaoine a fhill ón mbás, meastar iad le síscéalta.[18] Daoine a fhuadaigh na sióga, an rabhadar beo nó marbh? Is deacair roinnt de na traidisiúin bhéil i dtaobh Doinn (dia na marbh, ach ag an am gcéanna sinsear diaga, i seantéacsaí) a idirdhealú ón seanchas ar na sióga. Tugann Liam Ó Dananchair cuntas ar sheanduine in Oirthear Luimnigh a chreid go láidir sna sióga, á rá ar leaba a bháis agus é ag féachaint an fhuinneog amach ar Chnoc Fírinne nárbh fhada go mbeadh sé in airde ar a mhullach san áit a chruinneodh Donn a shlua.[19] Tá trácht ar sheaniascairí i gCiarraí a fheiceadh anamnacha na marbh os cionn na Sceilge a slí go Tír na nÓg, Tír na mBeo agus Tír na mBuadh (bhí Tech Duinn na seantéacsaí thiar ó dheas).[20]

Tá go leor seanfhocal ann a thagraíonn don am atá le teacht—leithéidí 'Meileann muilte Dé mall ach meileann siad go mín'—nó a chuireann teorainn leis an am:

'Trí bliana fál,
Trí fál each,
Trí each marcach,
Trí marcach iolar,
Trí iolar iúr,
Trí iúr crích,
Trí crích deireadh an domhain'.[21]

Tá go leor scéalta agus nathanna cainte a bhaineann leis an gcinniúint. 'N'fheadair éinne cá bhfuil fód a bháis'—deirtear a léithéid ar chloisint tásc báis gan choinne. I saoldhearcadh miotasach, faoi mar atá tús cinnte leis an domhan, tá críoch chinnte leis freisin. Tá ord ar an saol a thugann brí d'eachtraí agus a thugann téarma le gach ní. Ós rud é go bhfuil tús agus deireadh ordaithe leis an domhan, tá fonn ar dhaoine an t-am atá le teacht a thuar mar níl sé 'oscailte' faoi mar a chreidimid anois. Leanann daoine bóthar atá ordaithe roimh ré fiú mura bhfeiceann siad rómpu é. Tá an tairngreacht ann chuige sin, agus bhain an tairngreacht le féilte go háirithe nuair a osclaíodh na doirse idir an saol seo agus an saol eile, agus nuair a cuireadh an gnátham ar ceal ionas gurbh fhéidir cumhacht an chruthaithe teacht isteach i saol daoine. Aimsir féile, ba nós le daoine bheith ag faire ar thuartha an ama rómpu: tá rian de sin go fóill sa bhairín breac Oíche Shamhna, mar shampla (an fáinne, an cipín, ⁊l.). Leis na deasghnátha cuibhe a chur i bhfeidhm le linn na bhféilte, deineadh iarracht ar an todhchaí a chur faoi smacht.

Seo sampla de na nósanna sin a bhaineadh le Féile Eoin. Bhí tine chnámh le hadhaint ag dul faoi na gréine agus aire le tabhairt di i rith na hoíche chun beannacht an naoimh a fháil go ceann bliana. Bhí cosaint a bháite ag gach duine ach an fhéile a choimeád ina lá saoire. Ba nós le hógánaigh bileoga an hocais fhiain a bhailiú agus daoine a bhualadh leo, á gcosaint ar an mbreoiteacht agus ar an olc go ceann bliana. Ansin chaithtí na bileoga sa tine. Dheintí amhlaidh leis an bhfiaile ba mheasa, ag cosaint na ngort uirthi. Thógtaí an luaith ón tine ar maidin agus chroithtí ar na páirceanna iad. Ba nós léim thar an tine, agus lean rath é sin: leanaí a thabhairt ar an saol go sláintiúil, céile pósta a fháil, cosaint ar thionóiscí, ar aicídí agus ar an súil mhillteach. Ba nós athair thalún a bhailú ar mhaithe leis an leigheas. Dá gcuirfeadh cailín an planda faoina piliúr, chífeadh sí a fear céile i dtaibhreamh.²² Bhain na nósanna ilghnéitheacha seo—agus a macasamhla ó gach aon fhéile eile—leis an am a smachtú.

Bhí tairngreachtaí ann a thug faisnéis ar imeachtaí polaitiúla a bhí le teacht. Tá go leor eolais againn ar a leithéidí sa mheánaois agus sa ré luathnua-aoiseach: conas gur bhain ríshleachta feidhm astu chun imeachtaí a linne a mhíniú lena leas, conas gur shuathaigh siad an gnáthphobal, agus conas gur bhagairt iad do chumhacht an stáit.²³ Bhí anáil faoi leith ar thairngreachtaí Pastorini in Éirinn. Charles Walmsley ab ea 'Pastorini', easpag Caitliceach Sasanach, a fhoilsigh *General History of the Christian Church* (1771) a thairngir bua an Chaitliceachais. Scaip mangairí na tairngreachtaí i bhfoirm leabhrán aimsir na nÉireannach Aontaithe, agus bhí anáil láidir acu, i mbailéid mhórbhileoige as Béarla, ar fhilíocht phobail Raiftearaí, Thomáis Rua Uí Shúilleabháin (1785–1848) agus Mháire Bhuí Ní Laoghaire (1774–1848?), cuir i gcás.

Tairngreacht a raibh cur amach fairsing uirthi in Iarthar na Mumhan ab ea 'Aonta' Mhic Amhlaoibh. Fáidh a raibh seanchas air ab ea Mac Amhlaoibh; i bhfinscéal coitianta ina thaobh, bhuail sé le hOilibhéar Cromail. Luann Aonta Mhic Amhlaoibh imeachtaí tubaisteacha, ar nós 'Ní bheidh éinne i nDúth' Ealla dem shliocht' (an tarna hAon), 'Beidh Éire ag Sasanachaibh' (an tríú), 'Is baol don Eaglais ann' (an cúigiú). Ar aimhleas na nGael iadsan, ach dealraíonn sé go mbeadh casadh ann: 'Beidh Gaeil ag seasamh a gcirt' (an seachtú) agus 'Is tréan mar a dhoirtfid siad fuil' (an t-ochtú).²⁴ An ní suimiúil i dtaobh leagan Amhlaoibh Uí Luínse (1872–1947) de na hAonta ná níl cinnteacht ina dheireadh, sa deichiú hAon, ina bhfuil dhá leagan air. Is mór idir 'Mo léan ná mairimse ansin!', a thugann le tuiscint go mbeidh na Gaeil fuascailte, agus 'Mo léan! Cé mhairfidh ansin!', a chuireann duairceas apacailipteach in iúl.

Cuireann na tairngreachtaí in iúl go dtiocfaidh an fhuascailt. Tá baint idir thairngreachtaí den saghas sin agus finscéal idirnáisiúnta a dtugtar 'finscéal Barbarossa air'. De réir an scéil seo, bhí an laoch faoi dhraíocht agus nuair a scaoilfí saor é, d'fhuasclódh sé a phobal. In Éirinn, pearsa stairiúil—Gearóid Iarla (duine d'iarlaí Dheasmhumhan nó Chill Dara), Balldearg Ó Domhnaill, Aodh Rua Ó Domhnaill, Aodh Ó Néill, Roibeard Bruce—ba ghnáthaí a bhí i gceist, mar a léiríonn an béaloideasaí Dáithí Ó hÓgáin, ach luadh Fionn Mac Cumhaill i leaganacha de chomh maith. Sa scéal, dúisíodh an laoch agus a shlua nuair a tharraing duine claíomh as a thruaill. Ach nuair a chonaic an duine ag dúiseacht iad tháinig eagla air, chuir sé thar n-ais an claíomh agus thit a gcodladh arís ar na gaiscígh.[25] Is féidir traidisiún meisiasach a thabhairt air sin, agus mar a léiríonn an téarma féin, tá cosúlacht idir é agus mórinsint na Críostaíochta. Bhain sé go láidir leis an bhfilíocht Seacaibíteach, an Aisling, go háirithe.[26]

Chuaigh an traidisiún sin i bhfeidhm ar an stair féin—go fiosach agus d'aon ghnó i gcás ionsaí na Gearmáine ar an Aontas Sóivéadach i 1941 (*Operation Barbarossa*)—agus i gcás roinnt eachtraí cáiliúla sa stair nuair a cailleadh laoch ach nár glacadh le tásc a bháis. Maraíodh Rí Sebastião na Portaingéile—chun an sampla is cáiliúla de a thabhairt—i gcath leis na Múraigh i 1578. Tháinig ráflaí go raibh sé ina bheatha abhaile i dteannta na saighdiúirí a tháinig slán ón gcath. Sa bhliain 1584, dhearbhaigh díthreabhach gurbh é féin Sebastião agus thug roinnt de mhuintir na tuaithe dílseacht dó. Beireadh air, deineadh daor iomraimh (.i. ag rámhaíocht i long) de agus cuireadh a chomhairleoirí chun báis. Go gairid ina dhiaidh, spreag díthreabhach eile a raibh dealramh aige le Sebastião éirí amach i gcoinne na Spáinneach a bhí tagtha i gceannas na tíre ar bhás an rí. Cuireadh chun báis é i 1585. Deich mbliana ina dhiaidh sin tháinig Sebastião bréige eile i láthair, a cuireadh chun báis i dteannta a chomhairleora, manach, sa bhliain chéanna. Sa bhliain 1598 dhearbhaigh fear ó Calabria gurbh é féin Sebastião, ach beireadh air i bhFirenze na hIodáile agus deineadh daor iomraimh de. I dtosach an 19ú haois bhí seict *sebastianistas* ann ar chuir an Eaglais ina coinne. Scríobhadh síos traidisiún béaloidis ar '*o príncipe encuberto*' ('an prionsa faoi cheilt') sa Bhrasaíl i 1838.[27]

(iii)

Conas ar tugadh údarás don eolas san am atá caite? I dtéarmaí an fhealsaimh Jean-François Lyotard, bhí dhá 'mhórinsint' (*grand récit*, *métarécit*) ann chuige sin. Bhí an chéad cheann miotasach agus bhain sé le sochaithe traidisiúnta. Thug tosach na haimsire, ré an bhunúis nuair a cruthaíodh rudaí den chéad uair, údarás don eolas. Bhí an tarna mórinsint nua-aoiseach, is é sin, bhain sí le sochaithe a thug a n-aghaidh ar an aimsir a bhí le teacht, agus ina raibh an t-eolas (agus uaidh sin an eolaíocht) dlisteanach a fhad is a bhí sé áisiúil chuige sin.[28] D'áitigh Lyotard gur bhraith na mórinsintí nua-aoiseacha go léir ar cheann scríbe a bheith le stair an chine dhaonna, agus gurbh é an patrún dóibh an Chríostaíocht, a thug insint ar shlánú an duine ó pheaca an tsinsir ag deireadh an tsaoil. Uime sin, leaganacha saolta den mhórinsint chéanna ab ea an Soilsiú, a mhaígh go dtiocfadh slánú an duine ón ainbhfios trí fhás an réasúin; an Marxachas, a chonaic slánú an duine ón mí-reacht ag teacht ó réabhlóid an lucht oibre; agus an caipitleachas, a thuig gur tríd an margadh a thiocfadh slánú an duine ón mbochtaineacht.[29]

Tá na mórinsintí 'uilíoch', is é sin, táid in ainm is bheith neamhspleách ar leithleachas áite nó cultúir. Tagraíonn siad do gach cás, do gach pobal, don saol ar fad. Dar leis an bhfealsamh Gianni Vattimo, tagann deireadh leis an nua-aoiseacht nuair nach féidir trácht ar stair aontaithe a thuilleadh. Mar tugann stair aontaithe le tuiscint go bhfuil taobh pribhléideach den scéal ann, 'lárionad go mbailítear agus go n-eagraítear eachtraí timpeall air'. Ní i gcaidreamh le cultúir eile amháin a bhraitheann tíortha an Iarthair méadú thar cuimse ar thaobhanna den scéal, ar dhearcaí, ach laistigh díobh féin, rud a fhágann nach féidir 'an domhan agus an stair a shamhlú ó ionaid bhreathnóireachta aontaithe'.[30] Sin í argóint na hiarnua-aoiseachta, go bhfuilimid dulta thar an nua-aoiseacht go dtí staid nua, atá ag leanúint ón nua-aoiseacht (uime sin an 'nua-aoiseacht déanach') nó ag dul thairsti. Dar leis an scoláire litríochta Matei Calinescu, tá an t-uilíochas díbeartha agus tá mórinsintí na nua-aoiseachta ag titim as a chéile, ag fágaint ina n-áit mórchuid scéalta beaga ilghnéitheacha áitiúla ['petites histoires'].[31]

Dar leis an socheolaí Zygmunt Bauman, thosnaigh stair an ama leis an nua-aoiseacht. Is ansin a saoradh an t-am ón spás mar, murab ionann agus an spás, d'fhéadfaí an t-am a athrú agus a láimhseáil. "Time has become the problem of the 'hardware' humans could invent, build, appropriate, use and control. .."[32] Fuarthas seilbh ar spás lena loighic inmheánach a chur ar ceal trí chaighdeánú an ama.[33] An bhfuil deireadh tagtha le stair an ama uilígh inniu, le bás na mórinsintí agus le filleadh na scéilíní beaga áitiúla? Ar ndóigh is féidir a áiteamh gur scéilíní beaga áitiúla a inis an béaloideas riamh. De réir Gramsci, agus é á scríobh sna 1930í, 'tagann an béaloideas i ngiorracht don chúigeachas (provinciale) i ngach ciall, .i. bíodh sé sa chiall 'leithleach' (particolaristico), nó sa chiall 'mí-aimseartha' (anacronistico), nó sa chiall gur le haicme é nach bhfuil tréithe uilíocha aici . . . '[34] Tagann Renato Ortiz leis agus é ag trácht ar scoláirí béaloidis an 19ú haois:

Tuigeann an béaloideasaí go bhfuil sé ag obair ar imeall na Staire oifigiúla. Deintear idirdhealú idir a dhomhansan agus aon chlaonadh uileghabhálach; tá sé dílis dá bhunús rómánsach, naimhdeach leis an uilíochas soilsithe, agus mar sin úsáideann sé scála teoranta le feiniméin shóisialta a thabhairt faoi ndeara.[35]

B'fhéidir nach bhfuil am níos fearr leis an lá atá inniu ann chun na scéilíní beaga a insint. Ach baineann an cheist seo leis an spás freisin, mar baineann stair an ama le stair an spáis agus más amhlaidh nár thosnaigh stair an ama go dtí an nua-aoiseacht, caithfidh go raibh stair an spáis ann roimpi agus ina diaidh.

CUID A DÓ

Áit

(i) An Dúthaigh agus an Cultúr

(i)

Dhá rud éagsúla iad an t-am agus an áit, ach táid ceangailte lena chéile. Conas is féidir toisí áite a thuiscint ach le háireamh an ama a theastaíonn chun dul timpeall uirthi? Meastar an luas mar an gcéanna. Tá tuiscint den sórt céanna laistiar de na *mille passuum*, an 'míle céimeann' a bhí sa mhíle Rómhánach, nó i 'bhféar naoi mbó' na feirme (agus fráma ama na bliana le tuiscint). Sa seanscéal, caitheann an gaiscíoch trí lá ag cur de—trí lá seachas, abraimís, trí fichid míle. Ní chiallaíonn 'míle' puinn gan bhóthar ionas gur féidir le míle a bheith ionann le míle. Agus gurb ionann céim agus céim: 'míle céimeann' an léigiúin Rómhánaigh ag máirseáil ab ea na *mille passuum*. Ní hamháin gurb ionann míle agus míle, ach gurb ionann míle amháin agus míle eile den saghas céanna. Bhí an míle Sasanach—an 'míle beag' nó an 'míle gallda'—níos faide ná an míle Rómhánach. B'fhaide arís an 'míle Gaelach' nó an 'míle mór'.[1]

Is gnáthaí a thuigtear an cultúr i dtéarmaí an cheangail le dúthaigh faoi leith, agus tugann litríocht léann an bhéaloidis agus na hantraipeolaíochta go leor fianaise air sin. Is le déanaí atá an léann ar phobail *diaspora*, atá lasmuigh dá ndúthaigh, ag fás. Bíonn teorainneacha fisiciúla agus siombalacha ag an áit ina lonnaíonn sé ag gach pobal. Mar gheall ar leithleachas cultúir agus iomadúlacht áiteanna, thug léirscáileanna pictiúr nithiúil den éagsúlacht chultúrtha, agus is fada siar a lean scoláirí den mhapáil eitneagrafaíoch. Ina theannta sin, dheineadar iarracht ar nádúr agus ar phrionsabail an leithleachais sin a mhíniú. Treasnaíonn áit na glúinte, faoi mar a threasnaíonn an pobal iad. Gan an ceangal le pobal faoi leith, níl dúthaigh ann ach spás, fairsinge, atá follamh go bunúsach. Bíonn dúthaigh riamh lán: de dhaoine, d'ainmneacha, de chuimhní, den am. Is deacair idirdhealú iomlán a dhéanamh idir áit agus pobal. Níl aon tír ar domhan nach dtagraíonn a hainm d'áit ná do phobal (tháinig deireadh leis an eisceacht, Aontas na bPoblachtaí Sóivéadach Sóisialach, sa bhliain 1991). Cuid de na féiniúlachtaí is láidre ag daoine, baineann siad le háit (muintir Chonamara, Connachtaigh, Éireannaigh. ..).

Sa réamhfhocal le *Seanachas Amhlaoibh Í Luínse*, scríobhann an t-eagarthóir, Donncha Ó Cróinín:

> Ní móide go bhfuil ceangal is buaine ná is bunúsaí ann ná an ceangal a ghreamaíonn duine—nó aon ainmhí—d'fhód a dhúchais. Bhí cruinneolas ag Amhlaoibh Ó Luínse ar gach aon bhlúire dá cheantar dúchais agus bhí sé chomh báidhiúil leis agus dá mba cuid de Mhachaire Mhéith na Mumhan é.[2]

Sin é an pictiúr is coitianta atá againn den seanchaí, agus tá an fhírinne ann. Leanann cuntas an Chróinínigh, agus de réir a chéile tuigimid go bhfuil bonn feidhmiúil leis an gcuid is mó den eolas sin, agus go mbaineann sé le taithí phearsanta:

> Is eol dó cad é an saghas ithreach atá i ngaortha áirithe ar imeall thoir na paróiste, mar bhain sé féar ann agus d'imir sé liathróid ann. Is cruinn géar é chun mianach tailimh a mheas agus chun leathchéad téarma ar shaghasanna tailimh a mhíniú. Tá sé ardeolgaiseach ar chúrsaí móna agus adhmaid. Tá cur amach ar aibhní agus ar iascaireacht aige. Ba dhóigh leat ná raibh éinní fé bhun a chúraim aige, dá mb'iad áraistí an tí féin iad.[3]

Bhraith eacnamaíocht na gceantar Gaeltachta (agus ceantair nach iad) ar dhiansaothrú na n-acmhainní nádúrtha a bhí acu, agus theastaigh eolas fairsing chuige sin. Léiríonn na logainmneacha go leor den eolas sin, agus tá cuid mhaith díobh bailithe ag scoláirí Gaeilge. Cuireann áitainmneacha ar nós 'Garraí Ghála', 'Guala na Móna', 'Cuas na Rón', 'Rinn an Éisc', 'Carraig Bhallach' agus 'Garraí an Scaibí' sna Blascaodaí an saghas sin eolais in iúil.[4] Sa tSualainn, ní théadh fear an tsléibhe don choill, ach do choill an adhmaid, do choill choirt an chrann beithe, do choill na foghlaeireachta nó do choill na bhfia mór; agus áiríodh sna 1880í go raibh ainmneacha ar 75 saghas ithreach ag muintir na machairí sa tír chéanna, go raibh 25 téarma ar scadáin ag iascairí agus go raibh 40 saghas sneachta ar eolas ag Sámi (Laplannaigh) an Tuaiscirt.[5]

Má aithnigh daoine an-chuid saghasanna éagsúla ithreach, bhí uirlisí dá réir acu. Sa 19ú haois dhein scoláirí béaloidis iarracht ar ilghnéitheacht áitiúil an chultúir thraidisiúnta a chur ar léarscáileanna. Baineann an léarscáilíocht leis an gcumhacht pholaitiúil agus míleata (mar a léiríonn an tSuirbhéireacht Ordanáis in Éirinn),[6] agus léiríonn tosnú na mapála ar an mbéaloideas cuid den phróiseas inar cuireadh pobail thraidisiúnta in oiriúint do riachtanaisí an stáit nua-aoisigh. Foilsíodh an chéad atlas canúintí sa bhliain 1876, agus tosnaíodh ar atlas ar an gcultúr traidisiúnta a fhoilsiú roimh 1930, na Gearmánaigh ina gceannródaithe. Foilsíodh atlas Heinrich Wagner ar chanúintí na Gaeilge i 1958 ach níor foilsíodh riamh a leithéid ar an gcultúr traidisiúnta, d'ainneoin spéis na scoláirí.[7] Ní dócha go ndéanfar anois é; tá ré na mórthionscnamh den chineál sin (saghas *grands récits* féin iad) imithe. Ach ba leor an tionscnamh sin—tugtar roinnt samplaí thíos dá leithéid—mar theist ar éagsúlacht cheantair thar a chéile sa chultúr traidisiúnta, éagsúlacht is deacair a chreidiúint inniu nuair is mó aonghnéitheacht an chultúir ó áit go háit ar thaobh amháin agus ar an taobh eile gur mó an ilghnéitheacht chultúrtha laistigh d'aon áit amháin: fochultúir na n-óg, na ngrúpaí eitneach, na nglúinte.

Bhí éagsúlacht thar na beartaibh i mbaill acra romhair na hÉireann.[8] Bhí trí théarma Gaeilge go bunúsach ann, a bhain le teicneolaíochtaí difriúla. Léirigh Wagner go beacht na téarmaí sin san atlas. Bhain an focal 'rámha(i)nn' (le fuaim *á*, *ú* nó *amha*) le Cúige Mumhan, 'láighe' (le haon siolla amháin nó le dhá shiolla) leis an taobh ó dheas de Chúige Chonnacht (lasmuigh d'Oileáin Árann) agus 'spá(i)d' (ón mBéarla *spade*) leis an taobh ó thuaidh de Chúige Chonnacht, móide Oileáin Árann, Cúige Uladh agus Ó Méith i gCo. Lú.[9] Tá an ceann deireannach seo freisin i nGaeilge na hAlban, sa leagan *spaid*. Bhí dhá chluais iarainn ar an spád, agus aon phíosa amháin na cluasa agus an lann. Sa láighe agus sa rámhainn, bhí an lann ar leithligh ó áit na gcos (an bróigín nó an troithín). Sa láighe, aon phíosa amháin adhmaid an feac agus an bróigín, sa rámhainn ba dhá phíosa éagsúla iad.[10] Dar le hEstyn Evans ba í an láighe an t-arm ba shine orthu.[11]

Clúdaíonn an beagán ainmneacha éagsúlacht neamhghnáthach—a mhapáil Alan Gailey ón Ulster Folk and Transport Museum—i ndéantús, i gcrot agus i dtoisí na rámhainní, na lághannta agus na spád. Sa 19ú haois b'amhlaidh a scaip an spád ó dheas trí dheisceart Uladh agus tuaisceart Chonnacht, agus ba theicneolaíocht nua—muilte spád in ionad cheárta an ghabha—a leathanaigh an t-arm nua, ach d'fhan sé dílis do rogha na dúthaí san éagsúlacht neamhghnách ar leanadh di.[12] Luann Evans muileann spád i gCo. Thír Eoghain a dheineadh spáid de réir 230 patrún le haghaidh áiteanna éagsúla i gCúige Uladh agus san Iarthar—agus gan sleáin a chur san áireamh.[13] Deir Gailey go bhfuil an éagsúlacht i gcrot agus i dtoisí na n-arm de réir a chéile go réigiúnach, ach nach léir cad ina thaobh. Áitíonn sé nach réitíonn patrún na héagsúlachta le haon chúis faoi leith a bhaineann leis an tírdhreach fisiciúil; glacann sé leis gur cúiseanna cultúrtha ba bhun leis.[14]

Tuigeann lucht staidéir canúintí go maith go mbíonn tréithiúlacht faoi leith i ngach ceantar. Thug muintir Chorca Dhuibhne 'an bhothántaíocht' ar an institiúid sóisialta ina raibh an scéalaíocht lárnach. Dhein Tomás Laighléis cur síos ar na 'tithe cuart'. Bhí 'airneál' i dTír Chonaill, agus téarmaí i gceantair eile ar nós 'scoraíocht', 'céilí' agus mar sin de. Bailíodh an-chuid téarmaí réigiúnacha ar an leipreachán: *clutharacán* in oirthear Chiarraí, iarthar Chorcaí, Port Láirge agus deisceart Thiobraid Árann; *geancánach* i ndeisceart Chúige Uladh agus i gCúige Laighean taobh thuaidh den Bhóinn; *gréasaí leipreachán* in oirthear na Gaillimhe ag síneadh ó dheas go hoirthuaisceart an Chláir agus in iarthar na Gaillimhe ó thuaidh go barúntacht Chearra i gCo. Mhaigh Eo; *lochramán* i gCúige Uladh agus i gcúpla ceantar máguaird; *lorgadán* ó thuaisceart Chiarraí soir go Co. Chill Chainnigh; *lutharagán* i gCorca Dhuibhne; *lutharacán* in Uíbh Ráthach; *lúrachán* i gCill Chainnigh agus i ndeisceart Loch Garman, agus roinnt téarmaí eile nach iad.[15] Chuala Wagner 'rán' le haghaidh 'rámhainn' sa Rinn, 'rámhaing' (le srónaíl) i mBaile Mhic Óda, 'ráing' i nGleann Fleisce, 'ramhan' i gCorca Dhuibhne, agus mar sin de.[16] Fós is féidir dúthaigh a aithint ó chaint duine, i nGaeilge agus i mBéarla, ar nós *shibboleth* an Bhíobla.

Bhí an tsuim i gceist scaipeadh traidisiún chun tosaigh i léann an bhéaloidis sa 19ú haois. Ba í ba bhun leis an 'modh Fionnlannach' nó an 'Scoil Stairiúil-Tíreolaíochtúil', modh oibre a dhein iarracht ar na leaganacha ilghnéitheacha a bhí ag seanscéalta ó áit go háit agus ó thír go chéile a rianú siar go dtí scéal bunaidh agus ceantar bunaidh. D'aithin béaloideasaithe i bhfad ó shin an chaoi a dtéadh traidisiún in oiriúint do cheantar. Cé go bhfuil an seanscéal idirnáisiúnta, is féidir foirmeacha seasmhacha réigiúnacha a bheith aige.[17] Cuir i gcás an t-éicitíopa (*ecotype, oikotyp*) i machnamh Carl Wilhelm von Sydow, an béaloideasaí mór Sualannach. Forás speisialta ar sheanscéal ab ea an t-éicitíopa a tháinig chun cinn i dtír nó i gceantar faoi leith ionas gur bhraith scéalaithe ó cheantair eile gur rud coimhthíoch é.[18]

Is léir go dtéadh an finscéal in oiriúint don dúthaigh. Ceann dá chomharthaí sóirt é sin. Bailíodh iliomad finscéalta ar an leipreachán, cuir i gcás, ach go bunúsach is féidir a mhaíomh gur aon fhinscéal amháin a bhformhór, a chuireann síos ar conas a rug duine ar leipreachán ach, de bharr a chleasa, d'fhéach an duine uaidh ionas gur thug an leipreachán na cosa leis.[19] Ach ba in áit faoi leith a tharla an eachtra, áit a aithnigh muintir na háite a chuala an insint agus uaireanta daoine mar *dhramatis personae* ann a raibh gaolta leo nó a sliocht sa dúthaigh. Is é an dálta céanna é i gcás na bhfinscéalta a bhaineann leis an saol nua-aimseartha ('finscéalta na cathrach', 'finscéalta nua-aimseartha', '*urban legends*', '*urban myths* [sic]').[20] Creidtear iad mar go dtiteann siad amach in áiteanna a aithníonn lucht a gcloiste agus tarlaíonn siad dá macasamhla féin de dhaoine.

(ii)

Ach tá teorainneacha leis an áit. Ag deireadh ní féidir áit a bheith ann gan teorainneacha. Uaireanta tá na teorainneacha nádúrtha: an fharraige, na sléibhte, abhainn, portach. Fiú mura bhfuil teorainneacha nádúrtha ag áit, fós aithnítear áiteanna thar a chéile. Is minic a dtréithiúlacht ag teacht ó stair a n-áitithe i bhfad ó shin, ionas go bhfuil aithint an cheantair go fisiciúil fite fuaite le haitheantas na ndaoine a chónaíonn ann. Luann Arensberg agus Kimball (ina saothar ceannródaíoch antraipeolaíochta ar Cho. an Chláir sna 1930í) ceantair iargúlta bochta inar phós formhór de mhuintir na háite laistigh den cheantar ionas go raibh gaol éigin, más i bhfad amach féin é, idir gach éinne. Agus más ea, aontacht thar na beartaibh sa dúthaigh i súilibh an stróinséara.[21] Sampla maith den aontacht sin a aithníonn stróinséirí is ea an *blason populaire* (Fraincis *blason*, 'armas'), nath a dhein moladh nó cáineadh ar náisiúntachtaí, ar réigiúin, ar chathracha nó ar bhailte éagsúla de réir a dtréithe. Tá cnuasaigh díobh san Fhraincis ón 13ú haois. Tá siad débhríoch agus íorónach; tá gach áit chun tosaigh i dtréith amháin, ach is minic nach tréith le moladh í. I roinnt de na *blasons* san Fhrainc in aimsir Rabelais (sa 16ú haois), ba iad na Sasanaigh na meisceoirí ba mheasa, muintir Lorraine ba chumasaí go collaí, in Avignon ba líonmhaire na striapacha agus ba iad na Briotánaigh na hamadáin ba mheasa.[22]

Tá cur amach ar go leor dá leithéidí sin de nathanna ag cainteoirí Gaeilge: 'Gleann Fleisce na mbithiúnach', 'Baile Mhúirne na mbacach'; agus ranna ar nós 'Baile na hAbha, baile cois abhann, baile beag briste lámh le huisce, is mná gan tuiscint ann'; nó 'Is mairg a théann go Baile na bhFaoiteach—Bíonn clocha ceangailte is madraí scaoilte ann'. Tá a leithéidí leis a chuireann síos ar chiníocha eile, ar nós 'Drannadh madra nó gáire Sasanaigh'.[23] Ag deireadh, mar a scríobhann Robert Muchembled, 'ní ann féin a mhaireann an spás ach i gcaidreamh leis na grúpaí daonna a áitíonn é agus go háirithe a shamhlaíonn é . . . '[24] I sráidbhaile 'G.F.' i Lorraine na Fraince, mhair tuiscint faoi leith ar an domhan sin go dtí 1950, inar deineadh trí roinn ar an tír, de réir shaothar Claude Karnoouh. Sa chéad roinn bhí muintir an tsráidbhaile féin agus iad aontaithe le chéile ag ceangal ghaoil agus comharsanachta. Ansin bhí an '*pays*', ceantar sráidbhailte a chuaigh tuairim is 8 ciliméadar lasmuigh de 'G.F.' ar an meán, agus b'ann a chónaigh na '*forins*' nó 'stróinséirí bréige'. Ba le daoine ón gceantar seo a deineadh 75% de phóstaíocha mhuintir 'G.F.' Ní raibh naimhdeas idir an dá cheantar. Ach an duine a tháinig ón taobh amuigh den cheantar sin, '*l'étrinjeu*' nó 'an stróinséir ceart' ab ea é sin, agus bhí naimhdeas ina choinne: ba bhagairt, ba dhainséar, é.[25]

Is tréith uilíoch í go dtuigtear an saoldearcadh i dtéarmaí a bhaineann leis an spás, dar le Jurij Lotman: contrárthachtaí ar nós uachtar agus íochtar, deas agus clé, comhlárnach agus éalárnach. Buncheist is ea conas deighilt a dhéanamh ar an domhan atá á eagrú ag an saoldearcadh. Is féidir é a thuiscint go teibí i dtéarmaí dhá spás. Tá spás inmheánach ann atá timpeallaithe—agus dá bhrí sin á theorannú—ag spás seachtrach. Tá an spás seachtrach gan teorainn, gan chuimse. Ós rud é go bhfuil an spás inmheánach dúnta agus an spás seachtrach oscailte, is féidir an chontrárthacht inmheánach/seachtrach a thuiscint mar eagar/gan eagar, struchtúr/gan struchtúr. Dá bhrí sin, teacht isteach i ndomhan dúnta is ea an t-eagar.[26] I dtéarmaí Lotman, is féidir a áiteamh go bhfuil réimeas an phobail bunaithe ar an eagar. Is féidir an t-eagar sin a fheiscint go fisiciúil in oibreacha an duine a roinneann an tír: na tithe, na fallaí, na goirt, na clathacha. Tá réimeas an phobail soiléir ansin, agus tá na háiteanna lasmuigh de soiléir go leor freisin, na cnoic, na sléibhte, na portaigh, an fharraige: áiteanna a mbíonn gnó ag daoine iontu, ach nach bhfuil siad ag baile iontu. Ag freagrairt dóibh siúd ar an taobh istigh tá na baill i réimeas an phobail nach bhfuil faoina smacht: na liosanna, sceacha sí, toibreacha beannaithe, ⁊rl.

Cuirtear réimeas an phobail in iúl go fisiciúil agus go siombalach. Chun ballraíocht an phobail a bhaint amach, chun bheith adhlactha i measc an phobail, theastaigh an baisteadh. Níor cuireadh sa reilig iad de ghnáth na leanaí a cailleadh sarar baisteadh iad, cé gur saolaíodh do bhaill an phobail iad: le haghaidh na gCríostaithe í an reilig.[27] Ach bhí áiteanna speisialta chun iad a chur, áiteanna adhlactha ar leithligh, ceallúnaigh nó cillíní, nó ball ar an trá idir bharr taoide agus lag trá, nó ag crosaire, nó ag ceann thuaidh na reilige féin. Baineann débhríocht leis an gcuid den trá idir bharr taoide agus lag trá agus leis an gcrosaire, débhríocht na teorann a dheighleann dhá spás óna chéile ach nach mbaineann i gceart le ceachtar acu: díreach ar nós an linbh gan bhaisteadh, págánach, ach págánach a saolaíodh do Chríostaí.

Maidir le ceann thuaidh na reilige, tá siombalachas an tuaiscirt soiléir go leor: baineann sé le limistéar an mhí-eagair, áit 'dhorcha' is ea é. Éiríonn an ghrian thoir agus téann sí faoi thiar, tá sí in airde sa spéir ó dheas agus ní thaitníonn sí ó thuaidh. Sa tSeanTiomna tá an mí-eagar ann go dtí go gcruthaíonn Dia an solas, agus sin é an chéad eagrú ar an domhan. Ó thuaidh atá an t-olc (tá trácht ar shuíomh Lucifer bheith ó thuaidh), ach is ann atá an draíocht freisin: ó thuaidh a fhoghlaim Cú Chulainn an draíocht (in Albain), aduaidh a tháinig na Fomhóraigh agus na Tuatha Dé Danann, aduaidh a tháinig cuid de na mná feasa ba chumasaí i mbéaloideas chuid d'iarthar na Mumhan (na mná Ultacha), agus aduaidh a tháinig an lucht draíochta ba mhó cáil i gCríoch Lochlann (na Sámi nó Laplannaigh).[28]

Córas is ea an saoldearcadh, tá struchtúr agus eagar air, ach aon ábhar cultúrtha lasmuigh den struchtúr, is ábhar ar mí-eagar é, ábhar bunoscionn, ábhar 'easchórasach'. Ach is féidir an t-ábhar lasmuigh den chóras a thuiscint mar thaobh tuathail an chórais, agus ag leanúint uaidh sin, stóras ábhair is féidir a úsáid chun an córas a fheabhsú nó a athnuachan.[29] Sampla de sin is ea an tslí ar chuaigh an Rómánsachas i gcoinnibh an tSoilsithe: mhol sé gach ar chuir an Soilsiú ina choinne. Chuir sé i gcoinne idéalú an Réasúin agus chuir sé fíorspéis sa neamhréasúnacht agus sa tsamhlaíocht. Tréith thábhachtach Rómánsach ab ea 'adhradh an nádúir' nuair ba dhóigh leis an Soilsiú nach raibh ach an bharbarthacht faoin tuaith agus nach raibh sa nádúr ach acmhainn a bhí ann le leas an duine.

Oidhreacht chlasaiceach cuid mhaith ab ea an aigne dhiúltach sin i leith na tuaithe. Cultúir chathrach ab ea cultúir na Gréige agus na Róimhe. B'ionann an chathair agus an tsibhialtacht, agus ba ó *civitas* ['cathair' sa Laidin] a tháinig an focal céanna, i dteannta 'sibhialta' agus téarmaí eile, agus ba ó *polis* ['cathair' sa Ghréigis] a tháinig 'polaitíocht' agus 'póilíní'. Deineadh reiligiún stáit den Chríostaíocht sa Róimh, agus ba faoin tuaith (*pagus* sa Laidin) ba dheireannaí a scaip sí, rud a mhíníonn an 'págánach' (*paganus*). Ba ag cur i gcoinne na hoidhreachta sin a chuir an Rómánsachas spéis sa tuaith agus sa phágántacht. I gcás stair na hÉireann, réabhlóid intleachtúil a shíolraigh ón Rómánsachas ab ea í go n-aimseofaí an fhírinneacht náisiúnta i gceantair chúnga bhochta an Iarthair, sna réigiúin ba lú cumarsáide, tionsclaíochta, litearthachta agus Béarla. Léiríonn a dtábhacht féidireacht chruthaitheach na heaschórasachta.

Cad é an bhaint atá aige sin le háit? Ba le samhail mar sin a thuig áitritheoirí ceantair nó tíre an deighilt idir iad féin agus an saol lasmuigh díobh. Sa *bhlason populaire* ba i leith na stróinséirí a cuireadh easpa an eagair. Cuireadh easpa glanachair ina leith: mar a thugann an t-antraipeolaí Mary Douglas le tuiscint, is deacair coincheap an tsalachair a dheighilt ó chomhthéacs cultúrtha faoi leith: '[i]*f we can abstract pathogenicity and hygiene from our notion of dirt, we are left with the old definition of dirt as matter out of place*'.[30] Baineann easpa céille le stróinséirí, dála na scéalta grinn i dtaobh na gCiarraíoch in Éirinn, na nÉireannach i Sasana, na mBeilgeach sa bhFrainc, na nIoruach sa tSualainn, mhuintir Thalamh an Éisc i gCeanada, na bPolannach sna Stáit Aontaithe, agus mar sin de. Baineann easpa smachta le stróinséirí: druncaeirí iad (Éireannaigh, Polannaigh, ⁊rl.), níl teorainn lena gcuid collaíochta ('*Latin lovers*', Afracaigh, ⁊rl.), nó baineann siad leis an nádúr in ionad an chultúir (tháinig 'Gael' ó *Gwyddel* na Breatnaise, ón bpréamh *gwydd*, 'fiáin'). Baineann easpa flaithiúlachta freisin leo agus is sprionlaitheoirí iad: muintir an Bhaile Mheánaigh i gCo. Aontrama, Giúdaigh, Albanaigh, *Genovesi* na hIodáile, ⁊rl. Níl eagar ar theanga stróinséirí. Thug na Gréagaigh *barbaroi* ar dhaoine nár Ghréagaigh iad—focal atá mar phréamh le 'barbartha' agus ar comhphréamh le 'balbh'—faoi mar a thug na Rúisigh *'nemtsi'* ar na Gearmánaigh (ciallaíonn *nemets* 'balbh' ó thaobh shanas an fhocail). Is dócha gur ó *slov* ('focal') a thagann focail ar nós Slovácach agus Slóivéanach: is cainteoirí sinne mar go bhfuil eagar ar ár dteanga agus is balbháin iad na stróinséirí mar níl ord ná eagar ar a dteangasan.[31]

(iii)

Ach ba i dtéarmaí sóisialta agus eacnamaíochta ba mhó a tuigeadh an spás, an talamh i dtéarmaí oibre agus gaoil: b'shin é an *Blut und Boden* sa cheangal a dhein idé-eolaithe náisiúnaíocha idir phobal agus a áitreamh stairiúil. Rud nádúrtha sa duine ab ea an grá dúthaí, grá don cheantar dúchais nach ionann agus an grá tíre, a oibríonn ar leibhéal níos teibí agus, b'fhéidir, níos polaitiúla. Tugann Sir William Wilde cuntas breá a léiríonn cuid den débhríocht a bhaineann leis an ngrá tíre. Chonaic sé—sna 1840í is dócha—long ar an gcé i mBaile Átha Cliath ag triall ar Thalamh an Éisc, cóir taoide agus gaoithe aici agus í ullamh chun a tosach a thabhairt don mhuir. Glaodh amach ainmneacha na bpaisinéirí—lucht imirce—agus b'amhlaidh go raibh duine acu ar iarraidh, sclábhaí ó Cho. Chill Chainnigh, fear seóigh a raibh an-chion ag na paisinéirí eile air.

Bhí an captaen ar buile agus é meáite ar imeacht agus na paisinéirí ag impí air fanacht go fóillín nuair a bhuail an sclábhaí ina dtreo, tríd an slua a bhí bailithe ar an gcé, agus saothar air. Bhí fód glas ina ghlaic aige a bhain sé ó pháirc in aice láimhe. *'Well'*, ar seisean agus é ag teacht ar deic agus a chairde ag cur liú suas, *'with the blessing of God, I'll have this over me in the new country'*.[32] Tagraíonn Wilde do thírghrá an sclábhaí, agus is suimiúil an coincheap é. Ach ar bhraith an sclábhaí an tírghrá céanna ina cheantar dúchais i gCill Chainnigh? Ní fios, ach i lár an 19ú haois ní raibh náisúnachas Éireannach ann faoi mar a thuigimid anois é, nó má bhí, ní raibh sé scaipthe i measc ghnáthmhuintir na tíre fós: ní raibh an náisiúnachas cultúrtha ach ag tosnú, ní raibh Cumann Lúthchleas Gael ann—go raibh anáil chomh láidir sin aige ar fhéiniúlacht áitritheoirí na gcontaetha, ná Conradh na Gaeilge a cheangail an Ghaeilge leis an Éireannachas den chéad uair ón meánaois (an tÉireannachas a ceapadh sa 17ú haois, teacht le chéile Gael agus SeanGhall ar bhonn an Chaitliceachais ab ea é). Is léir nár chiallaigh fód a baineadh i gCo. Átha Cliath faic do sclábhaí Chill Chainnigh ina dhúthaigh féin, ach thar lear chiallaigh sé a dhúchas: rud a léiríonn tábhacht an chomhthéacsa don fhéiniúlacht. Is eol dúinn gur chaith an-chuid de cheannairí ghluaiseacht na saoirse tréimhse san iasacht: níor thuig Éireannaigh a nÉireannachas ag baile.

(iv)

Dhá áit éagsúla atá sa seanscéal agus san fhinscéal. Cuir i gcás sa chnuasach scéalta ó Pheig Sayers a bhailigh Kenneth Jackson, suítear an chéad scéal idirnáisiúnta 'tímpal Chorcaí a mball éigint a n-aice na faraige'. Ní luaitear áit in aon chor sa tarna scéal, ach pósann príomhphearsa an scéil, Móirín, mac rí Chonnacht. Sa tríú scéal is 'a mball éigint tímpal Chiaraí' a thosnaíonn an scéal, ach tá iníon Rí Alban ar dhuine de phearsana an scéil. Níl aon áit luaite sa cheathrú scéal, ná sa chúigiú scéal. Nach ait go bhfuil áit faoi leith chomh mór sin in easnamh i scéalta daoine nach raibh teorainn leis an eolas a bhí acu ar a ndúthaigh féin? Ach tá an áit go soiléir san fhinscéal. Is i mball so-aitheanta a tharlaíonn sé. Níl aon ghaiscíoch ann, ná fathach, ná cailleach draíochta ná ainmhí a bhfuil caint aige. Dhá shaghas pearsana atá ann, iadsan ón saol seo agus iadsan ón saol eile. Sna finscéalta ag Peig a bhaineann leis an saol eile, baineann an chéad fhinscéal díobh leis An Leaca Dhubhach sa Bhlascaod agus míníonn sé bunús an ainm. Paróiste Mhárthain atá sa tarna finscéal, An Dún sa Bhlascaod sa tríú ceann, níl aon bhall luaite sa cheathrú ceann, Paróiste Dhún Chaoin agus Baile na hAbha sa chúigiú finscéal.[33] Titeann na heachtraí seo amach i mbéal an dorais. Ó thaobh shaoldearcadh an phobail, b'fhéidir go mba thábhachtaí iad na finscéalta ósnádúrtha. Léiríonn siad bunluachanna an phobail agus go siombalach léiríonn siad na teorainneacha idir réimeas dlisteanach an phobail agus an limistéar lasmuigh de.

Scéal iontaisí is ea an seanscéal agus dá ghiorracht don bhaile é is ea is lúide a iontas. Go bunúsach tá dhá spás sa seanscéal, an baile agus an saol lasmuigh. Tá an saol ar a dtoil ag pearsana an scéil go dtí go dtarlaíonn ceachtar de dhá rud, easnamh nó dochar, agus, mar a léirigh Vladimir Propp ina staidéar cáiliúil ar an scéal béaloidis, cuireann siadsan an scéal ar siúl mar—murach iad—ní bheadh aon ghluaiseacht ann.[34] Dhein Lotman deighilt idir dhá shórt pearsana sa scéal, gníomhairí, agus coinníollacha agus cúinsí an scéil. An phríomhdhifear eatarthu is ea soghluaisteacht na ngníomhairí i leith a dtimpeallachta agus doghluaisteacht na bpearsan eile.[35] Tosnaíonn an scéal i limistéar eagraithe an phobail ach cuirtear isteach ar an eagar sin ón taobh amuigh. Caithfidh an gaiscíoch óg dul thar an teorainn go dtí limistéar an mhí-eagair chun an t-easnamh a chúiteamh nó an dochar a chur ina cheart. Tá limistéar an mhí-eagair ar an taobh eile de na sléibhte nó den fharraige nó den domhan, faoi bhun an domhain nó ós a chionn, nó aon áit nach bhfuil smacht ag pobal an ghaiscígh air. Triail is ea an turas dainséarach a thugann sé air féin agus a chruthaíonn go bhfuil sé in inmhe fir.

Má thosnaigh an scéal ag baile, duine de na buachaillí ab ea an gaiscíoch, faoi réir ag a athair. Ach críochnaítear an scéal le pósadh idir an gaiscíoch agus an cailín atá mar pháirtí aige de bharr a ghaisce. Má thosnaigh an scéal i dteaghlach amháin, tá teaghlach eile le tuiscint ina dheireadh. Léiríonn an scéal draíochta tábhacht na háite mar bhaile, mar ionad teaghlaigh, le corraíl a chur ann. Teastaíonn ó phearsana an scéil an chorraíl—an t-easnamh nó an dochar—a réiteach, agus is chuige sin a imíonn an gaiscíoch. Ach ní dheintear cúiteamh ar an mbriseadh a deineadh sa teaghlach mar de bharr na n-iarrachtaí chun é a chur ina cheart is amhlaidh a bhunaítear teaghlach nua.

(ii) An Miotas agus an Áit

(i)

Faoi mar a cuireadh tús leis an am, cuireadh tús leis an áit. Míníonn an SeanTiomna a mbunús araon. Chruthaigh Dia an domhan, agus leis an gcéad ord a chur ar an spás, chruthaigh Sé an áit. Bíonn bonn miotasach i gcónaí leis an áit mar struchtúr cultúrtha. Mar a léiríonn Proinsias Mac Cana, dhein *Leabhar Gabhála Éireann* (12ú haois) cur síos ar chruthú na tíre mar *chosmos*; ag tagairt dó d'ionsaí Nemhedh, scríobhann sé:

> It is evident that this and the preceding invasions were conceived of as imparting to Ireland its geographical definition and identity. By creating its physical features and assigning names to them they may be said, in a mythological sense, to have brought it into existence. However much of the detail of these invasions may be late invention, this conception at least seems old.[1]

Thug an *Dinnseanchas* (12ú haois) míniú ar iliomad áitainmneacha in Éirinn—an tíreolas miotaseolaíoch, faoi mar a thug an *Leabhar Gabhála* an réamhstair mhiotaseolaíoch.[2] Cuid den bhonn miotasach is ea an gaol idir dhúthaigh agus pátrún—naomh nó pearsa mhiotasach eile. Idirdhealaíonn pearsana miotasacha an áit ón spás. Cosnaíonn pátrúntacht naoimh an áit 'aníos', ag tabhairt 'cairte', bunreacht, di, agus ón taobh amuigh, á cosaint ón spás nach bhfuil smacht an phobail air agus atá lán de naimhde saolta agus neamhshaolta.

An bhagairt a bhraitheann bailte i leith a chéile, is féidir í a thuiscint sa *bhlason populaire*. Ach is féidir bonn miotasach a bheith leis an deighilt idir cheantair, a dtagraítear dó ag féilte. Tá dlúthbhaint idir cheantar agus naomh; ciallaíonn pátrún pátrúntacht agus conradh faoi leith a bhfuil cearta agus dualgaisí á leanúint. Cuir i gcás, ar Lá Fhéile Gobnatan i bparóiste Dhún Chaoin, bhí cosc ar obair a dhéanamh, fiú sa chéad pharóiste eile, ar éinne ón bparóiste.[3] Ba mhinic scrínte naomh ina dteorainneacha idir dhá cheantar áitithe, nó idir thalamh saothraithe agus talamh neamhshaothraithe. Saghas *genius loci* ab ea an naomh, ceangailte le timthriall na bliana sna féilte a ceiliúradh ag tráthanna tábhachtacha talmhaíochta.[4] Ba do naoimh Éireannacha a tiomnaíodh formhór na dtoibreacha beannaithe; mionlach ab ea na naoimh uilíocha. I measc na naomh Éireannach, bhí baint ag cuid díobh le ceantar an tobair ach bhí a thuilleadh nach raibh. Bhí toibreacha i gCorca Dhuibhne tiomnaithe do Bhreandán agus do Mhanchán, a raibh baint acu leis an leithinis, agus do Bhríd, Ciarán, Éanna, Molaga agus Fionán, nach raibh. Maidir le Fionán de, dúrthas gur ón Sceilg aniar go dtí an Chinnáird a tháinig sé i dteannta Mhíchíl Ardaingeal.[5]

San idirdhealú idir reiligiúin stairiúla agus reiligiúin chosmacha ar tagraíodh dó i gCuid a hAon (iii), áitíodh gur leis an torthúlacht—an talamh, plandaí, an ghealach, an t-uisce agus an bhaineannach—a bhain na reiligiúin chosmacha, agus ba aníos ón talamh a eascair a gcumhacht. Bhíodarsan éagsúil leis na reiligiúin stairiúla, a bhraith ar shiombalachas uilíoch—mar shampla sa Chríostaíocht, tá na siombail chéanna i séipéil Chaitliceacha in Éirinn, i bPeru nó sna Filipíní. Chuir na reiligiúin chosmacha an bhéim ar leithleachas na háite, agus eiseamláir chruthanta den spás leithleach ab ea an tobar beannaithe, a raibh sprid na háite ginte ann, go minic i bhfoirm an naoimh ar ghéill muintir na háite dó. Cuir i gcás an tobar beannaithe faoi choimirce Naomh Erc i gCiarraí Thuaidh: níorbh fhéidir ach le ball den chlann a chónaíonn san áit ina bhfuil sé suite a chumhacht chun leighis a chur i bhfeidhm.[6]

Bhí formhór na dtoibreacha in aice shéipéal meánaoiseach an pharóiste nó a fhothraigh, ach bhí toibreacha eile ag ionaid oirnithe na dtaoiseach Gaelach, ar ard (mullach cnoic nó sléibhe, nó mám sléibhe) nó cois cladaigh (ag fíor bharr taoide, nó idir bharr taoide agus lag trá).[7] Ní raibh crann ag gach tobar beannaithe, cé go raibh ag a bhformhór, agus léiríonn easpa crainn agus ilchineálacht na gcrann araon leithleachas na n-ionad naofa: ní raibh aon dá cheann mar a chéile.[8] Gnéithe eile de leithleachas gach tobair ab ea aitheantas an naoimh a raibh sé faoina choimirce, dáta fhéile an phátrúin agus nádúr an ghalair nó an tinnis a raibh a leigheas le fáil ann.

Bíonn leithleachas dá cuid féin ag áit, ach is féidir tréithiúlacht eiseamlárach a bheith ag áit chomh maith. Cuir i gcás áiteanna naofa: is ceangail iadsan idir an saol seo agus an saol eile, plocóidí ónar féidir cumhacht neamhshaolta a tharraingt ag tráthanna faoi leith, go háirithe ag féilte. Is mar sin de na toibreacha beannaithe, foinsí ósnádúrtha agus siombail ag an am gcéanna den ghaol pátrúntachta idir dhúthaigh agus naomh. Níl sé chomh furasta an chumhacht a tharraingt in áiteanna neamhshaolta eile—liosanna, cranna sí, ⁊rl., ach uaireanta chuir na sióga ar fáil í: tá trácht ar ofrálacha bainne ag liosanna nó cranna sí. Is féidir dúchas na háite a bheith i gceist, agus ceangal ag an áit le neach faoi leith—Naomh Gobnait, Aoibheall, Donn Fírinne—a léirigh nár mhar a chéile iad dhá áit. Bhain reiligiúin chosmacha a saintréithiúlacht as leithleachas na háite.

Reiligiún stairiúil ab ea an Chríostaíocht, agus ó thosach, meascadh a siombalachas uilíoch le háitiúlacht na dtoibreacha. Siombail den naofacht ab ea éisc agus ollphéisteanna uisce, agus sampla den siombalachas sin ab ea an breac ba ghnách a bheith sa tobar beannaithe, mar a léiríonn Brenneman agus Brenneman. Ach siombal Críostaí chomh maith is ea an t-iasc, agus le Críostú an tobair, stoitheadh breac an tobair óna phréamhacha in áit faoi leith agus tugadh míniú uilíoch dó ionas gurbh fhéidir naofacht an tobair a aithint anois in aon áit laistigh den Chríostaíocht.⁹ Bhí formhór na dtoibreacha tiomnaithe do naoimh dhúchasacha, mionlach ab ea na naoimh uilíocha, ach tá go leor fianaise ar an gCríostú: formhór na bhféilte idir Lá Mháire Maigdiléana ar Iúil a 25 agus Féile Muire sa bhFhómhar ar Lúnasa a 15, iarrachtaí iad ar fhéile Chríostaí a chur in ionad Lúnasa, agus tá an t-aistriú ón leithleachas go dtí an uilíocht gach áit go bhfuil Tobar Eoin nó Tobar Mhíchíl nó a leithéidí ann.¹⁰

An bheirt naomh is mó a bhfuil toibreacha faoina gcoimirce ná Bríd agus Pádraig. Tá an t-aistriú ón leithleachas go dtí an uilíocht le braith go háirithe i dtoibreacha Bhríde, a bhfuil cultas na Maighdine Muire ag dul i bhfeidhm orthu le tamall anuas, ar nós an tobair cháiliúil i Lios Ceannúir i gCo. an Chláir ar aistrigh a phátrún ó Dhomhnach deireannach mhí Iúil (agus a bhain le féile phágánach Lúnasa) go dtí Lúnasa a 15, Lá Fhéile Muire sa bhFhómhar.¹¹ Áitíonn Brenneman agus Brenneman go bhfuil leithleachas na dtoibreacha ag cúlú sa ré nua-aoiseach roimh anáil phearsana uilíocha Críostaí, agus le tamall anuas tá sé tugtha faoi ndeara acu go bhfuil an tiomnú don Mhaighdean Mhuire ag méadú, go minic le dealbha di, agus macasamhail de *ghrotto* Lourdes curtha in aice an tobair.¹²

(ii)

Próiseas é seo a bhaineann go deimhin leis an reiligiún, le hathnuachan na heaglaise Caitlicí in Éirinn le linn 'réabhlóid na deabhóide' sa 19ú haois agus le cúinsí níos leithne san eaglais ó shin agus go háirithe cultas Mhuire. Ach paraidím é seo, go háirithe sna samplaí déanacha de, de phróiseas na nua-aoiseachta i gcoitinne. Mar is féidir dul ar gcúl an tseansaoil agus teacht chun cinn na sochaí nua-aoisí a thuiscint i dtéarmaí aistriú ón leithleachas go dtí an uilíocht. Thug an eaglais go fíochmhar faoi na pátrúin i ndeireadh an 18ú agus i dtosach na 19ú aois; ábhar náire ab ea iad le meisceoireacht, bruíonta agus cúirtéireacht, a chuaigh i gcoinne na bpatrún iompair a bhí ag dul sa treis agus i gcoinne theagasc na hEaglaise Caitlicí a bhí á hathnuachan féin. Ceansaíodh na pátrúin agus cuireadh an-chuid díobh faoi chois; bhí saol poiblí éagsúil ann i dtreo dheireadh an 19ú haois.

Bhí an Eaglais Chaitliceach muiníneach aisti féin faoin am sin agus í ar comhchéim le gluaiseacht láidir náisiúnta a d'aimsigh luach thar na beartaibh in iarsmaí an tseanchultúir dhúchais. Laistigh de fhráma an náisiúnachais chultúrtha a deineadh athluacháil ar dheabhóidí dúchasacha an phátrúin, agus deineadh athnuachan agus deisiú ar chuid mhaith toibreacha agus pátrún faoi choimirce na hEaglaise.[13] An dul thar n-ais ón uilíocht go dtí an leithleachas é sin? Ní hea, mar ag deireadh, d'ainneoin na bhfoirmeacha leithleacha a bhí á lorg ag an náisiúnachas, d'úsáid sé siombalachas uilíoch na héagsúlachta chun struchtúr uilíoch an stát-náisiúin a chruthú. I bhfocail ghonta Pherry Anderson, iareagarthóir *The New Left Review*, 'The mental world of romantic nationalism was no longer cosmopolitan, but in valuing cultural diversity as such, it tacitly defended a kind of differentiated universalism'.[14]

Fadhb ab ea an t-áitiúlachas le cruthú an stát-náisiúin réasúnaigh. I dtuairisc cháiliúil an Ab Grégoire i ndiaidh Réabhlóid na Fraince, *Rapport sur la nécessité et les moyens d'anéantir les patois et d'universaliser l'usage de la langue française* (1794) [tuairisc ar an riachtanas le díothú na gcanúintí agus le forleathnú na Fraincise], bailíodh eolas ar úsáid na gcanúintí agus ar bhéasa na ndaoine le ceistneoirí a dáileadh i 1790. Mar chiallaigh an t-eolas an chumhacht. Tugadh le tuiscint go mba chóir 'séadchomharthaí' [*monuments*] foilsithe nó láimhscríofa a bhailiú fiú sna háiteanna ba lú go mbeifí ag súil le héinní le dealramh iontu: '*il faut chercher des perles jusque dans le fumier d'Ennius!*'[15] [is gá péarlaí a lorg fiú i gcarn aoiligh Ennius].[16]

Ach leis an Rómánsachas, ba i gcarn aoiligh Ennius ba thúisce a loirgeofaí na péarlaí. Go ceantair iargúlta cúl le faobhar a chuaigh na Rómánsaigh, go críocha nach raibh an réasúnachas eacnamúil (a dtabharfaimis 'an fhorbairt' inniu air) curtha i bhfeidhm orthu, go réigiúin nach raibh 'smacht na leabhar' ná caighdeáin na teanga oifigiúla buailte anuas orthu, go limistéir go raibh a n-áitiúlachas féin go smior iontu ('áitiúlachas' nach ionann agus an cúigeachas nó 'próivínseachas', nach féidir a bheith ann gan dlúthcheangal míchothrom intleachtúil leis an *metropolis*). Saghas 'tír dheas na meala nach bhfuair Gallaibh inti réim go fóill' ab ea na ceantair sin in Éirinn,[17] a bhí ann san aisling agus san fhírinne ag an am gcéanna:

> Sin é do dhoras,
> Dún Chaoin fé sholas an tráthnóna,
> Buail is osclófar
> D'intinn féin is do chló ceart.[18]

Bhí an aigne seo mar bhonn leis an náisiúnachas cultúrtha in Éirinn.

(iii) Toisí na dúthaí

(i)

Deineann Arensberg agus Kimball cur síos ar thoisí an cheantair ba dhúchas d'fheirmeoirí beaga i dTuaisceart Chontae an Chláir. Chuaigh feirmeoir go raibh cónaí ar an Leamhach, in aice le Dúlainn, ag obair i gcomhar le feirmeoirí eile ar an Leamhach. Bhí cónaí ar a ghaolta chomh fada le Sliabh Aillbhe ceithre mhíle ó thuaidh agus le Lios Ceannúir trí mhíle ó dheas. Chuaigh sé ar Aifreann de shiúl na gcos go séipéal an pharóiste dhá mhíle ó bhaile. Chuaigh a leanaí ar scoil míle ó bhaile. Dhein sé formhór dá chuid siopadóireachta ag crosaire dhá mhíle uaidh. Cheannaigh sé na hearraí nach raibh teacht orthu ag siopa an chrosaire, ocht míle ó bhaile in Inis Díomáin, nó i Lios Dún Bhearna, cúig mhíle ó bhaile, agus ba sa dá bhaile margaidh sin a dhíol sé beithígh agus torthaí na talún.

Vótáil sé agus dhíol sé a chuid cánacha i ndáilcheantar nárbh ionann agus na limistéir eile a raibh taithí aige orthu. Ina aigne bhain sé le Co. an Chláir agus le Cúige Mumhan seachas le Co. na Gaillimhe agus le Cúige Chonnacht. Thaobhaigh sé le muintir an Leamhaigh i gcoinne an bhaile fearainn i bhfogas dó; le muintir an tsléibhe i gcoinne mhuintir an ghleanna; le muintir a pharóiste féin i gcoinne na bparóistí eile; le muintir na tuaithe i gcoinne bhailte Lios Dún Bhearna agus Inis Díomáin; le Tuaisceart an Chláir i gcoinne na coda eile; le Co. an Chláir i gcoinne na gcontaetha eile; lena aicme shóisialta i gcoinne na n-aicmí sóisialta eile; lena chreideamh i gcoinne na gcreideamh eile; lena náisiún i gcoinne na náisiún eile.[1]

Tagraíodh cheana d'Amhlaoibh Ó Luínse, eiseamláir na háitiúlachta i mórán slite, ach bhí a shaol dlúthcheangailte le saol intleachtúil náisiúnta a linne. Bhuaigh Amhlaoibh an chéad duais ar an scéalaíocht ag Feis Inse Geimhleach (1899) agus ag Feis Bhaile Bhuirne (1900). I gcéad chomórtas scéalaíochta an Oireachtais i mBaile Átha Cliath i 1901, bhuaigh sé an chéad duais freisin. Ina theannta sin bhuaigh sé duais £2 sa roinn 'Dornlach de shean-scéalta nár cuireadh i gcló riamh fós' sna comórtaisí liteartha san Oireachtas céanna. In Oireachtas na bliana 1902, bhuaigh sé £2 ar 'Giota próis ar ábhar ar bith oiriúnach mar phíosa aithriseoireachta' (a foilsíodh sa *Chlaidheamh Soluis* i 1911), agus in Oireachtas na bliana 1910 bhuaigh sé £2 ar 'Eolas ó mhuintir na Gaeltachta i dtaobh Dhiarmada agus Ghráinne nár foilsíodh go fóill'. Nuair a bunaíodh Craobh Chúil Aodha de Chonnradh na Gaeilge sa bhliain 1904, toghadh ar an gcoiste é.[2]

Ó aimsir na himirce, leathnaigh samhlaíocht daoine na mílte míle ó bhaile. Roimhe sin leathanaigh an tsamhlaíocht chomh maith, ach go limistéir na samhlaíochta a cuireadh in iúl sna scéalta Fiannaíochta agus in iliomad scéalta nach iad. Luann Seoirse Mac Tomáis cara leis ar bhuail sé léi sa Bhlascaod, seanbhean a raibh a mórsheisear mac bailithe leo go Meirice, agus í tar éis litir a fháil ó dhuine díobh ag tathant uirthi teacht anall chucu chun imeacht as an saol crua a bhí á chaitheamh aici:

> Ansan labhair sí ar Mheiriceá mar a samhlaíodh di an áit a bheith—Tír an Óir agus nár ghá dhuit ach cromadh ar thaobh na sráide agus bhí sé id dhorn—agus an turas traenach go Corcaigh, agus an long thar farraige anonn agus gurbh é mian a croí a cnámha a shíneadh faoi fhód na hÉireann.[3]

Dar le Mac Tomáis, bhí Tír na nÓg agus Oisín agus Niamh in aigne na mná agus í ag cuimhneamh ar Mheirice.[4] Seantraidisiún Eorpach Meirice a bheith ina hútóipe. Ó aimsir an *Mayflower* i leith tá daoine ag triall ar an Oileán Úr ag lorg shaoirse chreidimh nó polaitíochta agus ag iarraidh dul chun cinn a dhéanamh a bhí coiscthe orthu ag baile. I 1834 scríobh Pádraig Phiarais Cúndún litir abhaile ó Utica i Stát New York:

> Tá feirm bhreá thalún agam saor go brách: ní féidir le héinne cíos d'éileamh orm. Is féidir lem mhuintir arán is feoil, im is bainne ár sá a chaitheamh gach lá is méin linn tríd an mbliain amach, agus mar sin measaim gur fearr mar atá ná fanúin in Éirinn gan talamh, gan tiarnas, gan bia gan éadach . . .[5]

Má bhí Meirice agus tír shamhlaíochta measctha i slí éigin in intinn na seanmhná, níorbh amhlaidh do Pheig Sayers (1873–1958). Agus í ar aimsir lá, tar éis di na beithígh a thiomáint chun uisce agus í ina suí traochta, chuimhnigh sí ar a páirtí Cáit Jim i Meirice: 'Nach fad ó chéile a bhíomair inniu! Nach mó cnoc agus gleann agus tonn tréan farraige a bhí idir mise agus í! Ise i dtír iasachta, í ina bean uasal, fáinne ar a méar agus uaireadóir ina póca'.[6] Tamall ina dhiaidh, fuair sí litir ó Cháit Jim á rá go gcuirfeadh sí an costas chuici i gcomhair Lá Fhéile Pádraig le dul go Meirice. 'Ara, a dhuine na n-árann, nach ar mo chroí a bhí an gliondar! Bheinn saor ó dhaorsmacht anois, ní bheadh aon bheann agam ar éinne'.[7]

Cé nár chuaigh Peig Sayers riamh níos faide soir ó Bhaile Viocáire, mar ar saolaíodh í, ná Baile an Bhróigín, tamaillín soir ón Daingean, mar a raibh sí ar aimsir, agus an Blascaod Mór siar, áit ar phós sí isteach ann, bhí eolas aici ar dhomhan níos leithne, ar imeachtaí polaitiúla na tíre ar nós ceist na talún, agus ar Mheirice, go raibh sí meáite ar dhul ann le cabhair airgid ó Cháit Jim, áit ar chuaigh an-chuid dá comharsana agus, ar ball, an cúigear clainne di a mhair. Agus níos déanaí chuir sí aithne ar go leor scoláirí a tháinig go dtí an t-oileán, í óg nuair a tháinig an chéad duine díobh, an tIoruach Carl Marstrander, i 1907. Tháinig an tAthair Seoirse Mac Clúin—údar Réiltíní Óir—go dtí an tOileán i 1919 agus i 1920. Ní raibh a mac Tomás curtha ach le sé seachtaine nuair a tháinig an sagart den tarna huair agus thug sé an-chompord do Pheig, ag caitheamh seal ina teannta gach lá.[8] Bhí sí ábalta ar litreacha as Béarla (ní raibh scríobh na Gaeilge aici) a chur go dtí Kenneth Jackson, an scoláire Ceilteach, sna 1930í.[9]

Níor chuaigh scéalaí eile, Seán Ó Conaill, puinn níos faide ó bhaile ach chomh beag. Go dtí deireadh 1928, agus é 75, níor chuaigh sé riamh níos faide ó bhaile ná Cill Orglan, go hAonach an Phoic, áit ar thaisteal sé ar an traein agus thar n-ais de shiúl na gcos. An bhliain sin, 1928, tugadh go Cill Airne é chun taifeadadh a dhéanamh ar a chanúint féin le haghaidh tionscnaimh de chuid Acadamh Ríoga na hÉireann.[10] Mar sin féin, bhí eolas aige ar leabhair Ghaeilge agus téacsaí de ghlanmheabhair uathu, cé nach raibh léamh na teanga aige féin, agus chuireadh a chlann dréachtaí le foilsiú go dtí an t-irisleabhar An Lóchrann (1907–1913).[11]

Ba é Éamon a Búrc (1866–1942), scéalaí ó Chonamara, a inis an scéal ab fhaide a bailíodh riamh in Éirinn, scéal gaisce, 'Eochair Mac Rí in Éirinn', a thóg Liam Mac Coisdeala síos uaidh ar an 6ú, 8ú agus 10ú Deireadh Fómhair, 1938, agus a raibh tuairim is 30,000 focal ann. Ba i bhfad ó bhaile a chuaigh samhlaíocht an Bhúrcaigh sa scéal sin, go Tír na Sorchaí agus go dtí an Spáinn i dteannta le hEochair. Ach chuaigh an Búrcach féin níos faide ó bhaile ná Eochair. Ní raibh sé ach a ceathair nó a cúig de bhlianta nuair a bhailigh sé ó Charna lena mhuintir agus chuadar siar agus chuireadar fúthu i St. Paul, Minnesota, i Mid-West na Stát Aontaithe. Ba ansin a d'fhás sé suas ina Mheiriceánach agus b'ann a chaithfeadh sé a shaol murach an drochsheans a bhí leis agus tionóisc traenach a bheith aige agus é 17 mbliana d'aois, rud a d'fhág ar leathchois é. Tamall gearr ina dhiaidh sin b'amhlaidh a fhill sé ar Éirinn.[12]

(ii)

Tá sé deacair teacht ar fhianaise ar dhaoine nach raibh teagmháil acu leis an saol lasmuigh—ar ndóigh iadsan a fhan ar an talamh in Éirinn, ní móide gur chuadar riamh i bhfad ó bhaile go dtí an 20ú haois mura mbeadh gur fhilleadar ón imirce nó gur chailíní aimsire nó spailpíní iad. Tráchtann Arensberg agus Kimball ar Éireannaigh a fhill ó Mheirice, ón Astráil, ón Afraic Theas, ó arm Shasana, agus an domhan siúlta acu, ach ní fhacadar d'Éirinn ach an bóthar go dtí calafort na himirce nó go dtí an baile margaidh ba ghiorra dóibh.[13] Bhí féiniúlacht áitiúil seanbhunaithe ann, a leathnaigh go dtí teorainneacha an chontae le Cumann Lúthchleas Gael, agus féiniúlacht eitneach, a léiríodh go soiléir sa chaidreamh idir Chaitlicigh ('Gaeil') agus Protastúnaigh ('Sasanaigh' nó 'Albanaigh'), agus féiniúlacht aicme, á léiriú cuir i gcás sna cathanna idir 'Charabhait' agus 'Seanbheisteanna' i ndeisceart na tíre go luath sa 19ú haois nó níos déanaí i gCogadh na Talún. Is féidir na féiniúlachtaí seo a chur i gcomparáid leis an gcuimhne eitneach agus an chuimhne stairiúil ag Le Goff thuas. Is féidir glacadh leis go raibh tráth ann nach raibh féiniúlacht náisiúnta Éireannach sa chiall nua-aoiseach go láidir ag formhór daoine, ach mar sin féin, ní raibh sí in easnamh mar a léiríonn amhráin pholaitiúla ar nós na n-aislingí a bheith ar eolas go forleathan, rud a léiríonn an tslí gur chuaigh an chuimhne eitneach agus an chuimhne stairiúil in oiriúint dá chéile. Is sa chuimhne stairiúil amháin is féidir teacht ar 'réamhstair' na féiniúlachta náisiúnta. Tá litríocht mhór scoláthrúil ann ar cheist na féiniúlachta náisiúnta, agus go leor achrainn i dtaobh a luaithe is a bhí sí ann.

Go dtí lár an 19ú haois, ba é an luas meánach reatha ab fhearr ag cóiste capaill agus long seoil araon tuairim is deich míle san uair. As sin go dtí 1930, théadh long gaile timpeall 36 míle san uair agus traein gaile timpeall 65 míle san uair. Sa bhliain 1849 tháinig traein ó Bhaile Átha Cliath go dtí an Linn Dubh i gCorcaigh i 5½ uair an chloig; tógann an turas céanna suas le trí huaire an chloig nó níos mó inniu, agus gan an traein a bheith ag stopadh ach ag beagán stáisiún.[14] Bhí anáil thar cuimse ag athruithe i dteicneolaíocht an iompair ar thuiscint an duine ar an spás. Mar a luadh cheana, go dtí gur cuireadh fios air chun dul go Cill Airne, níor chuaigh Seán Ó Conaill riamh níos faide ó bhaile ná Cill Orglan agus ba ar an traein a chuaigh sé ann agus de shiúl na gcos a tháinig sé abhaile. Is dócha gur shiúl sé go Cathair Saidhbhín go dtí an stáisiún. Turas fiche míle nó mar sin a bhí ó Chathair Saidhbhín go Cill Orglan. Fiú le stopanna a chur san áireamh, ba ghairid an turas é. Le siúl thar n-ais go Cathair Saidhbhín, ar an láimh eile, bheadh cuid mhaith de lá ann. Deir an staraí Louis Cullen:

> Sna ceantair ba bhoichte den tír, ba mhinic a dhéanadh duine óna 20 go dtí 30 míle de thuras a shiúl gan iontas ar bith a dhéanamh de; ach chuir an rothar agus saoire na dticéad traenach lá an mhargaidh, chuir siad athrú mór ar an scéal sin. Feasta bhí daoine in ann dul ag siopadóireacht sna bailte móra margaidh, agus tharlódh gurbh é sin ba chúis le laghdú na siopaí tuaithe i gceantair áirithe.[15]

Dá mba iontach leis an gConallach an traein (an rud is annamh is iontach), níorbh é an chéad duine dá mhuintir a thaisteal uirthi. Formhór an lucht imirce faoin am sin, is ar an traein a bhainidis an calafort amach. Agus ba líonmhar iad an lucht imirce; tháinig laghdú ar áitritheoirí na hÉireann i ngach daonáireamh ó 1841 go dtí na 1930í, agus méadú suarach sealadach é sin sna 30í. Ciallaíonn sé sin gur chuaigh ar imirce breis is líon na ndaoine a bhí mar mhéadú nádúrtha ar an daonra i ngach glúin, agus ós rud é gur mhór iad ceangail ghaoil, níl aon amhras ná go raibh saol gach Éireannaigh fite fuaite leis an iasacht. Chuaigh deirfiúr Thomáis Uí Chriomhthain, Máire, go Meirice (agus d'fhill chun cás cúirte a thógaint), agus b'ann a chuaigh a dheartháir Pádraig (a bhí fillte agus cónaí air i dtigh Thomáis i ndaonáireamh 1911). D'imigh Eilín, a iníon, agus Muiris, a mhac, leo go Meirice. Ar leanaí Pheig Sayers, d'imigh Pádraig, Cáit, Muiris, Neilí agus—ar feadh tamaill—Mícheál.[16]

Chabhraigh na longa gaile agus na bóithre iarainn leis an imirce agus leis an gcumarsáid i gcoitinne. Faoin mbliain 1865, bhí Sir William Wilde ag moladh dá léitheoirí i Londain deireadh seachtaine a chaitheamh i gConamara chun iascaireachta, rud indéanta le luas agus le minicíocht na dtraenacha agus na long ghail.[17] Sheachaid Oifig an Phoist cúig mhilliún litir in Éirinn sa bhliain 1851 (nuair a bhí léamh agus scríobh ag 53% den phobal) agus fiche milliún i 1914 (agus 85% a raibh léamh agus scríobh acu), agus chuaigh líon na bpáipéar nuachta agus na dtréimhseachán ó 109 i 1853 go dtí 230 i 1913.[18] I measc na dtréimhseachán bhí An Lóchrann, a bhí á léamh i dtigh an Chonallaigh, agus gur chuige a chuir Tomás Ó Criomhthainn a chéad iarrachtaí liteartha. Bhí ceangail an tsráidbhaile le saol na tionsclaíochta thar lear (a bhraith ar leithéidí na mBlascaodach sin chun fáis, mar a léiríonn Seoirse Mac Tomáis) agus le saol an náisiúin ag baile ag dul i dtreis.

Tá cur síos ag Tadhg Ó Murchadha (1896–1961), bailitheoir béaloidis, ar a bhlianta tosaigh ar scoil i nDeisceart Chiarraí agus gan oiread na fríde den Ghaeilge á múineadh ann. De réir a chéile tháinig an Ghaeilge isteach sa rang:

> Ach tháinig an duine seo aniar-'dtuaidh orainn gan rabhadh gan fógra. Dailc d'fhear óg ab eadh é, íseal, téagartha, ceann cas cíor-'ubh gruaige air, é crón-bhuí 'na cheannachaibh, bríste glún agus stocaí fada air agus—rud a chuir iongna go léir orainn—é ag labhairt Gaoluinne! B'é Peadar Ó hAnnracháin, cigire ó Chonnradh na Gaedhilge, an fear óg san, agus dob é a theacht chun na scoile an lá san a mhúscail cion agus urraim do'n tseana-theangain i gcroidhe "Timothy Murphy!"[19]

Bhronn sé cóip de An Lóchrann ar Thadhg agus ar na cainteoirí maithe eile Gaeilge.[20] Leis An Lóchrann tháinig níos mó ná irisleabhar cultúrtha isteach go dtí an Sceachánach.

Bhain an traein le próiseas náisiúnaithe agus idirnáisiúnaithe (nó domhandaithe) mar d'oscail sí an domhan d'iompar earraí agus daoine, agus bhí Sasanaigh—ní nach ionadh ós rud é gurbh é Sasana an phríomhchumhacht i ndéantús agus in easportáil earraí tionsclaíocha—chun tosaigh i maoiniú agus i dtógaint bhóithre iarainn mórthimpeall an domhain.[21] Ní hamháin gur modh iompair níos tapúla í an traein, ach ba éagsúil an gaol idir í agus an taistealaí i gcomparáid le haon mhodh taistil eile. Rith comhlacht traenach líonra a raibh bóithre (iarainn) agus feithiclí araon mar chuid dá cúram, seachas modhanna eile taistil a raibh an taistealaí agus a fheithicil neamhspleách orthusan a chuir córas na mbóithre ar fáil. Ar ndóigh, ba dheacair trácht ar chóras náisiúnta bóithre iarainn mar i dtosach bhí na comhlachtaí neamhspleách ar a chéile agus ní rabhadar ag obair i gcomhar lena chéile—ag deireadh bhí suas le 150 comhlacht in Éirinn, agus 3,750 míle slí sa chóras. Sa bhliain 1860, thug Éireannach 1.7 turas traenach, a mhéadaigh go 3.9 i 1885 agus go 7.1 sa bhliain 1913. Idir 1849 agus 1912, mhéadaigh líon na bpaisinéirí ar thraenacha cúig huaire. I dtosach, ba ar mhaithe leis an eacnamaíocht amháin an bóthar iarainn, ach cóir iompair de shaghas nua ab ea é a chuir áiteanna i gcéin i dteagmháil lena chéile ionas go mba ghá limistéar an stáit a thuiscint mar líonra casta go raibh an phríomhchathair ina lár.[22]

Tagraíodh cheana don phointe gur thosnaigh stair an ama leis an nua-aoiseacht, nuair a saoradh an t-am ón spás.[23] Rud réabhlóideach ab ea an traein mar d'fhuascail sí an duine ó bhrú an spáis. Ní ó spás an aistir go ginearálta ach ón spás 'idir eatarthu'. Ba nós le daoine turas a thabhairt 'go leanúnach', de shiúl na gcos nó ar muin capaill agus iad de réir a chéile ag cur eolais ar an gceantar máguaird agus ar áiteanna i ndiaidh a chéile. Bhris an traein an leanúnachas seo, an bhaint le gach áit faoi seach ar casadh an taistealaí uirthi ar an mbóthar. Scar sí an spás ón am: ní raibh tábhacht ach le huair an imeachta agus uair cheann scríbe a bhaint amach. Toradh amháin ar an scarúint seo, dar le Renato Ortiz, ab ea dícheangal an chaidrimh shóisialta. Murab ionann agus an seanracht nuair a bhí an t-am agus an spás ceangailte le háiteanna socra, le teorainneacha a scar na haicmí sóisialta óna chéile, an baile mór ón tuath, an cultúr léannta ón mbéaloideas, bhris an nua-aoiseacht na teorainneacha sin agus chuir earraí agus daoine sa siúl. I gcóras ar nós na mbóithre iarainn nó an phoist a rithtear go réasúnach, tá líonra comhcheangal ann a chuireann gach aon dá bhall sa líonra i dteagmháil díreach lena chéile, bídis i bhfad nó i ngar dá chéile, agus a sháraíonn teorainneacha an bhaile.[24]

Leathnaigh an nua-aois teorainneacha na háite, á ceangal leis an domhan lasmuigh, tríd an imirce, cuir i gcás, agus ag scaoileadh an domhain isteach inti, trí mheán an oideachais, mar shampla. Scríobh Seoirse Mac Tomáis go raibh muintir an Bhlascaoid 'gan scolaíocht, ach bhí léann sinseartha dá gcuid féin acu, agus é lánoiriúnach don saol a bhí acu. Ba chúng an saol é, ach bhí eolas doimhin acu air'.[25] Ach ní raibh an léann sinseartha oiriúnach don imirce. Thuig tuathánaigh nach dtiocfadh an dul chun cinn gan an t-oideachas. Cuir i gcás, deir Seán Ó Conaill, 'nuair a bhíos-sa óg, ní raibh ao' sgoil i n-aon chóngar dom, agus d'fhág san gan Béarla me: ach dá bhfaghainn aon tseans ar bhothán na sgoile nuair a bhíos óg ní hanso a bheinn aniuv'—go deimhin is í an imirce atá i gceist aige.[26]

Saolaíodh Hiúdaí Sheáinín Ó Domhnaill i Rann na Feirste sa bhliain 1853 (é comhaos leis an gConallach) agus níor chaith sé ach trí bliana ar scoil, agus an ghráin aige uirthi ag an am:

> San am chéadna is minic ó shoin a thug mé mo chrádh nach dtearn mé úsáid ní b'fhearr de mo chuid ama nuair a bhí mé ar scoil. Is minic a gheobhainn geafaracht i n-Albain 'na dhiaidh sin, dá mbíodh measaracht léighinn agam; ach nuair nach rabh, ní rabh ní b'fhearr le déanamh agam ach gabhail i gcionn na piocóide agus na sluaiste mar fhear.[27]

Saolaíodh Conchúr Ó Síocháin in Oileán Cléire sa bhliain 1866. Ní fada a chaith sé ar scoil: 'D'fhág san mise gan scoil gan léann, gan scríobh, gan léadh, gan litir, cé gur minic ó shin a bhíos ina aithreachas'.[28] Ba lú fós an tréimhse ar scoil a chaith scéalaí eile, Mícheál Turraoin (1878–1963). An lá a fuair sé greadadh ón máistir ab ea an lá deireanach dó ar scoil. 'Is minic ina dhiaidh sin a bhíos in aithreachas, mar an té ná fuil scríobhadh ná léigheamh aige, is é an daoi is dona ar domhan é, ach ní bhíonn ciall ag an óige, agus ní bheidh go deo'.[29]

Is cóir dearcadh a leithéidí seo a chur san áireamh agus tuairimí Rómánsúla i leith na Gaeltachta agus an bhéaloidis á meas. Ba dhóigh le Séamus Ó Duilearga go raibh an Conallach 'illiterate as far as unimaginative census-officials were concerned. .. But he was one of the best-read men in the unwritten literature of the people whom I have ever known'.[30] I dtaobh Mhíchíl Turraoin, scríobh sé '[h]e is a cultured man in oral letters, *unspoiled by books—which he cannot read—and by the laboured commentaries of the learned'.*[31] Dearcadh idéalach a bhí ag an Duileargach, dearcadh a thug ómós do chultúr dúchais a leithéidí sin de dhaoine, agus d'uaisle na ndaoine féin, ach nár chuaigh i ngleic le staid sóisialta agus eacnamúil a mbeatha.

(iii)

Ba nós le scoláirí béaloidis agus antraipeolaíochta áiteanna dúnta a lorg, ionas go gcuirfeadh gach éinne a mhair laistigh díobh sochaí agus cultúr na n-áiteanna sin in iúl. Bíonn an pointe go minic á áiteamh nach bhfuil pobal ceangailte go daingean le háit faoi leith a thuilleadh. Sa lá atá inniu ann, deintear trácht ar an domhandú mar fheimiméan a chuireann deireadh leis an áit faoi mar ba nós taithí uirthi ag daoine. 'Cultúr' nua-aimseartha atá neamhspleách ar áit—más fíor na húdair—is ea an tIdirlíon (*cyberspace* a bhaist an scríbhneoir William Gibson ar an áit sin nach bhfuil ann). Ós rud é go nglactar leis go bhfuil baint ag an bhféiniúlacht leis an áit, nó ar a laghad ag féiniúlachtaí de shaghasanna áirithe, fágann sin go gciallaíonn 'cur ar ceal na háite' de bharr na teicneolaíochta athruithe i mbraistint agus i dtuiscint na féiniúlachta.

Cúngaíonn an teicneolaíocht an domhan, agus cuireann sí an spás ar ceal. Ach más fíor don antraipeolaí Marc Augé, cruthaíonn géarú na nua-aoiseachta saghas nua áite nach áit in aon chor í: an 'neamháit' (*non-lieu*). 'Más féidir áit a mhíniú i dtéarmaí na féiniúlachta, an chaidrimh agus na staire, míneofar áit nach féidir a mhíniú i dtéarmaí na féiniúlachta ná an chaidrimh ná na staire, mar neamháit'.[32] Aithníonn Augé dhá rud atá neamhspleách ar a chéile mar bhonn le neamháiteanna: spásanna atá ann ar mhaithe le cuspóirí áirithe, ar nós an iompair, an taistil, na trádála, an chaitheamh aimsire, agus ina theannta sin an caidreamh a bhíonn ag daoine leis na spásanna seo.[33] Neamháiteanna is ea mótarbhealaí, ionaid siopadóireachta, seomraí feithimh aerfoirt, áiteanna a úsáidtear de réir fógraí scríofa agus comharthaí.[34] Níl d'fhéiniúlacht ag lucht a n-úsáidte ach iad ina dtiománaithe, ina gcustaiméirí, ina bpaisinéirí, ach faigheann siad a n-aitheantas thar n-ais ag both an dola, ag an gcúntar, ag an gcustam nó ag fuinneog phóilíní na himirce.[35] 'Paradacsa na neamháite: an stróinséir dulta amú i dtír nach n-aithníonn sé . . . ní bhraitheann sé ag baile ach i neamhphearsantacht na mótarbhealaí, na stáisiún friothála . . . agus óstáin na mórchomhlachtaí'.[36]

Ach an gciallaíonn sé seo folmhú an spáis, na mínithe traidisiúnta a bhíodh ann a réabadh, nó an gciallaíonn sé líonadh an spáis le mínithe nua, le mínithe níos líonmhaire? Toradh amháin ar fhorbairt na teicneolaíochta is ea aontú an spáis trí chruthú gréasáin eolais. Mar sin nochtann gach áit an domhan mar go bhfuil caidreamh aici le gach áit eile i ngréasán cumarsáide. Pléann Ortiz an paradacsa go líontar an spás ós rud é go bhfolmhaítear é:

> Ciallaíonn sé seo go leanann an domhandú dhá bhóthar. Is é an chéad cheann an dílimistéarú [*desterritorialización*], a bhunaíonn cineál spáis teibí, réasúnaigh, dhíláithrithe [*deslocalizado*]. A fhad is gur teibíocht ghlan é, áfach, ní féidir leis an spás, catagóir sóisialta den chéad scoth, bheith ann. Chuige sin, caithfidh sé 'préamhú' [*localizar*], ag líonadh an fholúis atá ann féin le rudaí domhandaithe a chur i láthair. Mar sin, éiríonn an domhan, ina theibíocht, so-aitheanta.[37]

Is é atá i gceist aige le rudaí domhanda ná táirgí a bhfuil fáil orthu ar leibhéal domhanda, Coca Cola, McDonald's, earraí maisitheacha Revlon, *jeans*, earraí cultúrtha a thagann chughainn tríd an teilifís nó trí cheirníní. Agus is féidir earraí a bhaineann le hÉirinn a chur leosan: an 'tábhairne Éireannach', Bailey's nó *Riverdance*.

Fuarthas seilbh ar spás lena loighic inmheánach a chur ar ceal trí chaighdeánú an ama.[38] Sa nua-aoiseacht 'trom', chun téarma Bauman a úsáid, chiallaigh an chumhacht an smacht ar limistéir fhairsinge agus ar na hacmhainní nádúrtha istigh iontu: iarann, gual, ⁊rl. Bhí an caipiteal agus an lucht oibre ceangailte ar aghaidh a chéile, ba dheacair dóibh bogadh agus dá bhrí sin, theastaigh uathu comhréiteach áirithe a aimsiú. Sa nua-aoiseacht 'éadrom', is cuma faoin spás. Ní chuireann sé teorainn le gníomhaíochtaí an duine. Riamh ba iad na daoine ba mhó agus ba thapúla a ghluais iadsan a raibh an chumhacht acu. Sa nua-aoiseacht 'éadrom', is iad na daoine *'who come nearest to the momentariness of movement'* a rialann, agus is iad na daoine is moille a bhogann, nó nach mbogann in aon chor, atá faoina smachtsan. Scaradh óna chéile an caipiteal agus an lucht oibre agus ní bhraitheann siad ar a chéile a thuilleadh san aon dúthaigh amháin. Bogann an caipiteal go tapaidh, níl dúthaigh aige a thuilleadh agus tá sé beagbeann ar éilimh lucht oibre atá ceangailte le háit faoi leith.[39]

Cuid a Trí

Pobal

(i) Tuathánaigh?

(i)

Ní féidir pobal a scarúint ó am ná ó áit. Ós rud é gur grúpa bitheolaíoch é an pobal, bíonn a bhaill de shíor ag fáil bháis agus ag teacht ar an saol (bíodh is go bhfágann daoine an grúpa freisin agus go dtagann daoine eile isteach ón taobh amuigh). Leanann an pobal ó ghlúin go glúin. Tugann an 'doimhneas' ginealaigh cuid d'fhéiniúlacht an phobail dó mar glacann an pobal leis go síolraíonn a bhaill, nó samhlaíonn sé go síolraíonn, ó na sinsir chéanna. Tagann cuid eile dá fhéiniúlacht ón gceangal le dúthaigh, áit dhúchais a gcónaíonn an pobal ann nó a gcónaíodh sé ann. Ach cad is brí le pobal?

Cuireann sé áitritheoirí paróiste in iúl go pointe áirithe. Is i dteach an phobail a adhrann siad Dia agus is é an 'sagart pobail' a sagart, ionas gurbh fhéidir an bhrí lom 'teampall' nó 'séipéal' a bheith le 'pobal' chomh maith, mar a léiríonn roinnt logainmneacha. Ciallaíonn pobal grúpa nó treibh nó lucht leanúna creidimh faoi leith freisin: pobal Iosraeil nó pobal Dé. Ciallaíonn an pobal gach éinne (nach mór), mar is féidir le scéal a bheith 'i mbéal an phobail' nó a chur 'os comhair an phobail'. B'fhéidir gur tábhachtaí an gaol fola leis an bhfocal 'muintir'. Tá teaghlach i gceist, líon tí nó clann ('mo mhuintirse'), nó pobal naoimh (.i. teaghlach a lucht leanúna). Agus tá áitritheoirí tíre i gceist, ar nós 'muintir na hÉireann', agus b'fhéidir go bhfuil gaol sinsearachta eatarthu le tuiscint faoi mar atá san fhocal 'bunadh', a chiallaíonn bunús agus muintir (áitritheoirí dúchasacha nó 'bunúsacha').[1] Focail iasachta ón Laidin iad 'pobal' agus 'muintir' araon, 'pobal' ó *populus* agus 'muintir' (agus 'mainistir' níos déanaí) ó *monasterium* (a tháinig ón nGréigis).[2]

Tá gné stairiúil le pobal agus gné áitiúil. I léann an bhéaloidis agus na

69

hantraipeolaíochta, tagann ár dtuiscint ar phobail ón iliomad taighde a dhein scoláirí sa ghort i ndúthaí faoi leith. Cuid d'oidhreacht athbheochan na Gaeilge ab ea Coimisiún Béaloideasa Éireann, agus ba ó Ghaeilgeoirí a bailíodh formhór an ábhair agus, más ea, ó lucht faisnéise i nDún na nGall, i Muigh Eo, i nGaillimh, sa Chlár, i gCiarraí, i gCorcaigh agus i bPort Láirge thar contaetha eile. Ach bhí deighilteacha laistigh d'áitritheoirí na gceantar sin. Tugann sochtheangeolaíocht na Gaeilge le tuiscint gur thúisce a chuaigh na haicmí arda sóisialta agus na daoine óga leis an dátheangachas, le Béarla amháin agus le patrúin chultúrtha ón taobh amuigh. I dtaobh an chultúir thraidisiúnta, scríobh Séamus Ó Duilearga gur shaibhre é san áit go raibh an Ghaeilge láidir agus gurbh iad na seandaoine an crann taca leis.[3] Luaigh sé go mbíodh teagmháil aige féin leis an aicme ba bhoichte in Éirinn ('*mit der ärmsten Schicht in Irland*') trí obair an Choimisiúin.[4] D'fhág sin an Ghaeilge amháin agus an béaloideas go háirithe ag seandaoine sna haicmí ísle sóisialta.

Is féidir glacadh leis a bheag nó a mhór de gurbh í an fheirmeoireacht, an iascaireacht, ceirdeanna agus an déirc ba mhó a thug beatha do lucht scéalaíochta agus seanchais. Tugann fianaise staitisticiúil an 19ú haois gurbh iad na tuathánaigh agus na bochtáin ba dhílse don Ghaeilge sna ceantair go raibh na haicmí eile éirithe as í a labhairt.[5] Ba iad na tuathánaigh ba mhó a chaomhnaigh an cultúr traidisiúnta, a bhí ceangailte le modh maireachtála faoi leith. I dtaighde ar an leigheas traidisiúnta i bhFranken na Gearmáine sna 1930í, tugadh le tuiscint gurbh iad na seantuathánaigh, agus ansin lucht oibre agus mionbhuirgéis na mbailte mór, ba mhó a bhain úsáid as.[6] I staidéar níos déanaí ar an leigheas traidisiúnta sa Bhrasaíl, léiríodh gurbh iad na híochtaráin (*sujeitos subalternos*) ba mhó a thaithigh é.[7]

Fianaise ar chúlra sóisialta an bhéaloidis is ea na daoine seo a leanas, cé nach ionann é sin is a rá nach mbaineann an béaloideas ach lena leithéidí sin amháin. Feirmeoir beag ab ea Seán Ó Conaill—21 acra aige, ach níos lú ná an tríú cuid ina thalamh cuireadóireachta; riasc agus sliabh ba mhó an chuid eile.[8] Feirm bheag—'féar dhá bhó de thalamh'—a bhí ag muintir Pheig Sayers. Bhí sí pósta isteach sa Bhlascaod le fiche bliain sara bhfuair sí féin is a fear a dtigh féin, ó Bhord na gCeantar Cúng.[9] Muintir Thomáis Uí Chriomhthain, 'chuireadar chúthu i mbothán bhocht ag dul i leith sealgaireacht na farraige, agus do bhí píosa talún acu, agus iad araon go dianmhaith chuin earraíocht do bhaint as mhuir agus thalamh'.[10]

Leis an táilliúireacht ba mhó a thuill Éamonn a Búrc a bheatha. Iascaire leis ab ea é, ag gliomadóireacht, agus bhí siopa beag ar beagán sochair aige ar feadh tamaill tar éis dó filleadh ó Mheirice.[11] Ag bailiú feamainne agus ag dó ceilpe i dteannta shaothrú na talún a bhí Máirtín

Neile Ó Conghaile (*c.* 1824–1904), a thug scéalta don eitneolaí Meiriceánach Jeremiah Curtin (1838–1906), don teangeolaí Danmhargach Holger Pedersen (1867–1953) agus don scríbhneoir John Millington Synge (1871–1909).[12] Feirm a bhí ag Máiréad Ní Mhionacháin agus a fear. Bhí roinnt caora acu agus chardáladh sí olainn, á díol fiche míle ó bhaile i Neidín, a dtéadh sí ann le capall agus cairt ládálta in am marbh na hoíche.[13] An bheirt ba mhó a bhfuair Dubhglas de hÍde scéalta *An Sgeuluidhe Gaedhealach* uathu ná Proinsias Ó Conchubhair, a scríobh chuige ó Thigh na mBocht i mBaile Átha Luain, agus Mártan Ruadh Ó Giollarnáth, feirmeoir bocht ó cheantar Bhaile Átha an Rí, Co. na Gaillimhe.[14]

Coincheap simplí go leor is ea an tsochaí thuathánach, agus ón eolas thuas, ba chuid de shochaí thuathánach an Conallach, Peig Sayers agus na daoine eile. Tá débhríocht áirithe sa téarma 'tuathánach' mar sin féin. Tá an focal 'tuata(ch)' sa Ghaeilge, ach leanann díspeagadh áirithe é. Is féidir focal eile a úsáid ina ionad, a bhfuil sé de bhuntáiste aige go bhfuil sé ar comhphréamh leis an bhfocal cuibhe sa Bhéarla agus san Fhraincis, ach baineann deacrachtaí le 'padhsán', go háirithe agus an díspeagadh a léiríonn an focal i mBéarla na hÉireann a chur san áireamh. Sa Bhéarla níl aon fhadhb leis an bhfocal *peasant* maidir le hantraipeolaithe nó le socheolaithe de, ach ní mar sin de ghnáthúsáid na teanga. Tá an focal Fraincise *paysan* níos fearr ón taobh sin de, ach ní éalaíonn sé ar fad ón díspeagadh, ná ní éalaíonn *contadino* na hIodáilise ná *campesino* na Spáinnise uaidh ach chomh beag. Tá *Bauer* na Gearmáinise agus *bonde* sa tSualannais níos fearr; más baill d'aicme faoi leith iad tuathánaigh, níor mhar a chéile an stádas a bhí acu i ngach tír. Bhí na tuathánaigh saor i gCríoch Lochlann, cuir i gcás; ba leo féin an talamh a shaothraíodar.

Tríd is tríd, is coincheap seanbhunaithe é an tsochaí thuathánach a bhfuil glacadh forleathan leis. Ghabh tuathánaigh den churadóireacht, thógadar beithígh agus barraí ach ar scála beag agus gan innill: teaghlach a bhí i gceist seachas comhlacht gnó, ach ba mhinic teaghlaigh thuathánacha i gcomórtas lena chéile le haghaidh acmhainní tearca. Bhí a ngnó féin ag baill éagsúla an teaghlaigh agus difear idir réimse na mban agus réimse na bhfear. Ach bhí staid na mban íseal i sochaithe tuathánacha mar sin féin. Sholáthraigh tuathánaigh an chuid ba mhó dá gcuid bia. Bhíodar ar deighilt ón sochaí náisiúnta agus bhíodar dílis cuid mhaith dá gceangal don talamh agus dá dtraidisiúin bhéil agus creidimh. Ach ní rabhadar neamhspleách ar an sochaí náisiúnta go sóisialta ná go heacnamúil mar bhí baint acu le tiarnaí talún, leis an gcléir, le múinteoirí, le dochtúirí—a chónaigh go minic ina measc agus a bhí ina n-idirghabhálaithe idir iad agus an saol lasmuigh. Bhí caidreamh acu leis an mbaile mór agus leis an aonach nó an margadh a bhí ann.

Gan stát, ní féidir trácht ar shochaí thuathánach, murab ionann agus sochaí threibheach, mar laistigh den stát chaith tuathánaigh bheith faoi smacht lucht ceannais lasmuigh dá n-aicme féin, mar a deir Eric Wolf.[15] Ar an gcúis sin a thug Robert Redfield 'leathshochaí' ar an sochaí thuathánach. Thrácht Redfield ar an dá thraidisiún sa stát, an 'traidisiún mór' (a bhain leis na grúpaí ceannais agus leis an gcultúr léannta) agus an 'traidisiún beag' (a bhain le tuathánaigh).[16] Bhí tuathánaigh coimeádach; luachanna lárnacha ab ea an talamh, an chlann agus an obair acu. Thug Émile Durkheim faoi ndeara ina thaighde ar an gclann agnatach (.i. clann a shíolraigh ó shinsear fireann tríd an líne fhireann ghinealaigh) gur bhraith sí ar an bprionsabal nárbh fhéidir an oidhreacht a scarúint ón gclann, agus gurbh fhearr léi scarúint le baill den chlann ná leis an talamh.[17] Dhein Wolf idirdhealú idir shochaí dhúnta thuathánach agus sochaí oscailte. An tsochaí dhúnta ab ea an tsochaí 'idéalach' thuathánach ó thaobh na scoláireachta. Bhí tuiscint soiléir ann ar theorainneacha an phobail agus ní raibh fáilte roimh stróinséirí ann. Bhain an tsochaí oscailte thuathánach le tréimhse shealadach nuair a bhí an tsochaí á cur féin in oiriúint d'éilimh lasmuigh di féin ionas gurbh fhéidir léi cuid nó formhór a táirgí a dhíol ar airgead.

Ní ag scoláirí amháin a bhí an spéis sna tuathánaigh. Tríd is tríd, bhí dhá dhíospóireacht mhóra mar gheall orthu sa pholaitíocht. Thuig dream amháin na tuathánaigh i dtéarmaí an ainbheasa agus na hiargúltachta, gur fhabhb iad ab fhéidir a réiteach leis an bhforbairt eacnamúil agus leis an oideachas, is é sin, iad a chur in oiriúint don nua-aois. Ar an láimh eile, ba dhóigh le lucht cáinte na nua-aoiseachta, na Rómánsaigh go háirithe, gur fhuílleach fhírinneach de bhun-nádúr an duine agus an chultúir iad na tuathánaigh.[18] Tagrófar don dá dhearcadh seo ar ball: an poblaíochas (*populisme*) agus an ainniseoireacht (*misérabilisme*), mar a thugann Grignon agus Passeron, beirt socheolaithe, orthu.[19]

(ii)

In alt clasaiceach ar thuiscint na sochaí tuathánaí, phléigh an t-antraipeolaí George M. Foster 'íomhá an tsochair theoranta'.[20] Ba dhóigh le Foster gur chreid tuathánaigh go raibh teorainn le gach ní a raibh dúil an duine ann sa saol: an talamh, an mhaoin, an tsláinte, an cairdeas agus an grá. Bhíodar seo gann agus ní raibh aon teacht ag tuathánaigh ar iad a mhéadú: 'ní thagann aon raidhse ar an mbeagán', mar a deir an seanfhocal.[21] Bhí saol na dtuathánach teoranta ag acmhainní nádúrtha agus sóisialta a gceantair. Ar nós an talaimh mhaith sa bhaile fearainn, d'fhéadfaí acmhainní a roinnt ach ní fhéadfaí iad a mhéadú. Dá dheascaibh seo, níorbh fhéidir le duine ná le clann dul ar aghaidh ach ar aimhleas daoine eile. Bagairt don phobal ab ea dul chun cinn duine amháin, mar bheadh duine eile ag cailliúint agus ós rud é nár shoiléir cén duine a bheadh thíos leis, ba bhagairt do gach éinne é: 'gátar a níos feillbheart'.[22] Eiseamláir do gach éinne ab ea an tuathánach fir a oibrigh chun a chlann a chothú, a chomhlíon a dhualgaisí sa phobal, a ghaibh lena ghnóthaí féin, nár sháraigh daoine eile ach a chosain a chearta féin. Duine láidir diongbhálta ab ea é mar bhí meas ar an nádúr sin agus níor bhain daoine eile drochúsáid as.

D'áitigh Foster nach raibh eacnamaíochtaí tuathánacha táirgiúil. Is sin le rá, níorbh fhéidir leo ach méid teoranta maoine a dhéanamh agus dá mhéid an obair a dhéanfaidís, ba ar éigin ab fhéidir an mhaoin a mhéadú. Sa chuid ba mhó de shochaithe tuathánacha, bhí an talamh gann le fada agus bhí géarú ag teacht ar ghanntanas na talún le méadú na ndaoine agus le dul in olcas na hithreach. Níor tháinig athrú ar na modhanna agus ar na teicnící oibre le fada. Baineann an dóchas sa bhfíorbhorradh eacnamúil leis an gcaipitleachas. Aigne éagsúil a bhí ag pobail traidisiúnta. Chuir Max Weber an dá aigne i gcomórtas lena chéile. Ní tréith ó dhúchas é go dteastódh ó dhuine breis a chur lena chuid airgid. Ní theastódh uaidh ach maireachtaint mar ba nós leis agus a dhóthain a thuilleamh chuige sin.[23] Dar le Foster, ní fhaca tuathánaigh baint ag an obair agus ag teicnící na táirgíochta le cruinniú na maoine (cé gur féidir a áiteamh gur leagan idéalach den tsochaí thuathánach a úsáideann sé). Bhí an mhaoin ar nós na talún: bhí sí ann go nádúrtha ach bhí teorainneacha nádúrtha léi agus níor chuir an obair isteach nó amach air sin. D'fhéadfaí an mhaoin a roinnt ar dhaoine ach níor fhás an mhaoin. Beartaíodh cion duine nó clainne den mhaoin in imeacht na haimsire agus de réir traidisiúin agus cé gur léir i gcaitheamh na haimsire gurbh fhéidir athrú a theacht air, b'eol do chách cion duine i leith a chéile ag am faoi leith: 'is mairg ná bíonn sásta lena chuid féin'.[24]

Mar gheall ar na teorainneacha leis an sochar sa tsochaí thuathánach, nuair a tháinig bagairt ar dhaoine, in ionad dul i gcomhar lena chéile b'amhlaidh a chúlaíodar óna chéile chun a leas féin a chur chun tosaigh. Dar le Foster, theastaigh an cheannaireacht chun an sórt sin comhoibrithe in am an ghátair a dhéanamh (rud ba dhifriúil leis an *gcomhar* nó leis an *meitheal* sa ghnáthshaol). Ba dheacair le sochaithe tuathánacha an t-údarás orthu a thabhairt do dhuine díobh féin. Bhain sé seo le nádúr na sochaí tuathánaí mar 'leathshochaí'. Bhí an fhíorchumhacht lasmuigh den phobal, rud a bhac ar dhuine ón bpobal an chumhacht a ghlacadh agus a chur i bhfeidhm ach amháin mar ionadaí den chumhacht sin lasmuigh. Agus níor mhaith leis an gcumhacht lasmuigh go dtiocfadh ceannas áitiúil cun cinn a bheadh ina bagairt uirthi féin.

Ceist shuimiúil í an aigne a bhí ag tuathánaigh i leith na cumhachta. Tráchtann an t-oideachasóir cáiliúil Brasaíleach Paulo Freire ar eagla na dtuathánach roimh an tsaoirse (fadhb ar cheap sé a 'oideolaíocht na ndaor' cháiliúil chun í a réiteach). Luann sé buíon tuathánach armtha a ghlac seilbh ar *latifundia* i Meirice Laidineach sna 1950í nó sna 1960í. Theastaigh uathu an tiarna talún a ghabháil ina ghiall, ach ní raibh sé de mhisneach ag aon tuathánach é a fhaire: chuir sé sceimhleadh orthu bheith ina fhianaise. Dar le Freire, b'fhéidir gur bhraitheadar ciontach gur chuadar i gcoinne an tiarna talún mar go raibh a chumhacht 'istigh iontu'.[25] Cuireann an seanchaí Conchúr Ó Síocháin síos—i dtréimhse níos faide siar—ar mhuintir Chléire nuair a chualadar trácht ar fheirmeoirí Chumann na Talún ag cur i gcoinne na dtiarnaí talún: 'thagadh iompáil líthe ina gcroí a rá go mbeadh sé de choráiste ag aon tineontaí dul ar dlí lena thiarna saolta. Ní chreididís é ach chomh beag agus a chreididís go bhféadfá siúl ar an bhfarraige'.[26] Ach lá Domhnaigh d'fhógair an sagart cruinniú ón altóir, a bhí le reachtáil ag fear ón míntír a bhí le teacht an tráthnóna céanna. D'iarr an cuairteoir orthu a dhéanamh 'mar atá déanta ag bhur gcomharsain lasmuigh d'uisce: coinnig siar an cíos ón dtiarna, agus téigí sa chúirt ina choinnibh, agus mo lámh agus m'fhocal díbh go mbainfidh sibh ceathrú de chomh maith le haon dream sa tír amuigh'. Dúirt sé leo gurbh é an sagart a bheadh ina uachtarán orthu. Dheineadar rud air agus d'éirigh leo an cíos a laghdú.[27]

Tugann an tAthair Peadar Ó Laoghaire cuntas fíorshuimiúil ar phobal feirmeoirí bailithe sa Ráth i gContae Chorcaí aimsir Chumann na Talún (1879–1882), rud a thugann breis fianaise ar an gcaoi a fuair sagairt smacht ar thuathánaigh:

> An seanscanradh orthu. . . . Scanradh ar gach duine le heagla go n-inseofaí don mháistir go raibh sé sa pháirc sin an lá sin. . . . Ansin tháinig sagart óg láidir ó Chontae Luimnigh agus chuaigh sé in airde ar an ardán . . . Labhair sé go dána, á mhíniú conas mar a bhí na máistrí ag déanamh éagóra ar na feirmeoirí. .. Bhí na feirmeoirí ag éisteacht leis an gcaint agus ionadh orthu a rá go raibh sé de scairt ag aon duine an fhírinne a insint amach chomh neamhbhalbh sin. . . . Tháinig tuilleadh sagart. . . . Nuair a chonaic na daoine an brú sagart thuas ar an ardán agus gach aon sagart acu . . . ag labhairt ní ba dhána agus ní ba dhásachtaí ná an té a labhair roimhe, thosaigh an ghruaim agus an eagla agus an drochiontaoibh ar imeacht as a ngnúiseanna. ..[28]

Ní eisceachtaí iad na cuntaisí thuas. Bhí suas le 7% den chléir Phreispitéireach páirteach in Éirí Amach 1798 agus cuireadh d'iachall ar beagnach 4% den chléir Chaitliceach míniú a thabhairt ar a n-iompar lena linn.[29]

Ba dheacair do phobail tuathánacha tuiscint chruinn a fháil ar an domhan lasmuigh díobh agus ar conas a chuir sé isteach orthu. Pléann an staraí Maurice Goldring saol an Bhlascaoid Mhóir, de réir mar a léirítear sna beathaisnéisí é, mar dhomhan dúnta iargúlta, a athraigh go mall. Ní raibh smacht ag na daoine ar a dtimpeallacht, bhí eagla orthu roimh chumhachtaí ón taobh amuigh agus ba naimhdeach leo an ní anaithnid. Ba mhar a chéile iad mar sin drochstoirmeacha, gorta, imirce nó cogadh maidir le tuiscint orthu. 'An t-ainbhios naofa nó an glacadh fulangach, tagann agus imíonn na timpistí, arbh iad cumhachtaí anaithnide faoi ndear iad, toradh na cinniúna'.[30] Luann sé cuntas truamhéileach Thomáis Uí Chriomhthain ar ar fhulaing sé.[31] Thit an mac ba shine dó le faill agus maraíodh é. 'B'éigeant dom cur suas leis agus a bheith sásta'.[32] Cailleadh beirt pháistí leis an mbruitíneach, rud a fhág sláinte a mhná ag ceiliúradh. 'Do buaileadh im aigne ná raibh aon leigheas ar na bearta so ach an méid foighne do caithfí leo, agus do bhíos a d'iarraidh tamall eile don tsaol do bhaint amach, bliain mhaith ag teacht agus dhá bhliain ná bíodh ar fónamh'.[33]

Áitíonn Goldring nach raibh aon tsuim ag na hoileánaigh i ngnóthaí eachtracha. Níor tuigeadh cogaí ach sa mhéid is a chuadar i bhfeidhm ar mhuintir na háite. Cuir i gcás, an sliocht seo ag Muiris Ó Súilleabháin agus é ag trácht ar na longa a cuireadh go tóin poill sa Chéad Chogadh Domhanda:

> Lá arna mháireach, ba bhreá leat féachaint uait síos ar an gcaladh agus na tránna, binsí móra do chláracha anso is ansúd, agus an naomhóg is lú go raibh seilg aici, do bhí os cionn céad clár aici.—Dar fia, a deireadh fear, gur maith é an cogadh.—Dhera a dhuine, a deireadh fear eile, má fhanann sé ann, beidh an t-oileán so ina Thír na nÓg againn.[34]

Sa chuntas a thugann Muiris ar an raic a tháinig i dtír mar gheall ar an gcogadh, is léir sásamh na n-oileánach leis an raic féin:

> Ba mhór an t-athrú a chuir an cogadh ar dhaoine. Chonac iad, liairní díomhaoine a chodlaíodh amach go headartha, bhíodar san anois amuigh le giolc an ghealbhain ag bailiú agus ag síorbhailiú.[35]

San áit go raibh teorainn nádúrtha leis an sochar, ba ón taobh amuigh amháin ab fhéidir an bhochtaineacht a shárú, agus ní deacair sásamh na n-oileánach a thuiscint nuair a tháinig an bia agus an deoch isteach ar an trá chucu gan choinne. Mar sin féin, thuigeadar an tragóid dhaonna a bhí laistiar de sin, agus ba mhó duine a shábháil na hoileánaigh ón bhfarraige, agus b'fhial flaithiúil mar ar chaitheadar leo, ag tabhairt dóibh a raibh acu. Cuireann Goldring an bhéim ar na hoileánaigh a bheith ag géilleadh don chinniúint. Más ea, má éiríodar amach faoi mar a dhein nuair a chuireadar i gcoinne na bpóilíní—chaith na mná clocha leo a chosc iad ar theacht i dtír[36]—ba ar leibhéal neamhpholaitiúil é. Dar le Goldring, níor éirígh leis na hoileánaigh a gcultúr a chur in iúl go dtí gur thánadar i dteagmháil le stróinséirí.³⁷

Saothar ceannródaíoch i socheolaíocht na cathrach ab ea leabhar William Thomas agus Florian Znaniecki, *The Polish Peasant in Europe and America*, a foilsíodh idir 1918 agus 1920. An modh oibre a bhí ag na húdair ná scéal beatha daoine a scrúdú, ó agallaimh leo nó ó cháipéisí ar nós litreacha pearsanta. An pobal a bhí i gceist acu ná na tuathánaigh a tháinig ón bPolainn go dtí cathracha móra na Stát Aontaithe idir 1880 agus 1910—tuairim is dhá mhilliún díobh a tháinig. Cuireann na húdair síos ar an aigne a bhí ag tuathánaigh sa Pholainn i leith an tsaoil lasmuigh. Dar leo, gach aon ní go raibh a bhunús sa stát nó in ord na heacnamaíochta—an dlí, an tseirbhís mhíleata, cánacha, eagrú na scolaíochta, an teanga oifigiúil, meáin chumarsáide agus praghasanna earraí nádúrtha agus tionsclaíochta—bhí a leithéid seo go buan faoi réir ag cumhacht láidir dhothuigthe lasmuigh díobh, cumhacht a bhí beagnach chomh nádúrtha leis an aimsir sa tslí ar cuireadh suas léi, agus deineadh í a fhulaingt go humhal.³⁸

Tagann aigne sin na cinniúna treasna ar choincheap nua-aoiseach an dul-chun-cinn, is é sin, gur le dúthracht agus le díograis agus le tionscal a sholáthraíonn an duine 'soilsithe' di nó dó féin, intinn a mhaíonn go bhfuil an todhchaí 'oscailte'. Ach thug an saol nua-aoiseach éilimh do dhaoine nárbh fhéidir a shásamh laistigh den saol traidisiúnta, léiriú eile nach raibh an seansaol neamhspleách ina bhreithiúnais ar an saol i gcoitinne. Agus b'fhéidir leis an saol nua-aoiseach bealach amach a thabhairt do dhaoine nach raibh puinn i ndán dóibh sa saol traidisiúnta. Cuir i gcás an spré: gan spré ní raibh áit do bhean Éireannach sa saol tradisiúnta agus ní raibh de rogha aici ach triall ar Mheirice agus ionad nua a fháil di féin neamhspleách ar an traidisiún.³⁹

(iii)
Ba dhóigh le Mircea Eliade gurbh é an difear ba mhó idir an duine traidisiúnta agus an duine nua-aoiseach ná gur cheap an duine traidisiúnta go raibh sé ceangailte le gníomhartha déithe agus sprideanna nuair a cheap an duine nua-aoiseach nach raibh sé ceangailte ach leis an stair amháin. Caithfidh an duine nua-aoiseach glacadh leis an bpian mar imeacht do-sheachanta a thagann faoi mar a thagann imeachtaí na staire: imeachtaí a thagann uair amháin agus nach dtagann arís, agus má tá aon bhrí leo, tá an bhrí sin le haimsiú i bhfíricí oibiachtúla. Ach glacann an duine traidisiúnta go bhfuil brí leis an bpian agus go bhfuil an bhrí sin le fáil san ósnádúr: nach rud fánach í. Áitíonn Eliade go bhfuil bunús faoi leith leis an bpian sa saol tradisiúnta: tagann sí ó dhraíocht namhad, ó gheasa a bhriseadh, ó theorainneacha a shárú, ó

fhearg spride nó, má theipeann ar gach míniú eile, ó fhearg Dé. Ní ghlactar leis go dtagann an phian gan chúis: tá locht pearsanta nó droch-chroí comharsan faoi ndear í. Ach glactar leis an bpian go morálta mar go bhfuil cúis faoi leith léi: más aniar aduaidh a thagann sí ar dhaoine, tá treoir laistiar di. Deirtear gur ceann de bhuanna na Críostaíochta ná gur thug sí luach don phian: an phian agus an fhulaingt a iompó ina dtaithí dhearfa spioradálta.[40]

Thug an t-antraipeolaí Ernesto de Martino 'la destorificazione del negativo', deighilt na tubaiste ón stair, air sin. Is é a thuigeann de Martino le 'dí-stairiú na tubaiste' ná an dochar a bhaint den stair á rá nach cuid de phróiseas stairiúil é, ach a mhalairt, go raibh cúis diamhair leis. Aimsíodh an chúis leis an tubaiste ansin le míniú an tsaoldearcaidh thraidisiúnta. Más ea, míníodh imeachtaí tromchúiseacha i dtéarmaí neamhstairiúla, á gcur i ndomhan na draíochta agus an chreidimh chun ciall a bhaint astu. Aontaíodh éagsúlacht agus ilghnéitheacht tubaistí sa stair in aon ord diamhair amháin, "ina bhfuil an t-olc 'go nádúrtha riamh curtha ar athló nó ar ceal'". Murach draíocht namhad, nó geasa a bhriseadh, nó teorainneacha a shárú, nó fearg spride, is amhlaidh go '[d]téann gach toircheas go rathmhar chun téarma' san ord idéalach seo agus

> tá gach naíonán nua-shaolaithe beo beathach, sileann an bainne riamh go flúirseach ó chíoch na máithreacha, leigheastar na breoiteacháin go léir, deimhnítear gach plean éiginnte, briseann gach stoirm in áiteanna tréigthe, agus mar sin: a mhalairt go díreach air sin a tharlaíonn sa stair.[41]

Thuig de Martino gur chuir an meon sin bac le dul i ngleic leis an ngéarleanúint. Sa Bhrasaíl tháinig Paulo Freire ar an tuiscint chéanna i dtaobh na cosmhuintire agus an 'leathbhaint' a bhí acu leis an bhfírinne oibiachtúil. Dar leis, má bhí míniú an mhí-áidh i gcumhachtaí lasmuigh agus lastuas den duine nó in éagumas 'nádúrtha' an duine, ní bheadh gníomhartha an duine dírithe ar an staid fhírinneach a athrú, ach ar na cumhachtaí ósnádúrtha a bhí faoi ndear an trioblóid, agus bheadh na gníomhartha sin i réimse na draíochta.[42]

Bhí tuathánaigh ar leithligh óna chéile; ar mhaithe leo féin iad. Bhíodar de shíor in iomaíocht lena chéile ar a gcuid féin den sochar teoranta a chaomhnú, níor theastaigh uathu a staid fhírinneach a léiriú, rud a chothaigh an chosantacht agus an cháiréis, an drochamhras agus an drochiontaoibh as a chéile. Luach tábhachtach i measc na dtuathánach dá bhrí sin ab ea an status quo a chaomhnú i gcaidreamh daoine, dar le Foster. Níor mhol daoine a chéile, mar thug sé le tuiscint go raibh an duine á mholadh ag sárú a chomharsan. Bagairt ab ea an duine a fuair breis is a chion den sochar. Bagairt chomh maith ab ea an duine a chaill an sochar mar bheadh an t-éad agus an droch-chroí i leith a chomharsan dá dheascaibh sin aige. An duine a chuaigh ar aghaidh go heacnamúil, chuirfeadh sé a dheafhortún faoi cheilt.

Mar chuir dul chun cinn duine amháin seasmhacht an phobail i mbaol, agus spreag sé saghas pionóis nach raibh foirmiúil de ghnáth, ach a cuireadh i bhfeidhm i bhfoirm na cúlchainte nó an chlúmhillte, nó fiú i bhfoirm na hasarlaíochta nó an fhoréigin féin. Mar cúram gach éinne ab ea tuairim an phobail. Ar uairibh bhí an pionós níos foirmiúla. Sampla a luann Foster ab ea an *charivari*.[43] Nuair a phós fear breacaosta bean óg— de ghnáth an tarna huair aige—chuir fir óga an phobail a míshásamh in iúl ós comhair an fhir a raibh a chion féin de mhná inphósta cheana aige. Tráchtann Caoimhín Ó Danachair ar nós den saghas céanna in Éirinn, ar tugadh 'horning' air i gContae Chill Mhantáin, áit ar chuala sé sa bhliain 1941 é. Ábhar buartha ar mhuintir na háite san athphósadh ab ea clann gan oidhreacht. D'aimsigh Ó Danachair tagairtí don nós in oirthear na tíre ó Chontae Aontroma go Contae Loch Garman, ach ba ó Chúige Laighean formhór mór na dtagairtí.[44] Breithiúnas eile ar chúrsaí pósta, nó ar dhaoine nár phós go fóill, ab ea 'Liostaí an Sceilg' as Gaeilge agus as Béarla, 'véarsaí gonta cruinne greannmhara . . . arna gcumadh ag daoine eolgaiseacha an-aithnid faoi bhaitsiléirí agus cailíní óga, cuid acu a bhíodh ag caitheamh le chéile ach nár phós san Inid', i bhfocail Nóra Ní Shéaghdha: '[r]aistí breátha cainte agus gearradh iontu uaireanta'.[45] Nós den chineál céanna ab ea daoine nár phós a smearadh le cailc ar a slí chun an Aifrinn ar 'Chalk Sunday', an chéad Domhnach den Charrghas (i gCúige Mumhan go háirithe).[46]

B'fhéidir cúiteamh a dhéanamh ar an dul chun cinn, leis an gcaiteacht i searmanais agus i ndeasghnátha an phobail, rud a thuill an gradam agus a mhínigh an caitheamh mór ar fhéilte agus ar bhaistíocha, ar phóstaíocha agus ar thórraimh i bpobail tuathánacha: sampla maith de sin is ea na *stations* i dtithe mhuintir pharóiste.[47] Bhí an dul chun cinn dlisteanach nuair a bailíodh an mhaoin lasmuigh den phobal mar níorbh ionann é sin agus cailliúint éinne eile sa phobal. Sa seansaol ba leis an rath nó de bharr na cinniúna amháin é sin. Luann Foster na finscéalta iomadúla i dtaobh an stórchiste i bpobail tuathánacha traidisiúnta a thug míniú, de réir a thaithí eitneagrafaíochta féin, ar dhaoine aithnidiúla a éirigh saibhir gan choinne. Bhí an fheidhm chéanna ag an gcrannchur náisiúnta i mórán pobal tuathánach sa lá atá inniu ann, dar leis. Bhí pátrúntacht duine éigin (nó dé nó naoimh) ón taobh amuigh den phobal dlisteanach ar an ábhar céanna mar ní ar aimhleas éinne eile a chruinnigh an tuathánach maoin sa chás sin. I gcás na sochaí tuathánaí a bheith oscailte, .i. í ag dul in oiriúint don nua-aoiseacht, b'fhurasta do thuathánaigh pá a thuilleamh lasmuigh, i gceantair shaibhre sa tír nó i dtíortha eile.[48] Ba choitianta a leithéid sin ón 18ú haois in Éirinn, cailíní aimsire agus spailpíní ag dul soir ag lorg oibre, daoine ag dul ar imirce agus ag filleadh, agus mar sin de.

Má bhí teorainn leis an sochar laistigh den phobal maidir le cion duine i leith daoine eile, b'amhlaidh a bhí idir phobail laistigh de réigiún faoi leith freisin. Ach murab ionann agus laistigh de phobal, nuair a chuir gaol fola agus comharsanachta a theorainn féin leis an iomaíocht idir na baill, is dealrach gurbh fhéidir an iomaíocht oscailte bheith níos dlisteanaí ar leibhéal an réigiúin i ngnéithe den deasghnáth ach go háirithe. Ina mórshaothar ar fhéile Lúnasa, tagraíonn Máire Mac Neill don troid ag pátrúin, féilte naoimh a comóradh de ghnáth ag toibreacha beannaithe. Bhí bruíonta coitianta sa chéad leath den 19ú haois ag comhthionóil mhóra; agus is féidir aontaí a áireamh i dteannta na bpátrún. Ach baineann brí faoi leith leosan a tharla ag castaí na bliana, ar nós Fhéile Eoin, nuair a shrois an nádúr a bhuaic, agus Lúnasa, tosach aimsir an fhómhair. Fuair Mac Neill amach go raibh an troid coitianta ag 80 tobar beannaithe a raibh pátrún acu aimsir Lúnasa agus an fhianaise ba shaibhre a aimsigh sí ná ar thrí thobar ar mhullach nó ar bhealach sléibhe, ag Mám Éan idir Dhúiche Sheoigheach agus Conamara, ag Ard Éireann i Sliabh Bladhma idir Cho. Laoise agus Co. Uíbh Fhailí, agus sna Staighrí Dubha idir Cho. Cheatharlaigh agus Co. Loch Garman, nuair a bhí an troid idir bhuíonta ó dhá thaobh an tsléibhe.[49]

Tugann Tadhg Ó Buachalla (1863–1945—táilliúir leabhar Eric Cross *The Tailor and Ansty*) cur síos ar throid den saghas céanna ag an bpátrún i nGabhagán Barra idir bhuíonta ó dhá thaobh an tsléibhe:

> Bhíodh seó daoine ag teacht anso Lá Shain Seáin agus an oíche roimis. D'éirigh bruíon idir mhuintir Uíbh Laoghaire agus muintir an Bhonáin (atá i bParóiste Chill Gharbháin) agus ghabhadar ar a chéile. Chuir an Sagart Paróiste stop le muintir an pharóiste seo ansan: ní ligfeadh sé dhóibh dul go dtí an Gabhagán Lá Shain Seáin ná an oíche roimis, ar eagla go mbeadh bruíon acu le muintir Chiarraí. Ní théann muintir na háite seo ann ó shin; fanann siad go dtí an Fómhar.[50]

Níor nós Éireannach amháin é sin. Cuir i gcás, ag *pardon* ['párdún' nó féile naoimh] Saint-Servais sa Bhriotáin ar Lá Fhéile Eoin, thagadh na mílte oilithreach ó Cornouaille, Trégor agus Vannetais ag cur coimirce a síolta ar an naomh. Bhíodh troid mhór eatarthu chun seilbh a fháil ar bhratach agus ar dhealbh an naoimh, rud a chuir alltacht ar na húdaráis.[51]

Tá trácht ar fhéilte earraigh nó samhraidh ar an mór-roinn inar cuireadh an ruaig ar an nGeimhreadh nó ar an mBás (i bhfoirm samhla nó deilbhe) agus tugadh isteach an tEarrach nó an Samhradh. In áiteanna áirithe, troid idir an Samhradh agus an Geimhreadh a bhí i gceist, i bhfoirm bheirt fhear nó dhá bhuíon fear in éadach siombalach, agus an bua i gcónaí ag an Samhradh.[52] Ach i gcás Fhéile Eoin agus Lúnasa, is féidir a áiteamh go raibh dhá chúis ar a laghad leis na bruíonta. Ar nós fhéilte earraigh nó samhraidh na mór-roinne, nó sochraidí in Éirinn, theastaigh an foréigean chun deireadh a chur leis an seanrud ionas gurbh fhéidir leis an rud nua teacht ar an saol.[53] Ach ina theannta sin, caithfidh gurbh é rath na bliana nó an tséasúir a bhí i gceist san iomaíocht ar son fhábhar an naoimh, rud atá níos soiléire, b'fhéidir, sa sampla ón mBriotáin.

Tugann an seanchaí Proinsias Ó Coileáin (1853–?) ó Chill Bheannáin i gCo. na Gaillimhe cur síos ar fhear poist ar iarr stróinséir ar chas sé air ag droichead Bhaile Átha Luain litir a chur faoi chloch in aice le Cnoc Meadha. Dúshlán ó shióga Chúige Uladh d'Fhinnbheara agus dá shióga Connachtacha a bhí sa litir. Ba i bhfoirm dhá néal sa spéir a chonacthas iad ag troid agus thit na mílte míoltóga anuas ón spéir mar fhianaise ar an gcath:

> Ceapadh amach annsin gur ghróthaigh Finnbheara Chruic Meadha an lá sin mar bhí an-bharranna i gCúige Chonnacht an bhliain sin. Bhí sé ráite gur ar shon na mbarranna bhíodh sídheóga Chúige Chonnacht agus Chúige Uladh a' troid, agus creidtear má bhíonn droch-bharranna i gConnachta gurb shin bliain a gcailleann sídheóga Chonnacht an cogadh. Níor buaileadh sídheóga Chonnacht i mbliana (1932) ná anuraidh, agus tá sé creidste gurb shin é an fáth a raibh na barranna go maith le dhá bhliain.[54]

Tá trácht freisin ar chath idir shióga ó áiteanna níos cóngaraí dá chéile, ar nós Chnoc Áine agus Cnoc Fírinne i gContae Luimnigh, nach bhfuil ach cúpla míle eatarthu. Tugann Mac Neill le tuiscint gurbh é a macasamhail seo idir mhuintir an tsaoil seo na bruíonta ag na pátrúin.[55]

D'ainneoin na staire, an chultúir, na teanga agus go leor tréithe eile a aontaigh an pobal le chéile, ba léir go raibh sé an-deighilte agus go mba dheacair dó gníomhú d'aon ghuth ar mhaithe lena leas féin. Bíonn gach grúpa chomh deighilte is atá sé aontaithe, ach cuid de nádúr grúpa is ea meicníocht a bheith aige chun an teannas a bhaineann le deighilteacha a scaoileadh ó am go ham ionas nach mbaileodh sé dóthain nirt chun an grúpa a scoilt. Cuid den mheicníocht sin is ea féilte agus deasghnátha. Ba choitianta an malartú rólanna ag féilte. Cuir i gcás, tráchtann Crofton Croker ar rogha na mban sa rince ag an bpátrún.[56] Tá trácht ar thogha amadáin ina rí ar an *gcarnaval* i roinnt tíortha. Tá sé de nós ag oifigigh dinnéar a thabhairt do shaighdiúirí Lá Nollag in arm na hÉireann agus in airm eile. Is coitianta aithne dhaoine a bhíonn páirteach san fhéile a chur faoi cheilt—aghaidh fidil sa *charnaval*, éadaí áiféiseacha ar lucht an dreoilín ar Lá 'le Stiofáin, bréagriocht lucht na brídeoige ar Lá 'le Bríde, na leanaí Oíche Shamhna agus na mbuachaillí tuí ag póstaíocha agus ag ócáidí eile.

Chuir an malartú rólanna agus an bréagriocht stádas an duine i bhfolach agus an stádas go ginearálta ar ceal, ag cur na béime ar aontacht an phobail dá réir, agus ag bailiú fuinnimh thorthúil an éagrutha ón aimsir mhiotasach nuair nach raibh foirmeacha ann. Dar leis an antraipeolaí Victor Turner, d'fhuascail oilithreachtaí an duine ón ngnáthstruchtúr sóisialta. Le himeacht ó bhaile, leis an gcéalacan, le hiliomad cuairteanna timpeall tobair nó séipéil, le purgadóireacht na ndeabhóidí (cuairt an tobair ar na glúine, an lascadh, ⁊rl.) leagadh gach oilithreach síos ón stádas a bhí aige nó aici roimh ré. As an ísliú sin a tháinig an 'communitas', nó an 'frithstruchtúr sóisialta'. I sochaithe ina raibh struchtúir smachta an-docht, chabhraigh féilte agus oilithreachtaí go háirithe leis an teannas sóisialta a scaoileadh. D'éalaigh daoine ón struchtúr sóisialta le linn na féile.[57]

Dar le Mikhail Bakhtin ina leabhar cáiliúil ar chultúr na ngnáthdhaoine san Fhrainc, chuir an fhéile, sa mheánaois agus sa nua-aois luath ach go háirithe, an bhéim ar an bpobal ar an leibhéal ba dhaonna, .i. le tagairt do na gnéithe ba bhitheolaí nó ba chollaí de. Bhí 'prionsabal ábhartha an choirp' chun tosaigh san fhéile—flúirse bia agus dí, an chollaíocht, an troid. Thugadarsan spreagadh d'athghiniúint an choirp bhitheolaígh, chothaíodar an fhlúirse, an fás agus an athnuachan. Dar le Bakhtin, ba bheag an tsaoirse a bhí ag gnáthdhaoine, a bhí faoi smacht ag cléir nó tiarna agus faoi réir ag cultúr oifigiúil tromchúiseach docht. Ach le linn aimsir na féile, bhí cead a gcinn acu agus saoirse acu chun fonóide faoi na rudaí ba thromchúisí, chun scléipe agus chun cuideachtan, agus iad neamhspleách ar an údarás.

Le comrádaíocht na féile, le teagmháil le daoine eile agus le dánaíocht orthu, leis an gcommunitas (chun focal Turner a úsáid), bhraith daoine aontacht eatarthu féin, agus le béim ar an taobh ba bhitheolaí den daonnacht, cuireadh buaine an duine agus neamhbhuaine an údaráis i gcomórtas lena chéile. Ba le linn na féile amháin a chaill an t-údarás a chumhacht chun eagla a chur ar dhaoine.[58] Le linn na féile freisin, 'deimhníonn an óige a ról mar urra is banna comhchoitianta leis an rath, leis an mbisiúlacht agus leis an torthúlacht', i bhfocail Robert Muchembled, agus cuireadh aontacht an phobail tuathánaigh in iúl leis an rince agus leis an amhránaíocht.[59] Daoine óga a bhí chun tosaigh sna féilte, agus thug na féilte caoi dóibh ar chasadh ar a chéile. Ní raibh an chúirtéireacht ná an chollaíocht riamh i bhfad ó fhéilte; chuireadar an bhéim ar leanúnachas an phobail in imeacht na nglúinte.

(iv)
Caoi eile ar chuir an fhéile an bhéim ar aontacht an phobail ná tríd an gcarthannacht. Sa phaimfléad inar cháin sé na pátrúin, luann an

tOirmhinneach Philip Dixon Hardy (1836) cuntas ar fhear a bhí tar éis siúl cosnochta ó Cho. na Gaillimhe go dtí toibreacha Phádraig sa tSruthair (Srúill) i gCo. an Dúin, agus é go hiomlán i muinín na déirce. Tar éis deich lá a chaitheamh ag an bpátrún, níorbh fhéidir le John Lally imeacht abhaile mar bhí a dhá ghlúin agus a dhá chois lán de chréachtaí i ndiaidh na ndeabhóidí.[60] Bhí a leithéid coitianta ag pátrúin. Luaigh William Shaw Mason ina *Statistical Account or Parochial Survey of Ireland* (1816) an pátrún go dtí Oileán Mhuire i bParóiste an Chairn, Co. Loch Garman, mar '*a place of great devotion and pilgrimage as to the means in this parish of administering relief to the poor and wretched*'.[61] Sa bhliain 1861, luaigh William Hackett an Aird Mhór, Gabhagán Barra, Loch Dearg, an tSruthair agus Cruach Phádraig mar '*the resorts of the Bacach tribe*' agus Baile Bhuirne ar an áit ba thábhachtaí orthu—ionaid oilithreachta nó pátrúin iad go léir.[62] Tugann an staraí Niall Ó Ciosáin le tuiscint dúinn go dtugadh na céadta míle daoine na bóithre orthu féin gach bliain sa chéad leath den 19ú haois idir chur agus baint na bprátaí. Dhein na húdaráis—agus na gnáthdhaoine—deighilt idir na bochtáin gur ábhar trua iad agus na bochtáin nárbh ea, agus ba dhóigh leis na húdaráis gur chuir an déirc gan idirdhealú le fadhb na bochtaineachta, an chúis le fiosrú a bunaíodh i 1833, agus leis an *Poor Law* a reachtaíodh sa bhliain 1838.[63]

Cad is bochtaineacht ann? I gceann de chéad tuairiscí an World Bank, sa bhliain 1948, ceanglaíodh fadhb na bochtaineachta le holltáirgeadh náisiúnta tíre (GNP): b'ionann an t-olltáirgeadh náisiúnta *per capita* a bheith faoi bhun $100 agus an bhochtaineacht. Ach, mar a léiríonn Majid Rahnema, údar ar cheist na forbartha, tá taobhanna éagsúla leis an mbochtaineacht.[64] Tá an taobh 'ábhartha' ann, na rudaí nó na hacmhainní nó na cúinsí a dtugann a n-easnamh an bhochtaineacht le tuiscint: an drochrath, an drochmheas, bheith tréigthe, an ghéarleanúint, an t-ocras, easpa dídine, an drochshláinte, ⁊rl. Ansin tá tuiscint an duine ar a staid féin, nach gá a bheith diúltach (cuir i gcás lucht déirce sa mheánaois), ach a bhíonn diúltach de ghnáth. Sa chás sin, ba mhaith leis an duine deireadh a chur leis an staid sin, go minic á chur féin faoi choimirce daoine, grúpaí, creideamh nó idé-eolaíochtaí atá níos láidre. Bíonn anáil ag dearcadh daoine eile ar thuiscint na mbocht ar a staid féin freisin. Uaireanta is suáilce í an bhochtaineacht nuair is í toil an duine í. Ach de ghnáth cuireann na boicht náire ar dhaoine eile nó bíonn drochmheas ag daoine eile orthu nó gráin dóibh. I sochaithe traidisiúnta agus réamhthionsclaíocha, glacadh leis gur rud nádúrtha í an bhochtaineacht. Maidir le dul i ngleic leis an mbochtaineacht, bhí dhá shlí chuige sin. Cuireadh isteach uirthi ar chúiseanna sóisialta, cultúrtha nó eiticiúla: leis an gcarthannacht, leis an oideachas, leis an smacht, leis an mbrú faoi chois—léirigh fiosrúchán poiblí ar an mbochtaineacht in

Éirinn sa bhliain 1833 an dá aigne (féach thuas).[65] Míníonn Rahnema go mbraitheann na cúinsí sin ar chomhthéacsanna éagsúla, a athraíonn.[66] Gan an taobh ábhartha a athrú, fós is féidir an tuiscint ar an mbochtaineacht a athrú.

I staidéar ar an athrú sóisialta in Iarthar na hÉireann, tráchtann Hugh Brody ar aigne nua a theacht ar mhuintir na tuaithe nuair ba dhóigh leo nárbh í an fheirm tús agus deireadh an tsaoil a thuilleadh. Tháinig an dá chumhadh orthu: cumhadh an lucht imirce i Meirice i ndiaidh an bhaile agus cumhadh a ndeartháireacha agus a ndeirféaracha ag baile i ndiaidh Mheirice.[67] Tugann Muiris Ó Súilleabháin pictiúr breá dúinn den chumhadh sin i ndiaidh Mheirice:

> D'fhéachas siar fé íor na spéire, an áit is ceart do Mheirice bheith ina luí, agus do ghluais m'aigne chun smaointe arís. Tuigeadh dom anois go raibh an tOileán Úr le feiscint os mo chomhair féna shráideanna breátha agus a thithe móra groí, cuid acu ag scríobadh na spéire le haoirde . . . Cím na buachaillí agus na cailíní a bhí im chuideachta féin tamall don tsaol ag siúl na sráide go gealgháiritheach agus go compordach; cím anois mo dheartháir Seán agus mo dheirféaracha Máire agus Eibhlín ag siúl le cois a chéile mar an gcéanna agus iad ag caint orm féin. Do bhí na deora ag bogadh im shúilibh ach níor shileas.[68]

Is dóigh le Brody gur fhan meanma na dtuathánach go láidir ar a laghad go dtí an Tarna Cogadh Domhanda. Léirigh an Coimisiún ar an Imirce, ar foilsíodh a tuairisc i 1956, go raibh an t-uaigneas coitianta ar mhuintir na tuaithe faoin am sin agus gur mhinic a bhraitheadar dearóil bocht i gcomórtas le daoine eile, go háirithe sna bailte móra thar lear a raibh an imirce chucu. Theip ar an margadh don mharcrael, a bhí fíorthábhachtach in eacnamaíocht an iarthair, sna 1930í. Le deireadh na géarchéime eacnamúla i ndeireadh an 1930í, chuaigh an fhostaíocht i Sasana agus i Meirice go mór i méid, rud a mheall iliomad Éireannach. Le leathnú an leictreachais, leis an raidió agus leis na scannáin, spreagadh samhlaíocht na ndaoine leis an gcomparáid idir a saol féin agus an saol thar lear. Dar le Brody, idir 1850 agus 1925, níor dhóigh le muintir na tuaithe gurbh olc é a saol féin ná gurbh easpa dul chun cinn é fanacht faoin tuaith. D'imigh na milliúnta daoine, ach coimeádadh na feirmeacha gan roinnt. Faoi na 1950í, áfach, ba léir nár theastaigh ó chuid mhaith de mhuintir na tuaithe fanacht ann níos mó.[69] Léiríonn staraithe eacnamúla gur thit caighdeáin mhaireachtála in Éirinn i gcomparáid le Sasana nó na Stáit Aontaithe ó na 1920í; ní foláir gur chuaigh sé sin i bhfeidhm ar an imirce agus ar aigne na nÉireannach.[70]

Tríd is tríd, baineann cnuasach Choimisiún Béaloideasa Éireann le sochaí thuathánach. Ar a laghad is féidir a áiteamh gur ó thuathánaigh a bailíodh formhór mór an ábhair, agus gur ó Ghaeilgeoirí tuathánacha é.

Ach an féidir a rá gur béaloideas tuathánach é an t-ábhar sin? Is léir gur comharthaí sóirt an phobail tuathánaigh ba mhó a bhí i bpobal an bhéaloidis, an pobal agus na daoine ar bhailigh scoláirí béaloidis na scéalta agus an seanchas uathu. Ach dá mba thuathánaigh na daoine, an féidir a áiteamh gur cuid de chultúr tuathánach é an béaloideas? Ba dhóigh le hantraipeolaithe é sin, go háirithe ós rud é gur staidéar comhaimseartha bunaithe ar an obair eitneagrafaíoch sa ghort agus ar thaithí phearsanta an scoláire é an cur síos a dheineadarsan ar phobail in Éirinn, a bhformhór i gceantair Ghaeltachta nó breacGhaeltachta.

Mar sin féin, ní ar a thréithe sóisialta a bunaíodh stádas oifigiúil na Gaeltachta ach ar theanga agus ar thréithe tíreolaíocha, ionas nár thuathánach gach éinne a chónaigh ann. Níor shochaí neamhspleách í an tsochaí thuathánach, mar bhí sí ceangailte le sochaí níos fairsinge go raibh feidhmeanna áirithe ag tuathánaigh laistigh di, agus bhí baill den sochaí fhairsing ina gcónaí i measc na dtuathánach (cuir i gcás an bhaint ag tiarnaí talún le tuathánaigh ar thaobh amháin agus le rialadh na tíre nó na himpireachta ar an taobh eile). Ina theannta sin, dheighil cúiseanna áirithe, is féidir a cheangal leis an bhforbairt eacnamúil agus le teacht chun cinn na nua-aoiseachta i gcoitinne, tuathánaigh óna chéile: an caipitleachas, an léamh agus an scríobh, an Béarla. Go háirithe le fás na litearthachta agus le leathnú an Bhéarla, scar grúpaí éagsúla daoine le saol na Gaeilge agus le saol an bhéaloidis de réir a chéile: na proifisiúin, siopadóirí, feirmeoirí móra, ⁊rl.

Arbh fhéidir an béaloideas agus an léamh agus an scríobh maireachtaint go cothrom i dteannta a chéile? Sa léann ar cheist na béalaireachta agus na litearthachta, is minic an cheist a chur i bhfoirm na coimhlinte: idir an sean agus an nua nó idir an traidisiún agus an nua-aoiseacht, agus an bua go nádúrtha bheith ag an litearthacht ar an mbéalaireacht. Tráchtann scoláirí ar nós Bakhtin, Bourke agus Muchembled ar thréigint an chultúir choitinn ag na haicmí arda, próiseas a bhí curtha chun críche sa chuid ba mhó d'Iarthar na hEorpa faoin mbliain 1800. D'fhág na haicmí arda cultúr a bhí tráth i bpáirt acu leis na gnáthdhaoine, á fhágaint ag na gnáthdhaoine amháin. Bhí Éire níos iargúlta chomh fada leis an bpróiseas sin, agus b'éagsúil an gaol idir uaisle agus cosmhuintir ar chúiseanna a bhain le stair, le creideamh agus le heitneacht.

Chun tréigint an bhéaloidis a phlé, is gá creideamh, teanga, aicme shóisialta, suíomh tíreolaíoch, tréimhse stairiúil agus litearthacht a chur san áireamh. Agus is deacair míniú simplí a aimsiú ar chultúr Gaelach nuair a bhí na gnéithe sin den cheist riamh ag athrú. Bhí difríochtaí ann idir aicmí éagsúla na tuaithe. Luann Arensberg agus Kimball na difríochtaí cultúrtha i gContae an Chláir sna 1930í idir na feirmeoirí beaga ar thaobh amháin agus ar an taobh eile na feirmeoirí móra, na siopadóirí, an sagart, an garda síochána, an múinteoir agus an comhairleoir contae, daoine ba thúisce a ghlac le patrúin iompair an bhaile mhóir.[71] Ní raibh a bhac ar an bhfeirmeoir beag triall ar mhargadh i bhfad ó bhaile chun a bheithígh a dhíol, ach ba ar éigin a thriall. Ba ghnách don fheirmeoir mór, ar an láimh eile, dul i bhfad ó bhaile ag díol agus ag ceannach lasmuigh de limistéar na n-aontaí agus na margaí áitiúla, ag fáil earraí an tí sna bailte móra agus fiú i mBaile Átha Cliath.[72]

Aicme shóisialta iad tuathánaigh, ach ní foirmeacha síoraí iad na haicmí sóisialta. Sa ré nua-aoiseach féin tháinig aicmí chun cinn agus chuaigh aicmí eile i léig:

> An rud is dul chun cinn ann d'aicme shóisialta atá ag éirí is meath é d'aicme shóisialta atá ag titim. Sna tréimhsí uile ina bhfuil aistriú ó aicme amháin go haicme eile, níl aon dul ó fhíseanna apacailipteacha nó olagóin mar gheall ar dheireadh an domhain nó ar thitim an chine dhaonna. Riamh is féidir an dul ar aghaidh a fheiscint ó dhearcadh an dul ar gcúl . . . [73]

Aimsir na hathbheochana bhí dhá aicme ag dul ar gcúl in Éirinn, na huaisle agus na tuathánaigh, agus bhíodar araon i gcroílár na gluaiseachta náisiúnta cultúrtha, na tuathánaigh go siombalach agus na huaisle (nó cuid díobh ach go háirithe) go gníomhach i gcruthú ealaíne náisiúnta. Scar uaisle Iarthar na hEorpa le cultúr na ngnáthdhaoine faoi thosach an 19ú haois—mar a luadh thuas—de réir is gur deineadh beag is fiú dá ndualgas sinsearach, an tseirbhís mhíleata. Ghlacadar chucu féin gothaí na galántachta, na caoinbhéasachta agus na sibhialtachta mar dhualgas nua orthu féin. Tuairim is céad bliain níos déanaí in Éirinn, de réir is a chaill na huaisle a gcumhacht pholaitiúil agus sóisialta de bharr Achtanna na Talún agus fairsingiú cheart na vótála, loirgíodar dualgas nua náisiúnta i saothrú na hintleachta agus na healaíne.

(ii) 'Leathshochaí'

(i)

Más amhlaidh gur 'leathshochaí' í an tsochaí thuathánach, nárbh fhéidir éaló ó smacht na sochaí fairsinge a bhí lasmuigh di agus laistigh di ag an am céanna, is féidir a áiteamh gur leathchultúr é a chultúr chomh maith, nach raibh neamhspleách ar chultúr fairsing: seo againn an 'traidisiún beag' agus an 'traidisiún mór' i machnamh Robert Redfield. Áitítear go bhfuil an-chuid daoine inniu ann a bhaineann le níos mó ná cultúr amháin mar gheall ar fheiniméin chasta is féidir a cheangal leis an iarnua-aoiseacht agus leis an domhandú. Ach bhain tuathánaigh riamh le níos mó ná cultúr amháin—impleacht loighiciúil a thagann as an tsochaí thuathánach a bheith ina 'leathshochaí'. Ós rud é gur seancheangal é an ceangal idir an tsochaí thuathánach agus sochaí lasmuigh di, is féidir bheith ag súil le meicníochtaí cultúrtha a bhí in oiriúint don staid sin.

Pléann na teangeolaithe Roman Jakobson agus Petr Bogatyrev an fhilíocht bhéil agus an fhilíocht léannta a bheith le fáil i dteannta a chéile i measc aicmí arda na Rúise sa 16ú agus sa 17ú haois.[1] Tráchtann údair mar Bakhtin, Muchembled agus Burke ar an dlúthchaidreamh cultúrtha a bhí tráth idir uaisle agus gnáthdhaoine in Iarthar na hEorpa. Ghlac uachtarán agus íochtarán páirt sa chultúr coiteann—nó pobalda—idir scéalaíocht, caitheamh aimsire, comóradh féilte, agus mar sin de. Bhí a gcultúr léannta féin agus an cultúr coiteann in éineacht ag na huaisle, an cultúr coiteann amháin ag an gcosmhuintir. Ón 17ú haois ar aghaidh san Fhrainc, dar le Bakhtin, chuaigh an cultúr coiteann agus go háirithe na féilte agus na caithimh aimsire ba shuaithinsí ar gcúl ón saol poiblí. Dar le Muchembled, ba ghnáth do scríbhneoirí Fraincise an cultúr coiteann a úsáid ina gcuid scríbhinní tuairim is an bhliain 1550. Chuaigh sé sin i laghad le linn an dá chéad bliain ina dhiaidh sin, agus mhéadaigh bearna idir an chosmhuintir agus cultúr na n-uasal agus na buirgéise. Faoin mbliain 1800, dar le Burke, bhí na huaisle tar éis scarúint leis an gcultúr coiteann, agus ag an am gcéanna ag baint cuid dá dhlistineacht sa tsochaí i gcoitinne de. Feasta, bhí an cultúr coiteann ceangailte le haicme daoine go raibh drochmheas ag uaisle uirthi.[2]

Ach ní hionann sin is a rá gur scar an chosmhuintir agus na haicmí arda óna chéile. Má tharraing an lucht ceannais siar ón gcosmhuintir, ag caitheamh uathu an 'déchultúrachas' a bhí cheana acu, le teacht chun cinn an stáit nua-aoisigh, thosnaigh an lucht ceannais ar iarrachtaí leanúnacha ar na gnáthdhaoine a tharraingt aniar ina dtreo féin an uair seo. Dar le hAlberto Mario Cirese, béaloideasaí agus antraipeolaí atá ar dhuine de na scoláirí ba mhó a chuir machnamh Gramsci i bhfeidhm ar an mbéaloideas, baineann an béaloideas le 'leibhéil eile cultúir' laistigh dár sochaí (i gcomórtas le gort na hantraipeolaíochta, a bhaineann le leibhéil eile cultúir lasmuigh dár sochaí):

> Tá buntréith na ngrúpaí nó na ndaoine atá ina lucht iompair don chultúr nó do na traidisiúin a dtugtar 'pobalda' orthu inchomparáide dáiríre leis an dátheangachas den chineál canúint-teanga náisiúnta. Léiríonn siad sórt *déchultúrachais* atá mar thoradh ar dhaoine a bheith á 'n-inchultúradh' [*inculturati*] (is é sin le rá tógtha isteach sa ghrúpa teoranta a mbaineann siad

leis) agus á 'gcultúradh' [*acculturati*] (is é sin iachall curtha orthu bheith páirteach freisin sa chultúr ceannasach, náisiúnta nó eile). Foghlaimíonn an duine sa ghnáthshaol—ar an leibhéal comhfhiosach nó é a bheith á chur in oiriúint dó go simplí—na coincheapanna agus na hiompair thraidisiúnta, áitiúla, ⁊rl. Ar an láimh eile, ar scoil (nó in áit eile) faigheann sé eolas (nó cuirtear in oiriúint é) do leibhéal eile is minic a bhréagnaíonn ábhar agus foirmeacha an inchultúraithe.[3]

Is seancheist í an ceangal idir an t-ardchultúr agus an cultúr pobalda. Má bhí an dá cheann acu in éineacht ag uaisle tráth, chuaigh iarrachtaí na cléire chun an chosmhuintir a fheabhsú i bhfad siar, agus tá fianaise orthu i 'litríocht an bhréagnaithe', mar a thug Cirese uirthi.[4] Sampla Éireannach is ea an daorbhreith leanúnach a dhein an eaglais Chaitliceach ar chaitheamh aimsire ar thórraimh agus ar mhí-iompar ag pátrúin ón 17ú haois amach, agus na hiarrachtaí ar iad a chur faoi chois.[5] Is minic go dtugann a leithéidí fianaise luachmhar ar an mbéaloideas. Ba thábhachtach le scoláirí béaloidis na cnuasaigh bhaothchreideamh a chuir sagairt i gcló ar an mór-roinn, cuir i gcás *Traité des superstitions selon l'Écriture Sainte* ['tráchtas baothchreideamh de réir an scrioptúir naofa'], a fhoilsigh an t-ab Jean-Baptiste Thiers sa bhliain 1679 nó *Storia di vari costumi sacri e profani degli antichi sino a noi pervenuti* ['stair roinnt nósanna naofa agus saolta de chuid na sean atá tagtha anuas chughainn'], a fhoilsigh Michelangelo Carmeli sa bhliain 1750.[6]

Dá mb'áil leis an gcléir Chríostaithe maithe a lean teagasc na heaglaise go docht a dhéanamh den chosmhuintir, le fás an stáit nua-aoisigh tháinig tionscnamh den saghas céanna chun cinn ar leibhéal níos fairsinge: saoránaigh mhaithe a dhéanamh den chosmhuintir. I stát an tseanreachta agus na meánaoise, bhí saol dá gcuid féin á leanúint ag na gnáthdhaoine go pointe áirithe. Go háirithe leis an Soilsiú, agus ansin leis an náisiúnachas cultúrtha, tháinig an teagasc chun cinn go mba chóir go mbeadh an náisiún aontaithe ó thaobh teanga, cultúir agus sibhialtachta. Chuige sin, mar shampla, tuairisc an ab Grégoire le linn an rialtais réabhlóidigh (ar tagraíodh di i gCuid a Dó ii) ar an riachtanas leis na canúintí a chur faoi chois san Fhrainc, nó ráiteas cáiliúil an Chúnta Massimo d'Azeglio sa bhliain 1867, go gairid tar éis aontú na hIodáile, 's'è fatta l'Italia, ma non si fanno gli Italiani' ('tá an Iodáil déanta, ach níl Iodálaigh á ndéanamh'). Thuig Sir William Wilde go maith an tionscnamh sin in Éirinn nuair a scríobh sé go híorónach sa bhliain 1852

'We are now in the transition state, passing through the fiery ordeal from which it is hoped we are to arise purified from laziness and inactivity, an honest, truth-telling, hard-working, industrious, murder-hating, business-minding, rent-paying, self-relying, well-clad, sober, cooking, healthy, thriving, peaceable, loyal, independent, Saxon-loving people . . .'[7]

(ii)

Chuir leathnú an stáit agus an chaipitleachais bac eile le neamhspleáchas teoranta cultúrtha na ngnáthdhaoine. Ach léiríomar cheana sa mhéid is gurbh iad na tuathánaigh formhór na ngnáthdhaoine, go raibh riamh ceangal míchothrom acu le haicmí eile: roimh an 17ú haois, le huaisle na nGael agus na SeanGhall, ón 17ú haois ar aghaidh, leis an aicme cheannasach nua ar Nua-Ghaill Phrotastúnacha iad (i dteannta le fuílleach na seanuasal Gallda agus Gaelach). Is soiléir é toradh ghabháil na hÉireann ag Sasana ar an teanga: tá a rian uirthi ó shin. Feiniméan sochtheangeolaíoch is ea an 'débhéascna', mar a thugann Máirtín Ó Murchú air—ag leanúint an téarma '*diglossie*' na Fraincise a dtugann Ferguson '*diglossia*' air sa Bhéarla. Is é atá i gceist leis ná go n-úsáideann cainteoirí dhá leagan nó dhá chanúint éagsúla (nó a thuilleadh fós) den teanga chéanna de réir mar a thitfidh amach sa chomhthéacs sóisialta— an 'dátheangachas den saghas canúint-teanga náisiúnta', mar a thugann Cirese air thuas. Ag leanúint Ferguson, is féidir 'ard' agus 'íseal' a thabhairt ar an dá leagan den teanga, agus is féidir idirdhealú a dhéanamh eatarthu de réir an réimse shóisialta atá acu. Cuir i gcás, bhí seanmóin sa teampal, litir, óráid pholaitiúil, léacht san ollscoil, clár craolta nuachta, alt sa pháipéar nuachta nó an fhilíocht sa teanga 'ard'. Ach bhí ordú do sheirbhísigh nó do lucht oibre, comhrá sa teaghlach nó le cairde nó comhleacaithe, sraithdhráma raidió, cartún polaitiúil nó an béaloideas sa teanga 'íseal'.[8]

Bhí stair na Gaeilge ón 17ú haois amach idir an débhéascna dátheangach (Béarla 'ard', Gaeilge 'íseal') agus an dátheangachas aistreach (.i. sealadach, mar go raibh an dátheangachas leath slí idir aonteangachas na Gaeilge agus aonteangachas an Bhéarla). Tugann an scríbhneoir Criostóir Mac Aonghusa pictiúr cruinn den Ghaeilgeoir aimsir bhunú Chonradh na Gaeilge:

> Is amhlaidh a bhí an Gaeilgeoir dúchais san am: ní raibh réim ná céim aige, ná ag a theanga, de réir dhlí ná gnáis. Ní mhúintí dó lena léamh ná lena scríobh ar scoil. Ní raibh blas á scríobh inti. Ní raibh fáil ar pháipéar ná ar leabhar Gaeilge. Ní hí a labhraítí sa séipéal. Ní hí a labhródh breitheamh ná dlíodóir sa chúirt ná 'fear ar fónamh' ar bith sa dúiche. Agus, dar leis an nGaeilgeoir, ba bheag an mhaith dó í ar a dhul thar sáile dó.[9]

B'fhéidir gur bhain leanúnachas leis an débhéascna a fhad agus nárbh fhéidir le Gaeilgeoirí Caitliceacha dul chun cinn go sóisialta. Is dóigh le Máirtín Ó Murchú gurbh í fuascailt na nDlithe Peannaideacha a spreag aistriú i dtreo an Bhéarla; 'fuair baill den phobal Caitliceach, ar Ghaeilgeoirí a bhformhór mór, saoirse nua gluaiseachta sa tsochaí' agus, 'ón uair gur Bhéarlóirí amháin a bhí faoin am sin san aicme ba eiseamláir dá leithéidí, chuaigh siad féin le Béarla chomh maith . . .' Dar leis, 'ba é a chothrom de mhíbhuntáiste é go raibh an chléir Chaitliceach sa phróiseas sóisialta céanna ag dul i meánaicmiúlacht maidir le stádas de agus, mar thoradh dosheachanta air sin, maidir le teanga chomh maith'.[10] Thug Sir William Wilde faoi ndeara a leithéid de phróiseas ar siúl sa chultúr i gcoitinne i lár an 19ú haois, ag tagairt do litir ó chara Caitliceach dó: "*The tone of society in Ireland is becoming more and more* 'Protestant' *every year; the literature is a Protestant one, and even the priests are becoming more and more Protestant in their conversations and manners*".[11]

I staidéar clasaiceach, phléigh an t-antraipeolaí Fredrik Barth impleachtaí stadas an mhionlaigh nó an ghrúpa íochtaraigh sa tsochaí fhairsing. Tá réimse den tsochaí á eagrú ag stádais shóisialta atá ar oscailt do bhaill den tromlach, ach ní bhaineann córas stádas sóisialta an mhionlaigh ach leis an gcaidreamh laistigh den mhionlach féin agus le gnéithe áirithe de sin amháin. Ní haon chabhair é córas sóisialta an mhionlaigh le haghaidh réimsí sa tsochaí fhairsing, a bhfuil an meas céanna ag baill den mhionlach orthu. Ní fhreagraíonn na luachanna atá ag an mionlach agus na féidireachtaí chun iad a chur i gcrích dá chéile.[12] Ciallaíonn an dul chun cinn sóisialta, más ea, dul thar teorainneacha an ghrúpa.

Cuid mhaith den phróiseas so, próiseas cultúrtha go ginearálta é go raibh impleachtaí teanga aige, ach nár bhain leis an teanga go speisialta. Bhain sé leis na heiseamláirí teanga agus cultúir i gcoitinne a bhí ar fáil don phobal agus leis na cúinsí ar bhraith daoine d'iachall orthu iad a leanúint. Ach an amhlaidh gur bhain an béaloideas leis an réimse a dtugtar íseal air i gcás na teanga? Bhain cuid mhaith, ach ceist staire ab ea í seachas ceist ábhar an bhéaloidis. Ní bhaineann leithleachas leis an mbéaloideas ó thaobh ábhair de, ach óna ionad sa tsochaí i gcoitinne, agus is toradh ar an stair é an t-ionad sin. San áit nach bhfuil stát ann ní féidir trácht ar thuathánaigh, ach ní féidir trácht ar an mbéaloideas ach chomh beag. Mura bhfuil an tsochaí deighilte ina haicmí, baineann cultúr pobail le gach éinne ann.

Ba chóngaraí an litríocht agus an béaloideas dá chéile in Éirinn ná i mórán tíortha eile, mar gheall ar an stádas íseal a bhí acu araon sa stát, chomh fada leis an gcultúr Gaelach de ach go háirithe. Chun téarmaí Antonio Gramsci a úsáid, bhí an dá cheann acu *subalterno*, 'íochtarach': is é sin go rabhadar faoi réir ag 'ceannas', *egemonia*, grúpa eile. Ní gá tréithe faoi leith ag na cultúir íochtaracha; tagann a gcomharthaí sóirt óna suíomh sa chóras leathan sóisialta. Ach d'aontaigh an íochtaránacht seo an cultúr léannta Gaelach agus an béaloideas go coincheapúil. Agus tá sin le feiscint i saothair cheannródaithe fhoilsiú na Gaeilge le haghaidh shaol an Bhéarla, *Reliques of Irish Poetry* [1789] le Charlotte Brooke agus *A General Collection of the Ancient Music of Ireland* [1796] le hEdward Bunting, cuir i gcás, a raibh samplaí den chultúr léannta agus den bhéaloideas araon iontu.[13] Sa chiall sin, is féidir coincheap na gcultúr íochtarach, *'culture subalterne'*, a úsáid chun an cultúr Gaelach i gcoitinne a phlé ón 17ú haois amach.

(iii)

Tá nótaí Gramsci (ó 1929 is dóichí) ar an mbéaloideas gearr gonta, d'ainneoin chastacht na comhréire:

> Is féidir a rá gur deineadh staidéar ar an mbéaloideas go dtí seo mar thréith 'phictiúrtha' . . . Ina ionad sin, is gá staidéar a dhéanamh air mar 'dhearcadh [*concezione*] ar an domhan agus ar an saol', intuigthe cuid mhaith, atá ag sraitheanna áirithe (de réir ama agus áite) sa tsochaí. Tá sé ag cur in aghaidh (den chuid is mó go hintuigthe, go meicniúil agus go hoibiachtúil freisin) dhearcadh an tsaoil 'oifigiúil' (nó i gciall níos fairsinge, na gcodanna cultúrtha de shochaithe áirithe stairiúla) atá tagtha i ndiaidh a chéile in imeacht na staire. . . . Dearcadh ar an domhan é nach bhfuil casta ná de réir eagair ná córais. Mar de réir a shainmhínithe, ní féidir leis an bpobal (.i. iomlán aicmí íochtaracha agus saothracha gach cineál sochaí a bhí ann go dtí seo) coincheapanna casta córasacha atá eagartha agus lárnaithe go polaitiúil a bheith aige, de réir na forbartha achrannaí a bhí air. Is mó taobh atá leis, ní hamháin go bhfuil sé ilghnéitheach agus go bhfuil rudaí curtha le hais a chéile ann, ach go bhfuil sé ina shraitheanna, is a bheag nó a mhór den ghairbhe iontu [*dal più grossolano al meno grossolano*] . . .[14]

Is é atá i gceist aige le pobal ná an chosmhuintir. Ní féidir 'coincheapanna casta córasacha atá eagartha agus lárnaithe go polaitiúil' a bheith ag an gcosmhuintir; ní bhaineann a leithéidí sin ach le haicmí ceannasacha go bhfuil an stát faoina réim acu, mar gan an stát ní féidir an lárnú ná an t-eagar polaitiúil a bheith ann. Má tá 'a bheag nó a mhór den ghairbhe' sa bhéaloideas, is de dheasca an easnaimh sin é. Ní deacair é sin a thuiscint. Is 'gairbhe' an chanúint ná an teanga oifigiúil mar níl institiúidí ar nós *l'Académie française*, graiméir, foclóirí agus siollabas bun-, meán- agus ollscoile chun ceart na canúna a chosaint. Is 'gairbhe' an béaloideas ná an litríocht mar níl gníomhairí, eagarthóirí, foilsitheoirí, duaiseanna, cúrsaí scríbhneoireachta cruthaithí ollscoile, *Aos Dána*, An Chomhairle Ealaíon ná Roinn Chultúir ag cothú 'caighdeáin' ann. Más lú í an ghairbhe i gcoda áirithe den bhéaloideas thar a chéile, is mar gheall ar bhunús ilghnéitheach a bheith leis. Cuid den ilghnéitheacht sin is ea, mar shampla, amhráin Eoghain Rua Uí Shúilleabháin, a bhfuil a mbunús sa chultúr léannta, agus rabhcáin óil, a bhaineann níos mó leis an ngnáthshaol, a bheith i dteannta a chéile sa traidisiún béil. Más mó taobh leis an mbéaloideas—'meall easordaithe blúirí de gach tuiscint ar an domhan agus ar an saol atá tagtha i ndiaidh a chéile sa stair'[15]—is mar thoradh ar phróiseas stairiúil é.

Pléann an béaloideasaí Nicole Belmont ceist nádúr an bhéaloidis go tuisceanach:

> Chun na fírinne a rá, is cinnte nach féidir an béaloideas a chur i gcóras. Tá a nádúr scaiptheach róbhunúsach chuige sin. Nuair a dheintear iarracht ar é a ghreamú, tugtar faoi ndeara go bhfuil sé i ngach áit nó gan a bheith in aon áit. Tá sé i bhfad ó bhaint le catagóir shóisialta deimhneach amháin sa spás agus san am, .i. na tuathánaigh tite i ndiamhróireacht [*obscurantisme*] áirithe, mar ba dheas a thabhairt le tuiscint uaireanta . . . Tá sé chomh furasta dó teacht ar a saol i bpobal ollmhór nó i mbuíon beag daoine curtha le chéile ag gnó nó ag tréith atá i gcoitinne eatarthu. D'fhéadfaí a rá, fiú, gur féidir leis dul i bhfeidhm ar an duine chomh maith leis an bpobal ab fhairsinge.[16]

Ina leabhar ar an gcultúr coiteann, dar leis na socheolaithe Claude Grignon agus Jean-Claude Passeron gur thosnaigh an cur síos ar an gcultúr sin le drochmheas na n-uasal air.[17] Céim ar aghaidh ón tuiscint sin ab ea an choibhneasacht chultúrtha, a áitigh nach féidir breithiúnas a dhéanamh ar chultúr ach de réir a théarmaí tagartha féin. Ach tá deacracht anseo maidir leis an mbéaloideas de. Chun gurbh fhéidir leis an mbéaloideas a bhreithiúnais a thabhairt de réir a théarmaí tagartha féin, ba ghá é a bheith neamhspleách. Ach ciallaíonn sé sin go gcaithfí plé le pobal an bhéaloidis, a bhí faoi smacht ag grúpaí eile (tiarnaí talún, sagairt, ceannaithe na mbailte móra, ⁊rl.) faoi mar nach raibh siad faoi smacht éinne. Tuiscint níos sofaisticiúla ab ea í nach raibh an béaloideas neamhspleách, gur bhain sé leis an gcosmhuintir go háirithe, agus go raibh an chosmhuintir más ea ag bun na sochaí nuair a bhí aicme eile daoine ag barr. Chiallaigh an tuiscint sin gur ag an aicme cheannasach a bhí na breithiúnais ar cad ba cheart agus cad ba mhícheart ann.

Chuaigh an díospóireacht, i bhfocail Grignon agus Passeron, ón bpoblaíochas (*populisme*)—.i. an rómánsachas bunaithe ar neamh-spleáchas an bhéaloidis—go dtí an 'ainniseoireacht' (*misérabilisme*)—.i. tuiscint a thuig an béaloideas mar rud a bhí faoi réir ag ord sóisialta a raibh sé ag a bhun.[18] Léiríonn comhthéacs stairiúil an mhachnaimh Rómánsaigh nach cultúr na cosmhuintire mar shlí mhaireachtála a bhí mealltach, ach idéalú an chultúir sin trí choincheap an phobail. Más ea, ní hé an critéir soch-eacnamaíoch atá spéisiúil, ach 'mapáil chartlanna na náisiúntachta . . .'[19] De réir Grignon agus Passeron, do cuireadh ó threoir an cur síos ar chultúr coiteann na hEorpa ó thosach mar níor tugadh faoi ndeara éifeacht an ghéarsmachta agus an spleáchais air mar gheall ar phoblaíochas an Rómánsachais a mheasc pobal agus pobal, *plebs* agus *populus*.[20]

Cuireann Néstor García Canclini, duine de na scoláirí is géarchúisí atá ag plé leis an gcultúr sa lá atá inniu ann, an bhéim ar dholúbthacht choincheap Rómánsach an chultúir choitinn. Ós rud é gur thuig na Rómánsaigh gurbh é tréithiúlacht an chultúir choitinn a dhilseacht don aimsir chaite faoin tuath, níor thugadar faoi ndeara na cúinsí a bhí á athrú i sochaithe tionsclaíocha urbánacha. Ag cur an neamhspleáchais ina leith, chuireadar as an áireamh aon iarracht ar an gcultúr coiteann a mhíniú ón idirghníomhaíocht a bhí aige leis an gcultúr nua ceannasach. '"Fuasclaítear" an pobal, ach ní chuirtear aithne air'.[21] Áitíonn Maurice Goldring gur sa chathair a fhaighimid amach cad a tharla do thua-thánaigh, a raibh a gcultúr curtha in oiriúint do shlí nua maireachtála. Ba dhóigh leis gur sna cathracha a fuairtheas na luachanna agus an aigne a bhuail oidhreacht na sochaí tuathánaí ar Éirinn nua-aimseartha.[22]

An leigheas ar an 'ainniseoireacht' ab ea an fhorbairt. Is féidir Máirtín Ó Cadhain, scríbhneoir mór, agus Seoirse Mac Tomáis, clasaicí iomráiteach, a lua i measc lucht na hainniseoireachta, agus, déarfainn, muintir na Gaeltachta i gcoitinne. Poblachtánach agus fear cosanta chearta sibhialta na Gaeltachta ab ea an Cadhnach, Marxach ab ea Mac Tomáis, agus is léir gur chuir uirlisí an mhachnaimh pholaitiúil faobhar ar a dtuiscint araon ar cheist na Gaeltachta. An difear idir an Cadhnach is Mac Tomáis ar thaobh amháin, agus seanmhuintir na Gaeltachta, ná níor dhóigh leis an mbeirt gurbh í toil Dé bochtaineacht na Gaeltachta. 'Tá deire go deo le na MeánAoiseanna. . . . Is é mallacht na hÉireann nach bhfuil a dóthain den innealra ag dordán ar a fud. . .' a scríobh an Cadhnach.[23] Thuig Seoirse Mac Tomáis gur córas cumhachtach eacnamúil agus polaitiúil faoi ndear bochtaineacht na Gaeltachta: 'An fhaid a bhí an tionscal innealta á bhunú sna bailte móra, bhí bochtaineacht na tuatha ina riachtanas stairiúil'.[24] An saghas forbartha a bhí ar intinn ag an mbeirt údar, forbairt ab ea í a ghéillfeadh do leithleachas na Gaeltachta.

Ach b'annamh go raibh an fhorbairt neamhspleách ar an bhforéigean. Thuig Herder go maith é sin in *Auch eine Philosophie der Geschichte zur Bildung der Menscheit* (1774), mar a léiríonn an íoróin sna focail seo a leanas:

> Is mór an náire do Shasana é gur fhan Éire chomh fada sin fiáin agus barbartha: tá sí faoi smacht dlí [*poliziert*] agus í sona. Is mór an náire do Shasana é gur chuaigh Albanaigh an Tuaiscirt chomh fada sin gan treabhsar; ar a laghad anois beireann siad leo ar mhaide é agus táid sona. Cad í an ríocht san aois seo againne nach bhfuil éirithe mór agus sona, tríd an gcultúr![25]

Glacann dioscúrsa na forbartha agus na nua-aoiseachta leis go dteastaíonn sochaithe tionsclaíocha caipitleacha ó gach éinne, ach níor roghnaigh aon phobal riamh an tionsclaíocht ná bailiú an chaipitil, agus de ghnáth bhí cuid mhaith den láimh láidir i gceist leis an bpróiseas sin.[26] Ó aimsir an tSoilsithe i leith, tá creideamh ann gur féidir an duine a fheabhsú, ach feabhsú é seo atá saolta, nach mbaineann le Dia, ach gur dul chun cinn morálta é mar sin féin. Is tríd an oideachas, tríd an eolaíocht agus trí leathnú an ardchultúir a chuirfí an dul chun cinn seo i gcrích. Ceann de chomharthaí sóirt na nua-aoiseachta an aigne seo. Aigne í a bhí i gcoinne an bhéaloidis go bunúsach.

(iii) An Pobal agus an Duine

(i)

An bhfuil aigne ag an bpobal? Más féidir rud a bheith 'i mbéal an phobail', is féidir a rá—i slí—go bhfuil. Mar sin féin, is fiú deighilt a dhéanamh idir leaganacha cainte agus coincheapanna níos beaichte. Tá an tuairim phoiblí nó an limistéar poiblí mar choincheapanna ann ón 18ú haois. De réir mhíniú Jürgen Habermas, fealsamh sóisialta, is cuid den saol poiblí é an limistéar poiblí inar féidir an tuairim phoiblí a chruthú. Baineann an tuiscint seo leis an Soilsiú. An tuairim bunaithe ar dhíospóireacht réasúnach phobail atá i gceist, a bhaineann go stairiúil le feidhm mheán cumarsáide an chló i measc na buirgéise. Idirdhealaítear an tuairim phoiblí, bunaithe ar an bplé réasúnach, ó rudaí a ndeintear talamh slán díobh mar chuid de chultúr agus a nglactar leo go traidisiúnta—ar bhonn 'ná dein nós agus ná bris nós'.[1] Sa chiall sin, baineann na rudaí a ndeintear talamh slán díobh leis an mbéaloideas, ach an féidir a rá nach bhfuil aon phlé réasúnach laistiar díobh?

Deineann Gramsci plé suimiúil ar an gciall:

> Bíonn a 'ciall choiteann' agus a 'ciall mhaith' féin [*il suo 'senso comune' e il suo 'buon senso'*] ag gach aicme shóisialta, arb í go bunúsach an tuiscint is forleithne ar an saol agus ar an duine í. Fágann gach sruth fealsúnachta dríodar 'céille' ina dhiaidh: is é seo an fhianaise ar a éifeacht stairiúil. Ní rud righin gan chorraí í an chiall, ach bíonn sí riamh ag cur mhalairt crutha uirthi féin, á saibhriú féin le smaointe eolaíocha agus le tuairimí fealsúnta atá éirithe coitianta. Is í an 'chiall' ná béaloideas na fealsúnachta agus seasann sí leath slí idir an béaloideas ceart (.i. mar a thuigtear de ghnáth é) agus an fhealsúnacht, an eolaíocht, eacnamaíocht na n-eolaithe.[2]

Tugann sé sin le tuiscint gur féidir trácht ar limistéar áirithe poiblí i gcás an bhéaloidis freisin mar níl an béaloideas iata i gcoinne smaointe nua, agus is de bharr breithnithe de shaghas éigin a ghlactar leo, fiú muran féidir 'díospóireacht réasúnach' i gciall an tSoilsithe a thabhairt ar an bpróiseas. Ach ós rud é go mbíonn tuairimí ag gach éinne agus uaireanta go gcaithfidh gach éinne a bheith ar aon fhocal, nó ar a laghad aontú le comhairle a dhéanamh, fágann sin go gcaithfidh meicníocht a bheith ann chun teacht ar an réiteach sin. Tráchtann roinnt scoláirí ar limistéar poiblí coitianta nó íochtarach i measc gnáthdhaoine. Níor bhain sé sin leis an gcló nó níor bhain go príomhdha leis an gcló. Chomhlíon sé dualgas an limistéir phoiblí bhuirgéisigh i scaipeadh an eolais, plé imeachtaí, brí a bhaint as rudaí, tuairimí a leathnú agus gníomh a mhisniú.

Níor bhain an limistéar poiblí buirgéiseach leis an mbuirgéis amháin. Tháinig sé ar an saol chun cearta na buirgéise a chosaint ós comhair na n-uasal. Níor chualathas guth na cosmhuintire laistigh de, cé go minic gur labhair sé ar a son. Ba é an t-airneán an *forum* dúchasach ba thábhachtaí chun an limistéar poiblí a chruthú i measc na dtuathánach (ach ós rud é nach raibh an pobal tuathánach neamhspleách ar údarás grúpaí eile, ní cóir a fhágaint as an áireamh an anáil a bhí acusan ar an bpobal trí sheanmóintí, ranganna scoile, páipéir nuachta, ⁊rl., agus go minic an t-airneán ag scaipeadh na hanála sin). Ba dhóigh le Séamus Ó Duilearga nach raibh aon ní ba mhó a chuir le caomhnú an litríocht bhéil agus an traidisiúin ná é.[3] De réir Thomáis Uí Mháille:

> Ní a' sgéalaidheacht ná a' gabháil fhuinn ná a' seinnm cheoil a bhíos daoine i gcomhnuidhe ar an teallach i n-aimsir airneáin ach a' cur suidheachain ar an saoghal, a' seanchas ar an seantsaoghal agus a' rianaidheacht .i. a' cur a bhfeallsamhnachta féin ar an saoghal ar eolus, nó a' cur a tsaoghail i dtoll a chéile le chéile.[4]

Tugann Arensberg agus Kimball cur síos tábhachtach ar an tigh airneáin (*cuaird*) i Rinn na Móna in iarthuaisceart Cho. an Chláir ar tugadh le greann an 'Dáil' air (agus a leithéid céanna in áiteanna eile). Ba chun na 'Dála' a théadh na seanfhir. Théadh na fir óga go tigh eile.[5] *Clique* ab ea an 'Dáil' a dtéadh seandaoine den stádas céanna chuici. Le dhá eisceacht, bhíodh gach feirmeoir breacaosta sa cheantar ann a raibh a leanaí díreach tar éis teacht in oidhreacht na feirme air nó go rabhadar ag ullmhú chuige. Faoi mar gur tugadh an 'Dáil' le greann ar an tigh airneáin, tugadh leasaimneacha grinn a bhain leis an dlí nó leis an díospóireacht orthu siúd a bhíodh i láthair. Cathaoir an bhreithiúnais do Rinn na Móna ab ea an 'Dáil', dar le hArensberg agus Kimball. '*It is the clearing house of information and the court of opinion in which the decisions of the community are reached and the traditional knowledge of the peasantry applied and disseminated'*. Théadh na seandaoine abhaile ón gcuaird, agus mar sin scaipeadh ar gach ball den phobal na breithiúnais a thugadar.[6]

Cad a phléadar? De réir Arensberg agus Kimball ba mhar a chéile ábhar na cainte san airneán ó bhliain go bliain agus ó áit go háit. Chun tosaigh bhí cúrsaí feirmeoireachta: na tráthanna ab fhearr chun cuireadóireachta agus chun bainte, buanna síolta éagsúla, praghasanna siopaí agus aontaí. Bhí na daoine coimeádach, agus ba ghá aon rud nua a thriail go mion sara nglacfadh an pobal leis ar mholadh na 'Dála'. B'ann a deineadh an breithniú ar bhaill an phobail nó ar dhaoine faoi leith a raibh baint ag an bpobal leo, agus b'ann a pléadh seanmóintí an tsagairt. Agus b'ann chomh maith a pléadh cuid mhaith den bhaint idir an phobal agus an saol lasmuigh—iarratais ar sheirbhísí nó ar fhábhair ón stát, tacú le páirtithe polaitiúla, agus mar sin de: '*It is here public opinion is formulated*'.

Mura raibh uirlis fhoirmiúil ag an bpobal chun a thoil a chur i bhfeidhm, bhí an smacht sóisialta ann, a cuireadh i bhfeidhm tríd an gcúlchaint agus trí dhaoine a sheachaint.[7] Luann na húdair rud amháin eile a bhain leis an airneán, an rud ba mhó ba spéis le scoláirí béaloidis, .i. na scéalta, an seanchas agus na hamhráin a bhíodh le clos ann, cé go ndealraíonn sé gur sheanchas a bhí i gceist i Rinn na Móna mar bhí an scéalaíocht dulta i léig sa cheantar.[8] Ba mhar sin do dhúthaí eile. Le linn óige Sheáin Uí Chonaill bhí scéalaithe an-choitianta, ach tharla sé ag deireadh gurbh annamh a fuair sé caoi ar scéalta a insint.[9] Ba thúisce meath ar an scéalaíocht nuair a imigh an teanga. Deir Tadhg Ó Murchadha (a saolaíodh sa bhliain 1896) go raibh a lán scéalaithe maithe ar an Sceachánach taobh thoir de Chathair Dónall i gCo. Chiarraí agus é ag fás suas ann, ach ní fhaca sé riamh 'na sean-daoine bailithe i bhfochair a chéile ag scéaluíocht istoidhche ar a' mbaile 'na rabhas'.[10]

Léiríonn an t-eolas seo bunfhírinne de chuid an traidisiún béil: braitheann sé ar an éisteacht chomh mór is a bhraitheann ar an insint. Ní scéalaí go héisteoir. Ar feadh i bhfad dhein scoláirí an bhéaloidis neamhshuim den cheist seo agus an bhéim á díriú acu ar an scéalaí. Ní thabharfaí orthu é; bhí an scéalaíocht i mbéal an bháis agus ba mhinic gan teacht níos mó ar an airneán. Fágann sin gur bailíodh formhór na scéalta i seisiúin taifeadta nach raibh i láthair iontu ach an bailitheoir agus an scéalaí. Agus sin é an míniú ar eisceacht Stiofáin Uí Ealaoire, 'an cainteoir Gaeilge is fearr a casadh riamh liom in aon áit in Éirinn', dar leis an Duileargach.[11] Luann Ó Duilearga gur aithin muintir na dúthaí gur chainteoir maith é Stiofán, ach níor luaigh aon scéalaí ná seanchaí a ainm leis, ná níor rith a ainm leo. 'Ní fheadair aoinne go raibh scéal ná seanchas aige', ach 'b'é ab fhearr dár bhuail liom riamh in aon áit dár shiúlaíos ar thóir an tseana-léinn bhéil i nGaeilge bhinn na gCláiríneach', dar leis.[12]

Agus é ag scríobh sna 1930í, thrácht Tomás Ó Máille ar ghné eile den airneán:

> Go dtí céad, nó céad go leith bliadhain ó shoin, bhíodh sean-sgríbhinne Gaedhilge ina lán áiteacha agus lucht a léite dá réir. Is fada cuimhne sean-leinbh, agus is iomdha duine a chuala na sgéalta sin dhá léigheadh, nó dhá n-aithris le linn a óige a chuir aoibhneas ar a lucht éisteachta nuair a bhí sé féin ina shean-fhear.[13]

Tráchtann Ó Duilearga ar óige an scéalaí Seán Ó Conaill sa tarna leath den 19ú haois, nuair a bhíodh an 'fo-leabhar stracaithe ag imeacht, agus pé duine go mbeadh sé aige, agus a fhéadfadh éifeacht a bhuint as, ní misde a rá ná bíodh uaigneas air ach lán a thí gach uíhe Gheimhridh bailithe tímpal air, agus é á lé dóibh'. Óna leithéid sin a fuair an Conallach amhrán de chuid Mhíchíl Óig Uí Longáin (1766–1837) ó leabhar a d'fhoilsigh Seán Ó Dálaigh (1800–1878)[14] agus giota d'aistriúchán an Easpaig Seán Mac Éil (1791–1881) ar an *Iliad* ó *Easy Lessons or Self-Instruction in Irish* a d'fhoilsigh an tAth. Uilleog de Búrca (1829–1887) den chéad uair i *The Nation* i 1858. Ina dteannta sin, d'fhoghlaim sé amhráin le Tadhg Gaelach Ó Súilleabháin (1715–1795), Seán Clárach Mac Domhnaill (1691–1754), Seán Ó Tuama (1708?–1775), Liam Dall Ó hIfearnáin (1720–1803), Tomás Rua Ó Súilleabháin (1785–1848) agus Eoghan Rua Ó Súilleabháin (1748–1784). Bhí foilsiúcháin luatha na hathbheochana, a bhíodh á léamh ag a leanaí, mar fhoinse le cuid mhaith díobhsan.[15]

Aon áit a dtagadh daoine le chéile ann, d'fhéadfaí tuairimí a scaipeadh. Bhí *genres* faoi leith níos tábhachtaí ná a chéile chuige sin. Scaip aislingí an 18ú haois machnamh seacaibíteach ó bhéal go béal i bhfoirm amhráin Ghaeilge, agus i scríbhinn freisin. Tráchtann Breandán Ó Buachalla ar fhilí an 18ú haois ar bheag file díobh nár úsáid 'foinn choiteanna an phobail, an mheicníocht ab éifeachtaí a bhí acu chun teacht ar ghnáthphobal a linne'.[16] Cumadh amhráin na nÉireannach Aontaithe sna 1790í agus bailéid na nÉireannach Óg sna 1840í i mBéarla, agus bhraitheadarsan níos mó ar an gcló de réir is a bhí an litearthacht ag méadú.[17] Léirigh Thomas Crofton Croker, ceannródaí i léann an bhéaloidis, an-bhuairt i dtaobh na n-amhrán polaitiúla mídhílse a raibh cnuasach díobh bailithe aige i nDeisceart na tíre sna 1820í.[18]

Cuireann Ó Buachalla i gcuimhne dúinn nár 'dhá mheán seachadta neamhspleácha iad an litríocht scríofa agus an litríocht bhéil ach dhá mheán chomhlántacha a d'oibrigh ar a chéile, a shaibhrigh a chéile, agus a raibh síorthrácht eatarthu feadh na huaire'.[19] Is eol dúinn gur fada a fhan amhráin fhilí liteartha an 18ú haois i mbéal an phobail. Ba chuimhin leis an bhfoclóirí an tAthair Pádraig Ó Duinnín (1860–1934) a mháthair ag canadh amhráin Aogáin Uí Rathaille (1670?–1729). Chuala an scoláire ioldánach P.W. Joyce (1827–1914) tuireamh de chuid Sheáin Uí Mhurchadha na Ráithíneach (1700–1762) á rá ag sclábhaí i gContae Luimnigh.[20] Ba thapaidh a scaip amhráin. Tugann T.D. Sullivan (1827–1914), polaiteoir, iriseoir agus file, cuntas ar an mbailéad a chum sé ar na Fíníní Allen, Larkin agus O'Brien, a crochadh i Manchester ar an 23ú Samhain, 1867. Foilsíodh 'God Save Ireland' den chéad uair i The Nation an 7ú Nollaig den bhliain chéanna; an lá arna mhárach chuala Sullivan á chanadh é agus an curfá á chur leis ag slua i dtraein i mBinn Éadair.[21] Aithníonn Serge Ouaknine, scoláire drámaíochta, an próiseas seo go géarchúiseach:

> Is eol dúinn go han-soiléir, ó thaobh na hantraipeolaíochta de, nach déantús pobail é an béaloideas ach déantús daoine aonair, rudaí nó eachtraí go bhfuil a gcuid féin déanta díobh ag an slua agus iad fachta ar ais mar sin. Síneadh mothuitheach amach ó na filí is ea na hamhráin mhóra i dtosach agus is nuair a éiríonn leis an déantús príobháideach, is féidir leis gnéithe féiniúlachta a thabhairt do phobal.[22]

(ii)

Aimsíonn Ouaknine nádúr an bhéaloidis go feillmhaith. An cheist sin, ceist an chaidrimh idir an duine aonair agus an pobal, téann sí i bhfad siar. Ba dhóigh le Herder go raibh cruthaitheacht pobail sa slua, sa chomhchoitiantacht, seachas sa duine aonair. Níor chreid na deartháireacha Grimm go bhféadfadh údar aonair a bheith leis an bhfilíocht bhéil, ná ní fhéadfaidís a shamhlú go raibh Hóiméar ná Ossian riamh ann: pearsanú ar an gcumhacht fhileata i measc na bpobal primitíveach ab ea iad.[23] Bhí dlúthbhaint idir an béaloideas agus an Volksgeist. Dá mb'fhéidir sprid faoi leith a bheith ag pobal, níor dheacair tréithe eile comhchoitianta a shamhlú leis. Chuir na deartháireacha an fhilíocht bhéil i gcomparáid le planda fiáin. Níor chuir éinne plandaí fiáine, faoi mar nár chruthaigh éinne an béaloideas ná an teanga. Bhíodar neamhspleách ar thoil chomhfhiosach an duine.[24] Tá a leithéid seo de mhachnamh bunoscionn le tábhacht an duine indibhidiúil de réir an tSoilsithe.

Sa bhliain 1929 d'fhoilsigh an teangeolaí Roman Jakobson (1896–1982) i gcomhar le Petr Bogatyrev (1893–1971) aiste ar an mbéaloideas is féidir a áireamh ar cheann de shaothair cheannródaíocha léann an bhéaloidis: 'Die Folklore als eine besondere Form des Schaffens' (an béaloideas mar fhoirm speisialta den chruthaitheacht). Bhain na scoláirí seo i dtosach leis an bhFoirmleachas Rúiseach, gluaiseacht léannta a bhláthaigh i ndiaidh Réabhlóid na Rúise agus a cuireadh faoi chois sna 1930í. Dhein lucht an Fhoirmleachais taighde ar stíl agus ar struchtúr na foirme sa saothar liteartha agus is féidir mórshaothar Vladimir Propp (1895–1970) ar an seanscéal a áireamh ar an toradh is cáiliúla air [*Morfologia skazki*, 1929].²⁵ San alt, dhein Jakobson agus Bogatyrev comparáid idir an bhéaloideas agus an teanga, ag tagairt dóibh do shaothar ceannródaíoch teangeolaíochta Ferdinand de Saussure (1857–1913) uirthi sin. D'aimsigh Saussure bundeighilt idir dhá ghné éagsúla den teanga, *parole* ('urlabhra'), gníomh pearsanta ar leith d'úsáid na teanga, agus *langue* ('teanga'), foireann gnás atá glactha ag pobal ionas gur féidir leis an duine 'labhairt', .i. cumas na teanga a úsáid sa ghníomh pearsanta. Córas traidisiúnta idir dhaoine is ea *langue*. Is féidir le duine a mhionathruithe pearsanta a thabhairt don *langue*, ach níl iontu ach casadh pearsanta uirthi nach féidir a thuiscint ach i gcaidreamh léi. Is fíricí teanga—*langue*—iad nuair a ghlacann an pobal leo agus a thugann údarás dóibh: ansin táid oiriúnach do gach éinne. Is fíricí sóisialta ansin iad.²⁶

Is é an dálta céanna ag an mbéaloideas é. 'Ní hann don saothar béaloidis go dtí go bhfuil pobal faoi leith tar éis glacadh leis, agus níl ann ach an méid de a bhfuil a chuid féin déanta ag an bpobal de'. Má chruthaíonn ball den phobal saothar béil, caillfear é gan tásc ná tuairisc air mura ndeineann an pobal i gcoitinne a chuid féin de. An t-aon tslí ina sábhálfar é ná má scríobhtar síos é, á threorú ansin ó réimeas an fhilíocht bhéil go dtí an litríocht. Ní féidir le saothar béaloidis bheith ann gan phobal a ghlacann leis agus a thugann údarás dó. 'Nuair a dheintear staidéar ar an mbéaloideas, ní cóir dearmad a dhéanamh ar an gcoincheap lárnach, *cinsireacht choisctheach an phobail*'.²⁷

Ach an ann don chruthaitheacht phearsanta in aon chor sa bhéaloideas? Dar le Jakobson agus Bogatyrev nach ea. Saolaítear an saothar liteartha ón uair a chuireann an t-údar ar pár é. Ach ní saolaítear saothar an bhéaloidis ón uair a cheapann an t-údar é, ach a mhalairt. Ní deintear fíric bhéaloidis den saothar go dtí go nglacann an pobal leis: is é sin, ní béaloideas é mura bhfuil sé sóisialta. Diúltaíonn an bheirt scoláirí do na teoiricí a áitíonn bunúdar indibhidiúil (más anaithnid féin é) leis an saothar béaloidis. Más fíor gur chuir duine ar leithligh saothar béil i bhfocail i dtosach, is i bhfad uaidh sin an saothar béaloidis féin. Tá deighilt bhunúsach idir shaothar ealaíne an bhéaloidis agus na litríochta. Ach is cosúil lena chéile iad an dá rud, an caidreamh idir shaothar ealaíne béil agus na leaganacha de a chuireann daoine éagsúla i láthair sa bhéaloideas

ar thaobh amháin, agus an caidreamh idir *langue* agus *parole* sa teanga ar
an láimh eile. Ar nós *langue*, is rud neamhphearsanta lasmuigh d'aon
duine amháin é saothar ealaíne an bhéaloidis nach bhfuil ach an cumas
aige bheith ann: 'níl ann ach cnuasach casta gnás agus luathintinne,
canbhás dathadóra de thraidisiún an ama i láthair, a gcuireann lucht a
inste beocht ann le maisiú na cruthaitheachta pearsanta . . .'[28]

Tá difear an-mhór idir an chinsireacht sa bhéaloideas agus sa litríocht.
Sa bhéaloideas ní féidir an saothar ealaíne agus an chinsireacht a
idirdhealú óna chéile. Ní chruthaíonn file béil '*milieu* nua' agus b'ait leis
a leithéid a shamhlú, dar le Jakobson agus Bogatyrev. Is amhlaidh go
gceadaíonn cumhacht iomlán na cinsireachta saghas áirithe cumadóirí
fileata, a sheachnaíonn aon iarracht ar an mbua a fháil ar an gcinsireacht.
Ní dóigh leis an bhfile béil gur leis féin amháin a shaothar agus nach leis
saothar filí eile sa traidisiún céanna. Dar le Jakobson agus Bogatyrev,
chuir an Rómánsachas an iomarca neamhspleáchais agus toiliúlachta i
leith an bhéaloidis. Luann siad taighde na nglúinte i ndiaidh na
Rómánsach, go háirithe taighde na nGearmánach ar an '*gesunkenes
Kulturgut*', an mhaoin chultúrtha a bhí tite anuas ó na huaisle go dtí na
gnáthdhaoine, machnamh ceangailte leis an scoláire Hans Naumann, an
scoláire teoiriciúil ba mhó ar an mbéaloideas le linn Phoblacht Weimar.[29]
Dar le Jakobson agus Bogatyrev, le tábhacht na maoine cultúrtha tagtha
anuas sa bhéaloideas a aithint, is fusa na teorainneacha leis an
gcumadóireacht chomhchoitianta sa bhéaloideas a thuiscint. Nó a
mhalairt, go léiríonn na hiasachtaí 'anuas' an tionscnamh pearsanta agus
an chruthaitheacht indibhidiúil.[30]

Ag deireadh thiar, áitíonn siad go bhfuil ceist an chruthaithe agus na
n-iasachtaí sa bhéaloideas lasmuigh de staidéar an bhéaloidis mar chóras
ann féin. Níl nádúr na bhfoinsí tábhachtach, ach baineann tábhacht le
próiseas na hiasachta agus rogha agus claochló an ábhair a tógadh ar
iasacht. Diúltaíonn siad don téis aithnidiúil nach gcruthaíonn an pobal,
go ndeineann sé a mhacasamhail nó a aithris féin ar rud atá ann cheana.
Deir siad ina choinne sin nach rudaí iad an mhacasamhail nó an aithris
ar lú a luach ná rudaí nua ar glacadh leo gan chuimhneamh. Diúltaíonn
siad don Rómánsachas agus do Naumann nuair a chuireadarsan go
hiomlán i gcoinne an indibhidiúlachais sa bhéaloideas agus nuair a
aimsíodar aigne chomhchoitianta ann. Tagraíonn an bheirt don dainséar
sin nuair a loirgítear aigne laistiar d'fheiniméan sóisialta. Luann siad
torthaí eitneagrafaíochta sa Rúis a léirigh éagsúlacht mhór shóisialta,
eacnamúil, idé-eolaíoch agus morálta i measc thuathánaigh shráidbhailte
réigiún Mhoscó, agus dá ainneoin sin, béaloideas beo saibhir acu.[31]

Ní míniú síceolaíoch amháin atá le filíocht bhéil a bheith ann, ach míniú feidhmiúil ina theannta. Luann Jakobson agus Bogatyrev go raibh an fhilíocht bhéil agus an fhilíocht léannta le fáil i dteannta a chéile i measc na n-aicmí arda sa Rúis sa 16ú agus sa 17ú haois. Bhí feidhmeanna áirithe á líonadh ag an litríocht, feidhmeanna eile ag an bhfilíocht bhéil. Is dóigh leis an mbeirt údar nár thuig scoláirí i gceart an difear tábhachtach idir an téacs liteartha agus athscríobh an tsaothar béaloidis, a chuireann ar míchruth é (ach truailliú é nach bhfuil dul uaidh mar sin féin). Tugann siad éagsúlacht an bhéaloidis faoi ndeara agus nach grúpaí eitneagrafaíocha agus tíreolaíocha amháin is féidir a idirdhealú i *répertoire* an bhéaloidis, ach grúpaí a aithnítear ar bhonn gnéis, aois agus slí bheatha. Tá *répertoires* béaloidis ann ag grúpaí gairmiúla faoi leith ach atá dírithe ar phobal lasmuigh díobh—an fhilíocht, cuir i gcás. Ar an láimh eile, tá leithéidí na seanfhocal, na rann, na scéilíní, agus mar sin de, agus is ar éigin is féidir deighilt a dhéanamh idir lucht a ndéanta agus iadsan a bhaineann úsáid astu. Ach is deacair idirdhealú iomlán a dhéanamh idir an dá dhream sin. Deineann Jakobson agus Bogatyrev comparáid idir an fhilíocht bhéil agus scríobhaithe na meánaoise: 'pléann an scríobhaí minic go leor leis an saothar a chóipeálann sé mar ábhar i measc ábhair eile, ábhar is féidir a athmhúnlú'.[32]

(iii)

Sa lá atá inniu ann, a mhalairt de scéal atá i gceist. Is maoin phríobháideach anois í cuid mhaith den chultúr. Is é sin le rá go bhfuil cóipcheart ar mhórán den oidhreacht chultúrtha a fhágann nach bhfuil sí ar fáil go saoráideach acusan a bheadh ag súil le bheith ina n-oidhrí uirthi tráth. Coincheap lárnach sa bhéaloideas a théann i bhfad siar is ea an aithris, focal a chiallaíonn an chóipeáil agus an insint in éineacht. Saghas aithrise is ea an traidisiún, agus sa chiall sin, duine a chóipeálann is ea 'iompróir an traidisiúin' (téarma útamálach, de chuid C.W. von Sydow, atá coitianta i léann an bhéaloidis). Ach baineann deacracht leis an bhfocal 'cóipeáil', mar is focal é a bhaineann leis an scríbhneoireacht nó leis na healaíonta fíortha ó cheart. Is é sin, macasamhail téacsa, pictiúir nó deilbhe is ea an chóip, a thugann le tuiscint go bhfuil buntéacs, bunphictiúr nó bundealbh ar dtúis ann agus ansin cóipeanna díobh. Ar ndóigh, níor ghá gur chóip chruinn a dhéanfadh scríobhaí den bhunsaothar, má bhí an bunsaothar ar fáil. Léiríonn *variae lectiones* láimhscríbhinní Gaeilge gur mhinic a bhraith an scríobhaí neamhspleáchas áirithe i ngníomh na cóipeála, ach ghéill an scríobhaí do bhuntéacs agus do bhunúdar a bheith ann mar sin féin.

Tá tuiscint áirithe ar an gcóipcheart sa bhreith cháiliúil a thug Diarmaid mac Fearghusa Ceirrbheoil in aghaidh Cholaim Chille nuair a chóipeáil sé an Soiscéal as leabhar Fhionntain gan chead: 'gurab leis gach boin a boinín, is gurab leis gach leabhar a mhaicleabhar'.[33] Ach bhí sin i bhfad ó thuiscint nua-aimseartha na seilbhe intleachtúla. In alt ar cheist na cóipeála, tugann Sven Lütticken cur síos ar an dathadóir clúiteach Albrecht Dürer a theacht go dtí Venezia sa bhliain 1506 agus é ar deargbhuile. B'amhlaidh go raibh greanadóireacht ar a shaothar déanta ag Marcantonio Raimondi—greanadóir iomráiteach—maraon leis na litreacha 'AD', a chuireadh Dürer féin lena chuid oibre. D'éirigh le Dürer greanadh na litreacha a chosc ar Mharcantonio de bharr a ghearáin leis na húdaráis, ach níor éirigh leis na cóipeanna greanta—toradh ar shárcheardaíocht Marcantonio—a chosc. Mar a deir Lütticken, ceadaíodh do Mharcantonio a chóipcheart—a cheart cóipeála—a chur i bhfeidhm, ach níor ceadaíodh dó a chur i gcéill gur shaothar Dürer iad na cóipeanna.[34]

Ach tugann an focal 'cóipeáil' le tuiscint go bhfuil an chóip chomh seasmhach leis an mbuntéacs. Ós rud é gur saothar béil é an saothar béaloidis ní féidir teacht ar bhuntéacs, agus ní féidir a áiteamh go bhfuil buntéacs ann ach amháin i gcás an tsaothair atá ar iasacht ón traidisiún léannta, ar nós amhráin Eoghain Rua, cuir i gcás, nó scéalta áirithe Fiannaíochta. A leithéidí sin a bhí i gceist ag Naumann agus 'gesunkenes Kulturgut' á phlé aige. De ghnáth, tuigtear an béaloideas mar rud anaithnid a bhaineann le grúpa seachas le duine aonair, rud atá claochlaitheach seachas seasmhach, agus nach ann dó ach i ndomhan samhalta 'langue' nó 'competence' na teangeolaíochta, nó tíopaí Aarne-Thompson an tseanscéil. Níl an 'chóip'—'parole', 'performance', leagan—ann go hoibiachtúil ach amháin ag nóiméad féin na haithrise. An ann di?—Tá sí imithe cheana! Más í an chlaochlaitheacht comhartha sóirt fhoirm ealaíne, an féidir le coincheap an tsealbhóra a bheith ann, agus más ann don sealbhóir, an féidir leis an gcóipcheart bheith ann?

An deacracht leis an saothar béaloidis is ea, mar a léirigh Jakobson agus Bogatyrev, nach ann dó go dtí go nglacann pobal leis. I slí, más ea, is é an pobal an t-údar. Ach ní féidir glacadh leis go bhfuil aigne chomhchoitianta ag an bpobal. Duine aonair a chuireann cumadóireacht faoi bhráid an phobail, ach is é an pobal a ghlacann leis nó a dhiúltaíonn dó. Is deacair seilbh a chur i leith an tsaothar béaloidis uime sin mar ní gníomh aonair í an chumadóireacht, ach cruthú de réir shlat tomhais an phobail agus an focal deiridh ag an bpobal maidir le glacadh leis an gcumadóireacht sin. Bíonn éagsúlacht sa chumadóireacht agus i dtaithí agus i bpearsantacht an chumadóra, ach báitear an chuid is mó di le linn den phobal a chuid féin a dhéanamh de. Tugtar an phearsantacht faoi ndeara sa scéalaí, san amhránaí, sa cheoltóir, sa rinceoir, i ngníomh na haithrise. Ar nós *parole* sa teangeolaíocht, ní chuirtear an chaint, an scéal ná an t-amhrán i láthair sa tslí chéanna faoi dhó riamh. Agus is mar sin a thugtar comharthaí sóirt an scéalaí nó an amhránaí faoi ndeara, ní i seilbh phearsanta scéil nó amhráin—cé gur féidir go bhfuil cáil amhráin nó *répertoire* amhrán faoi leith ar amhránaí—ach i stíl a aithrise.

Ní ghlacaimid leis go bhfuil aigne chomhchoitianta ag pobal, ach cad ba dhóigh leis an bpobal féin? Is cinnte gur aithníodh éagsúlacht daoine thar a chéile, agus tá an Ghaeilge an-saibhir maidir le téarmaíocht ar chineálacha daoine, a bhformhór cáinteach: an breallaire, cráiteachán, dúramán, gligín, liobaire, lúdramán, patachán, reangaire, scriosúnach, spreallaire, is a leithéidí, is féidir a áireamh sna céadta nó sna mílte. Ach tá sé spéisiúil gur creideadh gur buanna ón saol eile iad an ceol agus an fhilíocht.[35] Is mó scéal a mhíníonn conas a fuair duine an bua sin: thit a chodladh air i lios, tháinig scamall ceo anuas air, ⁊rl. Bhí an-cháil ar fhilí i mbéaloideas na hÉireann, agus bhí an-chuid seanchais orthu. Ach níor bhraith catagóir an fhile ar chorpus cinnte filíochta a bheith leagtha ar fhile faoi leith. Ba mhinic gur leagadh ranna ar fhilí nár leo i gceart iad, ach ba iad na filí áitiúla ba cháiliúla de ghnáth, agus ba mhinic gur mhealladar chucu traidisiúin a bhain ó cheart le filí eile. Cineál gaiscígh ab ea an file, agus bhí feidhm amháin ag na traidisiúin a bhain le 'catagóir' an fhile, agus feidhm eile ag na traidisiúin neamhspleácha ba amhráin agus ranna iad, agus gan cheangal soiléir eatarthu.

Bíonn *répertoires* éagsúla ag scéalaithe. I bpobail tuathánacha, ní raibh teagmháil seasmhach ag an duine le mórán daoine eile, murab ionann leis an mbaile mór nó sochaí an lae inniu i gcoitinne agus daoine ceangailte trí ghréasáin chumarsáide leis na céadta nó na mílte daoine eile, i mbéal an dorais nó ar an taobh eile den chruinne. 'Bíonn siúlach scéaltach', a deir an seanfhocal, agus ba mhaith a thuig scoláirí an bhéaloidis é sin lena dteoiricí i dtaobh scaipeadh scéalta trí thaisteal daoine. Ba mhaith a thuig an pobal tuathánach é chomh maith agus meas speisialta acu ar go leor ceardaithe taistil agus lucht siúil ar a fheabhas is a bhíodar mar scéalaithe nó mar cheoltóirí. Seilbh phearsanta ab ea stair an duine, agus luigh sé le réasún go nglacfaí leis go mbeadh tosach áite ag an duine ag cur síos dó ar eachtra ina shaol féin. A dhála sin i gcás an tseanscéil a fhoghlaim scéalaí ar a chamchuairt, agus go mb'fhéidir nár mhaith leis é a roinnt le scéalaithe eile sa cheantar céanna.

Tráchtann an bailitheoir béaloidis Seosamh Ó Dálaigh ar scéalaí i mBaile an Lochaigh i gCorca Dhuibhne nach n-inseodh aon scéal fad a bheadh fear eile de na comharsain istigh.[36] Is eol dúinn scéalaithe a chosain 'cóipcheart' de shaghas éigin ar scéal. Luann Séamus Ó Duilearga bacach a bhí ina scéalaí agus é an-bhródúil as scéal áirithe, 'Fáilte Uí Chealla', agus an-fhonn air nach gcloisfeadh scéalaí eile ó Oileán Dairbhre é. Oíche bhothántaíochta ar an míntír, d'fhiafraigh sé den slua an raibh an t-iomaitheoir i láthair agus nuair ba dhóigh leis nach raibh, d'inis sé an scéal. A luaithe is a chuir sé críoch leis an scéal, anuas ón lochta a phreab an scéalaí eile, thosnaigh sé ar an scéal a insint agus bhí breacadh an lae ann sarar chuir sé deireadh leis.[37]

Is annamh údar deimhneach leis an gcultúr traidisiúnta, ó sheanscéalta go troscán na cistineach. Tá difear idir an scéal agus an chathaoir shúgáin, mar sin féin, mar fanann pearsantacht an cheardaí nó an ealaíontóra thar na glúinte i lorg na scine ar an adhmad (cé go minic nach bhfeictear é go mbaineann díoltóir an lae inniu an dath de le haigéad). Is mó an t-eolas atá againn ar lucht troscán a dhéanamh i ndeireadh an 19ú haois agus i dtosach an 20ú haois ná roimhe sin mar ba mhinic caidreamh ag ceardaithe le scoláirí agus le músaeim. Tugann an staraí ar throscán na tuaithe Claudia Kinmonth faoi ndeara go raibh formhór de mhuintir na tuaithe róbhocht sa tréimhse 1700–1950 chun speisialtóirí i ndéanamh an troscáin a bheith acu. Dheineadh fir dheaslámhacha a dtroscán féin, nó dheineadh ceardaithe éagsúla é, go háirithe siúinéirí nó saoir rothaí na dúthaí.[38] Fágann an cultúr ábhartha fianaise oibiachtúil ina dhiaidh, rud 'in-mhúsaeim', más féidir a leithéid a thabhairt air, agus is fusa a scrúdú. Is féidir, cuir i gcás, teacht ar aois adhmaid agus rian láimhe ceardaí aithnidiúil air, fianaise a chuireann an scoláire ar thóir údair áirithe, fiú murar spéis le 'pobal an troscáin' ainmneacha na gceardaithe móra ina measc san am atá imithe.

'Coimín' ab ea an cultúr traidisiúnta, ar fáil ag gach ball den sochaí thraidisiúnta, faoi mar ba choimín cuid mhaith den talamh b'acmhainn leis an bpobal. Sa tslí chéanna ba choimín gach fochultúr traidisiúnta, ar fáil ag gach ball den bhfoghrúpa (foghrúpa ar bonn inscne, aoise, gairme, clainne, ⁊rl.). Roinn feirmeoirí na síolta ar a chéile. Ba le gach éinne na scéalta, an seanchas, na hamhráin, an ceol, na ríncí, nó ar a laghad, ní rabhadar i seilbh phearsanta éinne. Chuala Seán Ó Conaill an scéal 'Iolann Airiminic' (A.T. 301) ó Dhiarmuid Mhuch Curchúir (sic), 'Risteárd na Faluinne' (A.T. 955) ó Mhícheál Ó Conaill, 'Diarmuid na Féasóige Deirge' (A.T. 313) ó athair Dhônail Shirc Ó Conaill, 'Seán Ó Máinle' (A.T. 326) ó Phaidí Ó Dála, agus mar sin de.[39] Ba chuimhin le scéalaithe cé uathu a fuaireadar an scéal, agus bhíodar sásta a rá cérbh iad, ach níor bhraith cead na haithrise air sin, mar ba 'choimín' an scéalaíocht freisin.

Ach cér leis na scéalta nuair a scríobhadh síos iad, nó nuair a deineadh taifeadadh fuaime nó íomhá ar ghnéithe den chultúr traidisiúnta? Is ansin a imíodh ón gcoimín go dtí an tseilbh, ba chuma seilbh an stáit féin ('seilbh phoiblí') nó seilbh phríobháideach. Mura rabhadar ag obair thar ceann institiúidí, ba le bailitheoirí na scéalta agus na hamhráin a bhailíodar, agus má bhíodar ag obair thar ceann institiúidí, ba leosan iad, leis na cartlanna, na músaeim, na leabharlanna. Ní le sliocht na scéalaithe agus na seanchaithe agus an n-amhránaithe a thuilleadh an béaloideas a mbeidís ina n-oidhrí air; bhí cóipcheart an bhéaloidis sin ag daoine eile i bhfad ó bhaile, agus go minic costas á ghearradh ar lucht a úsáide.

Ag deireadh, murach obair na mbailitheoirí agus na n-institiúidí, bheadh cuid mhaith de na scéalta agus na hamhráin imithe go deo agus bheadh cuid mhaith den seantroscán agus den seanfhearas caite amach i bhfad ó shin. Ní bhaineann aon fhadhb mhorálta leis an sábháil, rud inmholta gan amhras, ach leis an seilbh a ghabhann léi. Ach ní bhaineann formhór de shliocht na scéalaithe is na n-amhránaithe le luachanna an chultúir thraidisiúnta a thuilleadh. Más feirmeoirí iad, seans maith go bhfuilid sásta a dtigh nó a dtalamh a dhíol don duine is mó a dhíolfaidh astu, bíodh an duine sin ina chomharsa béal dorais nó ina stróinséir: díreach ar nós mhuintir na mbailte móra. Agus táid sásta cearta na seilbhe príobháidí a éileamh ar a dtailte chun spaisteoirí a ruaigeadh, díreach ar nós mhuintir na cathrach.[40]

Cé leis an cultúr traidisiúnta? Léiríonn staidéar Anthony McCann ar leathnú conspóideach an Irish Music Rights Organisation (IMRO) isteach i réimeas an cheoil traidisiúnta nach féidir leis an gcultúr traidisiúnta a bheith beag beann ar cheisteanna móra na seilbhe sa lá atá inniu ann. Deineadh conradh idir IMRO agus Comhaltas Ceoltóirí Éireann sa bhliain 1999 a ghlac leis go raibh an ceol traidisiúnta saor ón gcóipcheart ach nach raibh leagan aithnidiúil ceoltóra nó cumadóra ar leithligh laistigh den cheol traidisiúnta saor uaidh.[41] Cosnaíonn an cóipcheart oidhreacht chultúrtha phobail, ach is féidir í a chur i mbaol freisin. Príobháidiú is ea an cóipcheart, agus is féidir leis teacht trasna ar sheachadadh na dtraidisiún cultúrtha a aontaíonn lena chéile an ghlúin atá caillte, an ghlúin atá anois ann agus an ghlúin atá le teacht.

Cuireann Sven Lütticken geasa cóipchirt ar leithéidí Barbie agus Harry Potter i gcomparáid le híomhánna déithe atá á gcosaint ag aicme shagart. Chuir an chomhlacht Mattel an dlí ar ealaíontóir Idirlín, Mark Napier, mar gheall ar a thioscnamh *Distorted Barbie*, agus bhagair dlíodóirí Warner Brothers an dlí ar leanaí a raibh leathanaigh Idirlín acu le pictiúr Harry Potter orthu. Luann Lütticken an banna ceoil Negativland a mhaíonn nach féidir ceol traidisiúnta ceart a bheith ann a thuilleadh.[42] Mar sin féin, glacann an tsochaí nua-aimseartha i gcoitinne go mba chóir teorainneacha a chur leis an gcóipcheart ionas go dtitfeadh saothair ealaíne isteach sa bhfearann poiblí tar éis tamaill, ach ag an am gcéanna deineann comhlachtaí móra iarrachtaí ar a gcóipcheart a shíneadh thar an ngnáththeorainn ama. Is beag an t-amhras ná go bhfuil an lámh in uachtar ag na comhlachtaí móra faoi láthair, agus go bhfuil an dlí agus an teicneolaíocht digiteach á n-úsáid acu chun an fearann poiblí a laghdú.[43]

Thrácht Gramsci ar chultúr 'náisiúnta-pobalda' (*nazionale-popolare*), idéal a thabharfadh dearcadh náisiúnta don ghnáthphobal a lean patrúin an bhéaloidis nó an chultúir phobalda.[44] De bharr leathnú domhanda thionscail an chultúir, tá oidhreacht chultúrtha i gcoitinne ag na milliúnta i ngach mór-roinn sa lá atá inniu ann. Tráchtann Renato Ortiz ar chultúr 'idirnáisiúnta-pobalda' a bheith á chruthú sa domhan mar gheall ar na tagairtí domhanda cultúrtha sin. Is é atá i gceist aige ná go gcuirtear aithne ar dhaoine agus ar íomhánna clúiteacha trí irisleabhair, an teilifís agus scannáin, ionas go gcruthaítear 'cuimhne idirnáisiúnta-pobalda', go háirithe i measc na n-óg. D'ainneoin bunús Meiriceánach le cuid mhaith di seo, ní bhaineann an cultúr seo le háit faoi leith, agus mar gheall ar a fhairsinge dhomhanda, ní féidir leis dearcadh grúpa nó réigiúin teoranta a chur in iúl.[45] Más oidhreacht choiteann í seo, murab ionann agus an cultúr traidisiúnta, ní seilbh choiteann í. Tá a cóipcheart ag comhlachtaí príobháideacha.

Ba é an pobal a thug aitheantas agus dlisteanacht don chultúr traidisiúnta, agus ba i gcaidreamh leis an bpobal a bhí pé cearta agus dualgaisí de chuid an duine aonair ann. Ní raibh aitheantas ag cruthaitheacht an duine aonair ach a fhad is a chuir sí luachanna agus mianta an phobail in iúl agus a fhad is a ghlac an pobal léi, faoi mar a thug Jakobson agus Bogatyrev faoi ndeara. Ní aithníonn an dlí pobail de ghnáth, ach aithníonn sé cearta agus dualgaisí an duine aonair (ceann de chomharthaí sóirt an stáit nua-aoisigh é sin). Ní hé an pobal anois a thugann aitheantas agus dlisteanacht don chruthaitheacht, agus is deacra í a mheas i gcaidreamh le pobal. Is i dtéarmaí an dlí go háirithe a aithnítear an chruthaitheacht anois, mar braitheann stádas an ealaíontóra ag deireadh thiar ar bheith ábalta ar an gcruthaitheacht agus an tseilbh chruthaitheach a chosaint i gcúirt dlí.

Ciallaíonn sé seo go bhfuil brí an chultúir thraidisiúnta athraithe ó bhonn. Éinne a chruthaíonn laistigh d'aeistéitic phobalda anois, is ón dlí a chosnaíonn an tseilbh intleachtúil a thagann údarás an chruthaitheora, seachas ó phobal a dhéanfadh a chuid féin de. Agus cuid mhaith den oidhreacht phobalda, tá sí cheana féin faoi chóipcheart, go háirithe ag institiúidí náisiúnta nó príobháideacha nó ag comhlachtaí príobháideacha.

Cá bhfuil an pobal más ea? Is beag an t-amhras ná gur scaoil an nua-aoiseacht ceangail an phobail, agus is próiseas leanúnach é, a dtugtar an domhandú ar an gcéim is deireannaí de. Má bhí tráchtairí na hollsochaí sa nua-aoiseacht roinnte—chun téarmaí an tséimeolaí Umberto Eco a úsáid—idir na *hapocalittici* (a chonaic deireadh an ardchultúir) agus na h*integrati* (a chonaic aontú cultúrtha phobal an stáit), san iarnua-aoiseacht tá an dá rud ann in éineacht. Is sa tríú domhan go háirithe é sin, nuair a éiríonn an stát as na hiarrachtaí traidisiúnta chun an chosmhuintir a thabhairt isteach sa tsochaí náisiúnta agus nuair atá sé sásta iad a fhágaint ar an taobh amuigh, agus, ag an am gcéanna, nuair a cheanglaíonn na h*élite*anna iad féin le gréasáin domhanda.[46]

(iv) Cé hIad an Pobal?

(i)

Dúshlán a bhaineann leis an staidéar eitneagrafaíoch ar phobal is ea gur féidir leis comharthaí an phobail a thabhairt nach n-aithníonn an pobal féin. Dar le Lauri Honko is féidir trácht ar thrí shaghas tuairisce a thugann pobal air féin.[1] Tugann tuairisc amháin an pobal idéalach le tuiscint. Is minic gurb é sin an pictiúr de féin is maith leis an bpobal a thabhairt do stróinséirí, pictiúr a bhraitheann ar iompar idéalach na mball den phobal—faoi mar go dtabharfaí cur síos ar Chríostaithe i dtéarmaí aitheanta Dé. Ní hamháin gur íomhá í sin is maith leis an bpobal a thabhairt do stróinséirí, ach léiríonn sí na heiseamláirí iompair atá mar bhonn leis an smacht sóisialta laistigh den phobal. Bealach chun féiniúlacht an phobail a chur in iúl is ea é.

Cur síos eile ar an bpobal is ea pobal an chuimhnimh. Baineann sé le réimse den saol ar cuireadh cruth air san aigne de réir thaithí an duine, agus a fhan i gcuimhne tar éis dá shubstaint a bheith imithe as an saol. Is mó a bhraitheann sé seo ar an duine aonair, ach bíonn sé sóisialta leis, ag braith ar chuimhne imeachtaí ar ghabh an pobal—nó grúpa de—tríothu. Sin í an chuimhne chomhchoitianta i saothar an tsocheolaí Maurice Halbwachs: láithreacht bheo na haimsire caite sa lá atá inniu ann.[2] An tríú cur síos ar an bpobal is ea an pobal a bhfuil dúil ag daoine ann. Is é sin, tugtar tuairiscí an phobail atá ag teacht chun cinn seachas a thuairiscí sin atá ag dul i léig. Dar le Honko, is minic a tharlaíonn sé seo i gcás lucht imirce ar gá dóibh dul in oiriúint do shaol nua. Ní chaomhnaíonn an tuairisc seo na seaneiseamláirí iompair, ach tá sí solúbtha, ag iarraidh an pictiúr is fearr a thabhairt den phobal do na daoine lasmuigh de.[3]

Léiríonn an ginealach aontacht na mbeo agus na marbh sa phobal. I sochaithe tuathánacha bhí an ceangal sin dosheachanta, agus bhraith stádas an duine ar na daoine a tháinig roimhe nó roimpi. In Éirinn, d'ainneoin ísliú na seanuasal, d'fhan a stádas i measc a sleachta cé gur mhinic iad ar comhchéim lena gcomharsana.[4] San Fhrainc ceanglaíodh ceist na dlúthpháirtíochta sa mhachnamh sóisialta le hidé-eolaíochtaí polaitiúla na tíre. Sa mhachnamh a shíolraigh ón Soilsiú, tíorántacht ab ea an traidisiún, na beo faoi dhaorsmacht na marbh. Sa traidisiún machnaimh a chuaigh ina choinne sin, cuireadh an bhéim ar an bpobal a bhí ann roimh an duine aonair, ionas gur aontaíodh beo agus marbh sa tsochaí le ceangal morálta agus sóisialta. Mar sin, i 'naofacht' na cuimhne ar na mairbh, thuig na beo na dualgaisí a bhí orthu ina leithsean. Theastaigh ó Auguste Comte (1798–1857), a chum an focal *sociologie* agus a bhunaigh léann na socheolaíochta, an dá dhlúthpháirtíocht a chur in oiriúint dá chéile, dlúthpháirtíocht an traidisiúin a aontaíonn beo agus marbh sa tsochaí, agus dlúthpháirtíocht na gcruthaitheoirí idir intleachtaithe agus lucht oibre. Ba mar gheall ar an tuiscint go rabhthas i bhfiacha na sinsear a ghlac na Poblachtánaigh Fhrancacha cúram na mbocht ar an stát.[5]

(ii)

Cuireann an scéalaíocht an pobal in iúl i slite éagsúla. Go pointe áirithe, is féidir a mhaíomh gur ar éigin atá an pobal i láthair sa seanscéal. Foirm ealaíne réamhchaipitleach is ea an seanscéal. Is é sin, léirítear saol ann a bhfuil ríthe agus tuathánaigh ann—saol feodach—ach is ar éigin atá tagairt do mheaisíní, do chathracha, don mheánaicme, d'eaglaisigh ná do Dhia féin ann. An tÓsnádúr atá ann, is ósnádúr é nár chreid daoine ann: tá fathaigh, cailleacha draíochta nó ainmhithe a bhfuil caint acu ann. Níl rian de theagasc na Críostaíochta ann, ná den mhoráltacht puinn: 'cloíonn neart ceart' a mhaíonn an scéal. Ní chuireann cúinsí eiticiúla isteach ar an ngaiscíoch. Braitheann an caidreamh sóisialta ar an aicme agus ar an gcumhacht, agus tá an bhéim sa scéal ar an troid idir aicmí— na huaisle agus na tuathánaigh—nó ar mhaithe leis an gcumhacht idir na huaisle féin, mar a léiríonn an scoláire ar sheanscéalta Jack Zipes.[6]

Sa scéal draíochta go háirithe, tá an bhéim ar fad ar ghaisce an laoich seachas ar dhlúthpháirtíocht an phobail. Pé dlúthpháirtíocht atá ann, is dlúthpháirtíocht 'mheicniúil' í, a bhaineann leis an teaghlach den chuid is mó. Ach ní féidir brath ar an teaghlach ach chomh beag, mar bíonn leatrom á imirt ag leasmháithreacha ar leanaí agus deartháireacha ag fealladh ar a chéile. Bíonn aicmí sóisialta sa seanscéal, nó bíonn tuathánaigh agus uaisle ann ach go háirithe. Ach pé coimhlint a bhíonn eatarthu, ní cogadh aicmeach í, cé gur féidir a áiteamh go bhfuil an comórtas idir an dá aicme le tuiscint ós íseal sa scéal. I ndomhan an tsochair theoranta, is beag an t-athrú a chuireann an gaisce ar an saol ar leas éinne seachas an gaiscíoch féin agus b'fhéidir a theaghlach. Léirítear domhan gan mhoráltacht sa seanscéal. Luach pobail seachas teaghlaigh nó duine aonair í an mhoráltacht i gcoitinne, mar braitheann sí ar neamhspleáchas áirithe a bheith aici le leas daoine nó grúpaí ar leithligh. Nuair a fhágann gaiscíoch an tseanscéil an baile agus nuair a fhágann sé teorainneacha a phobail laistiar de, ní bhfaigheann sé pobal roimhe san áit ina dtéann sé, ach oiread leis an mbaile. Tá an pobal sa scéal a fhad is gur eiseamláir é an gaiscíoch do dhaoine eile sa phobal, agus gur taithí shamplach do gach duine sa phobal cúrsa an ghaiscígh: fágaint an teaghlaigh, triaileacha an tsaoil a fhulaingt, pósadh agus teaghlach nua a bhunú.

Bíonn an pobal i láthair an fhinscéil go soiléir. Eachtra is ea é a tharlaíonn do ghnáthdhuine, agus is é a chruthúnas é ainm an duine, ainm agus sloinne aitheanta de chuid an phobail. Faoi mar a theastaíonn 'gaisce' an scéalaí i líofacht agus i ndeisbhéalaí na hinsinte—mar shampla an 'cóiriú catha'—chun gaisce an tseanscéil a chur in iúl, ní bhaineann gaisce le lucht inste an fhinscéil ná le príomhphearsa na hinsinte. Más féidir a rá gur luachanna 'uaisle' iad luachanna an tseanscéil, is luachanna tuathánacha iad luachanna an fhinscéil. Léiríonn an finscéal pobal an tsaoil seo agus pobal an tsaoil eile agus léiríonn sé go háirithe an caidreamh atá eatarthu. Baineann an caidreamh seo le cothromaíocht áirithe a chosaint, agus baineann an chothromaíocht le gan teagmháil réchúiseach a bheith ag baill den phobal leis an saol eile. Seachnaítear an teagmháil réchúiseach seo chun rialacha agus luachanna an phobail a leanúint, mar cosnaíonn an dea-iompar teorainneacha an phobail (mar a léiríodh i gCuid a Dó i). Áis chun moráltacht an phobail a chur in iúl is ea an finscéal, agus éiríonn leis mar aithníonn an pobal é féin ann, ní go hidéalach ar nós an tseanscéil, ach go tíriúil agus go nádúrtha.[7]

(iii)

Is deacair a gceart a thabhairt do mhná i léann an bhéaloidis. Ní hé gur deineadh neamhshuim díobh, cé gur minic a deineadh, ach gur fhir iad formhór na scoláirí agus go rabhadar faoi anáil mhachnamh a linne, a dhein beag-is-fiú go minic de thraidisiún na mban agus a chuir suim sna gnéithe fearúla den traidisiún.[8] Bhí teorainneacha inscne nó gnéis le gnéithe éagsúla den bhéaloideas freisin. Is léir ón seanfhocal 'cearc ag glaoch nó bean ag fiannaíocht' go raibh traidisiún áirithe coiscthe ar mhná, nó ar a laghad gurbh oiriúnaí d'fhir iad. Bhain sé sin le traidisiún ghaisciúla i gcoitinne. Tugann Arensberg agus Kimball faoi ndeara gur ábhar gáire dhrochmheasúil é fear ag déanamh obair na mban, ar nós díol uibhe nó déanamh ime.[9] Bhí deighilt idir obair na mban agus obair na bhfear. Tuigeadh gur bhain an deighilt sin le tréithe nádúrtha an dá shaghas. Mar sin féin, cuireadh luach níos mó ar obair na bhfear.

Ba mhinic a chuala na hantraipeolaithe fir á chasadh ina achasán le bean a threasnaigh orthu agus iad ag caint ar ghnó éigin tábhachtach leo féin ar nós an treafa. Bhain an greann agus an fhonóid le saghas amháin a bheith ag gabháil d'obair an tsaghas eile, ach b'fhéidir le bean moladh a thuilleamh as obair na bhfear a dhéanamh go maith. Bhí go leor béaloidis ann ar an deighilt idir obair na bhfear agus obair na mban.[10] Tugann Hugh Brody faoi ndeara gur faoi chúram na bhfear an obair shéasúrach agus faoi chúram na mban an obair leanúnach. Chiallaigh sé sin gur bhain sos an gheimhridh leis na fir. Bhíodh an teaghlach le chéile níos mó sa gheimhreadh, ag baile, ach níor lúide sin obair na mban.[11] Bhí am a ndóthain le haghaidh an airneáin ag fir sa gheimhreadh, an phríomhchúis le séasúracht scéalaíocht na bhfear.

Ar ghnáthfheirm bhí fear ann a bhí ina fhear céile, ina athair agus ina shealbhóir ar an bhfeirm, mar a léiríonn an bheirt antraipeolaithe. An fear a threoraigh an chuid eile den teaghlach in obair na feirme. Lena réimeas féin bhain cúram na mbeithíoch, iad a iad a cheannach, iad a dhíol, agus an t-airgead a tuilleadh orthu a chaitheamh. Ba air a thit obair throm an ghairdín agus an ghoirt: cúram na gclathacha nó na scioból, saothrú na talún leis an gcéachta nó leis an rámhainn, cúram an chapaill, agus ba faoina chúram úsáid an airgid a tháinig as an obair seo. D'fhoghlaim an mac na cúraimí sin óna athair agus é ag fás suas, i dtosach ag cabhrú leis agus de réir a chéile ag déanamh a choda féin den obair. Bhí fir an cheantair in iomaíocht lena chéile maidir lena fheabhas is a chuireadar na dualgaisí sin i gcrích. Luann Arensberg agus Kimball neart an traidisiúin sa talmhaíocht suas le hanáil teagascóirí talmhaíochta, a thagadh ar cuairt go hannamh, ionas gur fhoghlaim mac an fheirmeora na teicnící cuibhe 'i scoil chúng', gan dul puinn ón sean-nós a fuair a athair ó oidhreacht.[12]

Ba ag fear an tí a bhí ceannas an teaghlaigh, ach bhí teorainneacha traidisiúnta lena údarás. Glacadh leis go raibh cearta ag an mbean agus ag na leanaí. Ba leis an mbean an t-airgead a deineadh as díol uibhe agus ime, a bhain lena cúraimí féin, agus ba fúithi amháin caitheamh an airgid sin, ach í ag cur riachtainis bhaill eile an líon tí san áireamh.[13] Bhí smacht ag an máthair ar an mac, a bhí faoi réir aici fiú agus é fásta suas agus i bhfeighil obair na bhfear go hiomlán. Ba mhar sin ab fhéidir le baintreach feirm a stiúrú ar feadh i bhfad sarar thug sí suas dá mac í nuair a phós sé, agus bhí baint láidir aici le rogha cailín dó.[14] Cuireann Arensberg agus Kimball an bhéim ar an ngrá idir an mháthair agus an mac, nár chuaigh i laghad nuair a fhág sé an fheirm. Nuair a chuaigh sé thar n-ais, ba chun a mháthair a fheiscint é.[15]

Nuair a bhí an cailín ag fás suas, scar sí lena dearthaíreacha agus í seacht mbliana d'aois agus ní raibh aon teagmháil aici lena hathair san obair as sin amach ach amháin sa mhéid is go raibh sí i bpáirt leis an teaghlach i gcoitinne. Thit cúraimí uirthi de réir a chéile. Ullmhaíodh í don ról a bhí ag a máthair sa teaghlach. Faoina cúram bhí an bia, an taobh istigh den tigh, an clós, an iothlainn, na botháin agus na cróite, an tobar. Chaith sí na ba a chrú, na muca a bheathú, na cearca a chothú agus bheith i bhfeighil na n-ainmhithe óga. Chuaigh sí i dtaithí ar na huibhe agus ar an im a dhíol i dteannta le torthaí an ghairdín. Ba leis an mbean phósta an t-airgead a deineadh orthu sin. Tráth, dheineadh an bhean éadaí an teaghlaigh, ach faoin am go raibh a dtaighde ar siúl ag Arensberg agus Kimball, ní bhíodh ach an chniotáil ar siúl: geansaithe, lámhainní, stocaí agus scaifeanna.[16]

Tugann an bheirt antraipeolaithe cur síos achomair ar cad ba phósadh ann sa tsochaí thuathánach: rud a aontaigh lena chéile scata rudaí éagsúla. Ina measc bhí aistriú an smachta eacnamúil, seilbh na talún, atheagrú cheangail teaghlaigh, dul chun cinn sa stádas ar leibhéal teaghlaigh agus pobail, agus tosnú ar shaol na giniúna.[17] Thuig an t-athair go gcaithfeadh sé an fheirm a thabhairt suas don mhac i ndeireadh thiar agus thuig an mháthair go gcaithfeadh sí fáiltiú roimh agus dul i dtaithí ar bhean nua ar lic a cistineach féin. Níorbh fhéidir leis an ngaol eatarthu éaló ón bhfírinne sin. Ach i gcás na hiníne bhí a mhalairt de scéal ann. Thuig sise go bpósfadh sí isteach i dteaghlach eile agus go gcaithfeadh sí dul in iomaíocht le máthair eile:

> Bean mhic is máthair chéile,
> Mar chat agus luch ar aghaidh a chéile.[18]

Ba mhinic trioblóid agus an bhean nua ag dul isteach sa tigh. Chaith sí bheith sásta géilleadh don tseanbhean ar feadh i bhfad, b'fhéidir go dtí go raibh deireadh aici le leanaí a thabhairt ar an saol. Ach stróinséir ab ea í. Mar sin féin, bhraith an teaghlach ar réiteach idir an bheirt. An cúram ba thábhachtaí, agus ba thromchúisí, ar an mbean nua ab ea leanaí a bheith aici. An tubaiste ba mheasa uirthi bheith gan leanbh.[19]

Léiríonn seanfhocail cuid mhaith d'eagna agus do chiall cheannaigh an phobail, ach léiríonn an-chuid díobh drochmheas ar mhná agus ar an bpósadh. Tugann Nóra Ní Shéaghdha faoi ndeara i dtaobh Chorca Dhuibhne gurbh í 'an tréith ba mhó go raibh lorg uirthi i mbean ná séimhe, mánlacht, cneastacht agus ní mór an meas a bhí ar bhean má bhí an tréith sin in easnamh uirthi'. Taispeántar é sin go soiléir i seanfhocail: 'bhí trí shórt ban ann, bean mar mhuc, bean mar chearc agus bean mar chaora'; 'mhíneodh gach éinne an bhean mhínáireach ach an té go bhfuil sí aige'. Tréithe eile a luadh coitianta ná aigne luath na mban: 'chomh luath le hintinn mná idir bheirt fhear'; 'ní fhéachfaidh bean siar chun leithscéal a fháil'. Tugadh le tuiscint go mba chóir don fhear an focal deiridh a fhágaint ag bean mar níorbh aon mhaith dó bheith ag áiteamh uirthi: 'iarr ar bhean é uair nó dhó agus mura dtiocfaidh leat tar leo'. Níorbh aon iontaoibh í bean, agus níorbh aon iontaoibh í an bhean bhreá: 'inis do Mháire i gcogar é is neosfaidh Máire don phobal é'; 'bean bhreá, bó bhán, nó tigh ar ard'. Is dóigh le Ní Shéaghdha 'má tá an seanchas dian ar mhná níl sé amhlaidh i gcás na bhfear'. Níl na tagairtí do thréithe na bhfear líonmhar. Cuireann siad an meas ar an bhfearúlacht agus ar fheabhas fir mar fhear tí in iúl.[20] Bhí an t-aos óg go mór faoi smacht na seandaoine sa seansaol go dtí gur phósadar agus gur thánadar in oidhreacht na talún. D'fhéadfadh fear óg teacht in oidhreacht feirme gan phósadh, ach d'imeodh sí go dtí mac dearthár nó mac deirféar dó ina dhiaidh. Ní bheadh ómós ceart ag dul dó gan bheith pósta agus oidhre air. 'Má phósann tú in aon chor pós anuraidh'; 'ní féasta go rósta agus ní céasta go pósta'—d'ainneoin a leithéidí seo, níor mhaith le héinne gan bheith pósta.

An bhfuil dearcadh ag pobal? Chomh fada is a bhí an limistéar poiblí faoi smacht na bhfear is féidir a áiteamh gur dearcadh fireann é dearcadh 'poiblí' an phobail. Cuid den 'chiall choiteann', den 'chiall mhaith'— téarmaí Gramsci, a luadh thuas—a bhíonn ag gach aicme shóisialta ab ea na seanfhocail, a léiríonn an tuiscint is forleithne ar an saol agus ar an duine. Fealsúnacht is ea í, ach ar nós gach cuid den chultúr coiteann, mar a pléadh thuas, tá an chastacht lárnaithe chórasach in easnamh uirthi. Mar toradh amháin ar léann na seanfhocal is ea go dtuigtear nach uirlis 'uilíoch' é seanfhocal, a thugann réiteach cuimsitheach ar fhadhb, ach iarracht amháin é ar réiteach faidhbe, iarracht is féidir a bhréagnú le seanfhocal eile.

(iv)

I gceann de na staidéir is fearr ar an ósnádúr sa tsochaí thuathánach Éireannach, pléann an socheolaí Richard P. Jenkins 'an t-ionsaí ón saol eile'—an tsúil mhillteach, goid an bhainne agus an ime le piseoga, fuadach sí, poc sí, asarlaíocht. Bhí cúiseanna éagsúla leis an súil mhillteach a bheith ag bean nó ag a leanbh: baisteadh mícheart, pósadh mná agus í ag iompar clainne, eascainí a deineadh beag beann ar ainm an diabhail. Ach d'fhéadfaí an tsúil mhillteach a fháil leis an draíocht freisin. D'aon ghnó nó i ngan fhios ab fhéidir í a úsáid. Bhí sé tábhachtach dea-mhéin a chur in iúl agus aon bheart leochaileach ar siúl ar nós bheith i láthair leanaí nua-bhreithe, nó ba ionlao, nó déanamh na cuiginne, le beannacht nó le lámh chúnta shiombalach a thabhairt. Cuireadh an mífhortún go minic i leith ciorraithe ón súil mhillteach: an tinneas agus an bás a theacht ar dhaoine nó ar stoc, teip ar innill thalmhaíochta, ⁊rl. Tugann Jenkins faoi ndeara gur dhroch-chroí nó éad duine amháin i leith duine eile a bhí i gcónaí i gceist. De ghnáth ba i leith na mban agus go háirithe i leith na seanbhan a cuireadh an tsúil mhillteach. Óganaigh nó fir ba mhó a ciorraíodh.[21]

Go pointe áirithe, téann an tsúil mhillteach agus ciorrú an bhainne nó na cuiginne i dtreo a chéile, ach bhí piseoga chun an chiorraithe chomh maith. An chaoi ba choitianta ná rud a fháil ar iasacht ó theaghlach a raibh droch-chroí ag an duine dó: sméaróid dearg, im, cuigeann nó uirlisí. Slite eile ab ea rud a chur i bhfolach sa tigh, cnapán ime nó a leithéid, an drúcht a bhailiú ó pháirceanna an namhad nó uisce óna thobar. Ba ghá go leor de na piseoga a chur i bhfeidhm maidin Lae Bealtaine: mar a luadh i gCuid a hAon iii, bhí an todhchaí oscailte ag féilte. Uaireanta seanchailleach i riocht giorria a dhiúl ar na ba. Mar a mhíníonn Jenkins, bhí an t-im an-tábhachtach in eacnamaíocht an bhaile ach bhain fadhbanna teicniúla le déanamh na cuiginne. Chuir sin go mór leis an eagla roimh ionsaithe osnádúrtha.[22] Faoi mar gur mhná a dheineadh an chuigeann, mná eile a bhíodh ag iarraidh í a chiorrú. Creideamh coitianta go hidirnáisiúnta ab ea é; is féidir ganntanas nó raidhse ime a thuiscint i dtéarmaí 'an tsochair theoranta' sa tsochaí thuathánach.

Na síóga faoi ndeara an t-ionsaí den sórt ba cháiliúla. D'fhuadaídís daoine nó ainmhithe, nó bhuailidís iad leis an bpoc sí. 'Iarlais' nó 'malartán' ab ea an rud nó an tsióg a fágadh in ionad an duine fhuadaithe lena chomharthaí sin. Leanaí suas go dtí ocht nó naoi mbliana d'aois—i gcás buachaillí, le linn na mblianta go mbídís faoi smacht na máthar sa tigh—nó mná fásta go háirithe tar éis dóibh leanbh a thabhairt ar an saol: iadsan ba mhó a fhuadaídís. Na daoine ar cuireadh ina leith gurbh iarlaisí iad, tinneas éigin a chlaochlaigh iad faoi ndeara an mhínithe: pairilís de shaghas éigin nó athrú suaithinseach ar a n-iompar. I gcás na mban go háirithe, tugann Jenkins dóthain fianaise chun a thabhairt le tuiscint go raibh an t-easaontas nó an t-achrann sa teaghlach ann sarar aithníodh an fuadach sí. Tuigeadh gur theip ar an mbean a dualgaisí a chomhlíonadh i slí éigin: ag pósadh buachalla a raibh a hathair míshásta leis, ag siúl amach le hábhar sagairt, atá ar shamplaí a luann sé.[23] Tugann Angela Bourke le tuiscint ina staidéar cumasach ar chás cáiliúil Bridget Cleary go raibh ráflaí sa cheantar go raibh leannán ag Bridget, agus cé go raibh sí pósta le breis is seacht mbliana nuair a dúnmharaíodh í, ní raibh leanbh aici. Ina theannta sin, thuill sí airgead ón maintíneacht, rud a fhág cuid mhaith neamhspleáchais aici, agus bhí cearca aici freisin, a chuir lena neamhspleáchas: luann Bourke míshásamh na bhfear leis an neamhspleáchas airgid a fuair mná ó chearca.[24]

Luann Jenkins seanchailleacha draíochta arbh é an dochar ba mhó a dheinidís ná an bainne agus an t-im—a bhain le cúram na mban sa teaghlach—a chiorrú. Mná iad na seanchailleacha, ar ndóigh, agus ní raibh a macasamhla go coitianta ina bhfir. D'ionsaigh na síóga mná go háirithe nó d'fhuadaíodar leanaí—cúram na mban. Phós bean isteach sa teaghlach, agus, más ea, stróinséir ab ea í go pointe áirithe. Ach ba uirthi a thit an dualgas ba thábhachtaí i leanúint na clainne: leanaí a thabhairt ar an saol. I dteannta na leanaí a thógaint, bhí an bhean i bhfeighil roinnt de na cúraimí ba thábhachtaí sa bhfeirm, crú na mbó agus déanamh na cuiginne, agus b'fhéidir léi airgead a thuilleamh ar an mbainne agus ar an im. Bhí ábhar achrainn idir staid na mná mar stróinséir agus a tábhacht san eacnamaíocht. Bhí achrann freisin idir thábhacht lárnach na mná i gcinniúint, agus i leanúint ar aghaidh, na clainne ar thaobh amháin agus údarás an fhir ar an taobh eile.[25]

Ba mhinic a thug bean dúshlán don phaitriarcachas as bheith ann. Ba mhná iad formhór mór na ndaoine a cuireadh chun báis sa bhfiach ar lucht asarlaíochta san Eoraip sa 16ú agus sa 17ú haois. Míniú amháin ar an scéal sa Ghearmáin ná athruithe i bpatrún an phósta um an taca sin, ionas go raibh daoine ag pósadh go déanach agus go raibh cuid an-mhór a fhan gan phósadh. D'fhág sin suas le 20% de mhná gan phósadh agus ina dteannta bhí baintreacha, a bhíodh ar 10%–20% de lucht cáin a dhíol. Leis an oiread sin ban ann a bhí neamhspleách ar chumhacht athar nó fear céile, tugadh dúshlán an teaghlaigh phaitriarcaigh.[26]

Pléadh cheana struchtúr an tsaoldearcaidh, ag leanúint taighde Lotman. Go bunúsach, deintear deighilt idir an spás atá á rialú ag an bpobal, atá dá bhrí sin eagartha, agus an spás lasmuigh de, nach bhfuil eagar air. Tuigtear an t-eagar go liteartha agus go siombalach, i bhfoirm na dteorainneacha timpeall an phobail agus na luachanna atá aige. Sárú na dteorainneacha is ea na luachanna a chur i mbaol, agus réabann an choir nó an 'peaca' na teorainneacha sin, ag scaoileadh fórsaí dainséaracha ón taobh amuigh isteach i gceartlár an phobail. Sin é an chúis gur túisce a aimsítear máthair an oilc ina meascsan atá 'ar mí-eagar'. Lucht an mhí-eagair ab ea iadsan a chuir na luachanna i mbaol, nó iadsan a bhí ar imeall an tsaoil sóisialta: leithéidí na mbaintreach, na dtincéirí, na ngiofóg, ⁊rl. Ba minic cumhacht láidir siombalach acu seo mar sin féin, 'cumhacht na lag', rud a bhí ag na mná Ultacha i mbéaloideas Deasmhumhan, nó ag na Sámi i mbéaloideas Chríoch Lochlann.[27]

(v)

Is é an 'scéal draíochta' (AT 300–749) an saghas scéil is cáiliúla ar na seanscéalta, ar chúpla cúis: ba é ab fhearr le scéalaithe mórthimpeall na hEorpa, nó le scéalaithe fireanna ach go háirithe, agus ba é ba mhó ar deineadh staidéar air ó aimsir na ndeartháireacha Grimm anuas. Níl an t-eolas céanna againn ar scéalaíocht na mban is atá ar scéalaíocht na bhfear. De réir na fianaise atá againn, mar a léiríonn an béaloideasaí Clodagh Brennan Harvey, ba lú an pháirt a bhí ag mná i dtraidisiún na scéalaíochta foirmiúla, ach bhí an-chuid seanchais acu. Níor ghnách do mhná dul ag airneán, nó théidís go tithe airneáin ina mbíodh mná i láthair, ach is beag an fhianaise atá againn ar an sórt scéalaíochta a bhíodh ar siúl iontu, ná ar ócáidí eile gur mhná amháin a bhí i láthair iontu.[28] D'aimsigh Georges Denis Zimmermann—údar an staidéir is cuimsithí ar an scéalaíocht in Éirinn—tagairt do dhrochmheas ar mhná ag airneán, mar go mba chóir dóibh bheith i bhfeighil a gcúraimí ag baile.[29] Ina theannta sin, séasúr na scéalaíochta ab ea tréimhse na bliana go raibh laghdú mór ar obair na bhfear, murb ionann agus obair na mban.

Is ar an scéal draíochta a dhein Vladimir Propp a staidéar cáiliúil, bunaithe ar chnuasach Rúiseach, agus de réir na scéime a leag sé síos dá struchtúr, is féidir a mhaíomh gur insint atá ann ar ghaiscíoch (fear) a fhágann an baile mar gheall ar easpa nó ar bhithiúntas, agus a fhilleann, chun pósta, agus an t-easpa curtha ar ceal nó an bithiúntas curtha ina cheart.[30] Ach bhí scéalta de shaghas eile leis ann. Cuir i gcás dhein Ilana Dan iarracht ar scéim den sórt céanna a leagan síos le haghaidh scéalta 'baineanna', bunaithe ar AT 403, 706, 712 agus 883A,[31] a bhaineann le géarleanúint faoi dhó ar bhean, i dtigh a muintire agus i dtigh a fhear céile, agus le hionraice agus le geanmnaíocht na mná a nochtadh ag deireadh.[32] Scéalta iadsan ar bailíodh go leor leaganacha díobh in Éirinn—74 de AT 403, 98 de AT 706, 20 de AT 712 agus trí cinn de AT 883A.[33] Is léir go bhfulaingíonn an bhean iontu; is é sin, go nglacann sí lena bhfuil i ndán di.

Chuir scoláirí feiminíocha suim i seanscéalta mar gheall ar a dtábhacht mar litríocht le haghaidh leanaí. Tháinig cuid mhaith de na leaganacha is mó cáil sa lá atá inniu ann ó chnuasaigh ar nós *Histoire ou contes du temps passé* (*Contes de ma Mère l'Oye*) le Charles Perrault (1697), *Kinder- und Hausmärchen* le Jacob agus Wilhelm Grimm (1812), agus *Eventyr fortalte for børn* (1835) le Hans Christian Andersen. Ach is féidir a áiteamh gurbh iad seo faoi ndear íomhánna diúltacha do mhná agus d'eiseamláirí diúltacha do chailíní. *Cendrillon* (*Cinderella*; AT 510) agus *La belle au bois dormante* (*Sleeping Beauty*; AT 410), a thagann ó leagan liteartha Perrault, agus *Schneewitchen* (*Snow-White*; AT 709) a thagann ó leagan liteartha na ndeartháireacha Grimm, na samplaí is cáiliúla de sin, ina bhfanann an bhean go fulangach leis an bprionsa a theacht i gcabhair uirthi.[34] Ach is ar scéalta liteartha a deineadh an léamh sin, scéalta a bhí bunaithe ar an mbéaloideas ach athscríofa chun iad a chur in oiriúint do luachanna buirgéiseacha na linne. Ba choitianta na leaganacha sin a bheith i leabhair sheanscéalta le haghaidh leanaí. Más iad na scéalta áirithe sin an cúigiú cuid de scéalta Grimm, ba mhinic iad ar an tromlach i leabhair scéalta leanaí.[35]

(vi)

Más le súil an náisiúnaí chultúrtha a scrúdaíodh an Ghaeltacht, in ionad an chultúir thuathánaigh *tout court*, chonacthas fuílleach cultúir a bhí tráth níos fairsinge. Bhí tuiscint láidir stairiúil ag an nglúin intleachtaithe a oileadh faoi scáth na hathbheochana, agus bhí anáil láidir Rómánsach orthu. Mar seo a thuig Séamus Ó Duilearga an cheist:

> Níor tuigeadh—agus is mó duine fós ná tuigeann é—fíor-thábhacht na teangan beó a mhaireann fós ar bhéal na sean-ionndúirithe sa Ghaedhealtacht. Nuair a caillfear iad beidh deire leis na Meadhon-Aoiseanna i n-Iarthar Eórpa, agus beidh an slabhra briste atá fós i n-a cheangal idir an ghlúin atá suas anois agus an chéad dream daoine a thóg seilbh in Éirinn riamh. Tá ar marthain fós i n-a measg cultúr ba leis an náisiún tráth go hiomlán.[36]

Ábhar casta achrannach is ea ceist thosach na náisiún. Cad is brí le náisiún? De ghnáth tuigtear an náisiún i dtéarmaí faoi leith: limistéar stairiúil aige, pobal aitheanta, cuimhne stairiúil i gcoitinne ag a bhaill agus cumarsáid leanúnach ó cheann ceann an limistéir. Tháinig féiniúlachtaí nua chun tosaigh le cabhair na modhanna nua cumarsáide ar tagraíodh dóibh i gCuid a Dó. Ba dhóigh le Benedict Anderson, duine de na húdair is iomráití ar an gceist, gur tháinig an náisiún nua-aoiseach chun cinn nuair a chuaigh trí bhunchoincheap chultúrtha ársa i léig: gurbh fhéidir teacht ar fhírinne nádúr na beatha trí mheán teanga scríofa naofa (ar nós na hEabhraise nó na Laidne); gur rud nádúrtha é sochaithe a bheith faoi réir ríthe a bhí ar leithligh ó dhaoine eile agus a fuair a n-údarás ó dhéithe; agus nárbh fhéidir an chosmeolaíocht agus an stair a idirdhealú óna chéile agus gurbh ionann bunús an domhain agus bunús an duine.[37]

Níor ghá aon tsamhlaíocht chun toisí an phobail traidisiúnta a thuiscint mar 'ar scáth a chéile a mhair na daoine'. Ach bhí an náisiún rómhór chun go mbeadh aithne ag a áitritheoirí ar a chéile. Theastaigh an tsamhlaíocht chuige sin, ní chun glacadh le cumadóireacht, ach chun tuiscint a fháil ar rud a bhí rómhéadmhar do thaithí duine amháin. Dar le hAnderson, ba mhar gheall ar dhá chúis ab fhéidir an náisiún a shamhlú: teanga scríofa chaighdeánach agus caipitleachas an chló. Ba í an bhuirgéis an chéad aicme shóisialta a chruthaigh an dlúthpháirtíocht ar bhonn samhlaitheach. Bhraith dlúthpháirtíocht na n-uasal ar an ngaol fola, ach ní raibh aon chúis go mbeadh baint ag úinéir monarchan i Lille agus úinéir monarchan i Lyon lena chéile. Ní phósaidís iníonacha a chéile ná ní thagaidís in oidhreacht ar shealús a chéile. Ach tuigeadh dóibh tríd an gcló go raibh na mílte dá macasamhla ann agus go rabhadar ar comhleas: '*For an illiterate bourgeoise is scarcely imaginable*'.[38] Tháinig an caipitleachas agus teicneolaíocht an chló chun cinn agus i dteannta a chéile sháraíodar iomadúlacht achrannach na dteangacha agus na gcanúintí le foilsiúcháin i leaganacha seasmhacha de theangacha—a theastaigh ón gcló—a dháileadh ar 'mhargadh' faoi leith. Uaidh sin na 'pobail samhlaithe', 'imagined communities', i dteideal leabhar Anderson: ba limistéir aontaithe cumarsáide iad. D'fhéadfadh duine amháin an pobal i gcoitinne a shamhlú mar gheall ar an ngréasán cumarsáide sin.[39]

Shamhlaigh Éireannaigh náisiún Éireannach a linne le The Nation a léamh. Shamhlaigh clann Sheáin Uí Chonaill nó Tadhg Ó Murchadha náisiún Gaelach nua-aoiseach tríd An Lóchrann. I slí, ba oiriúnaí litriú traidisiúnta na Gaeilge chun clódóireachta ná an litriú caighdeánach a cruthaíodh níos déanaí. Má bhí an litriú traidisiúnta útamálach casta, agus ina bhac do léitheoirí ar bheagán oideachais, bhí sé 'fóinéimeach': is é sin, bhí sé solúbtha go leor chun go bhféadfadh cainteoirí focail a fhuaimniú de réir a gcanúna féin.[40] Ach níor éirigh le litearthacht an chló sa Ghaeilge. Mar a léiríonn Niall Ó Ciosáin, bhraith an litearthacht i dteanga neamhoifigiúil réigiúnach ar ghluaiseacht athnuachana creidimh, Protastúnach nó Caitliceach, i measc na ngnáthdhaoine. Is ar éigin ar éirigh leis an Athrú Creidimh Protastúnach in Éirinn, agus tháinig an athnuachan Chaitliceach de réir theagasc Chomhairle Trent an-déanach. Ach sa chuid ba mhó den tír, bhí an Eaglais Chaitliceach tosnaithe ar bheith ag feidhmiú as Béarla faoin am sin, agus an stát tosnaithe ar chóras náisiúnta oideachais a riaradh.[41]

Aimsíonn an scoláire Gaeilge Mícheál Mac Craith an chéad tagairt don fhocal 'náisiún' as Gaeilge san uacht a dhein Robert Chamberlain agus é ag dul isteach in Ord San Proinsias i Lobháin sa bhliain 1610. D'fhág Chamberlain a chuid airgid 'le h-aghaidh an Cló-Gaoidheilge agus neithe do chur a cló do rachas an onóir do Dhia, a cclú dár násion agus d'Órd San Froinsias'.[42] Is féidir iarrachtaí léannta Sheathrúin Céitinn i bhForas Feasa ar Éirinn agus Mhíchíl Uí Chléirigh agus a leithéidí sa 17ú haois a léamh mar stair—nó mar scéal bunúis, dar le Breandán Ó Buachalla—an náisiúin nua Chaitlicigh a tháinig ar an saol lena linn agus a aontaigh Gael agus SeanGhall ina nÉireannaigh.[43] Is féidir tuiscint nua-aimseartha an náisiúin a cheangal le taithí na nGearmánach agus na bhFrancach. I gcás na nGearmánach, is féidir é a rianú siar go Herder go háirithe, a chuir an bhéim ar eitneacht[44] agus ar chultúr ar leithligh. I gcás na bhFrancach, síolraíonn an coincheap ón Réabhlóid, agus ba é Ernest Renan (1823–1892), an scríbhneoir Briotánach ar chuaigh a aiste 'la Poésie des races celtiques' (1854) chomh mór sin i bhfeidhm ar Yeats agus ar go leor Éireannach nach é, ba líofa a mhínigh é. San aiste cháiliúil 'Qu'est-ce qu'une nation?' (1882), a scríobhadh go gairid tar éis don Fhrainc Alsace agus Lorraine a chailliúint, dhearbhaigh sé: '[i]s ionann náisiún a bheith ann agus cineál de phobalbhreith laethúil, díreach mar is ionann an duine aonair a bheith ann agus comhfhortú marthanach ar son na beatha'.[45]

Glactar leis de ghnáth gur de thoradh ar theacht chun cinn na nua-aoiseachta é an stát-náisiún Eorpach.[46] Mar chúiteamh ar dhíothú an phobail traidisiúnta, tarraingíodh daoine le chéile san fhéiniúlacht náisiúnta tríd an bpolaitíocht dhaonlathach.[47] Ón 18ú haois dhéanach anuas, deineadh stát-náisiúin de náisiúin a bhraith ar ríshliocht agus ar chreideamh mar bhonn leo go dtí sin. Ach bhí dhá shlí inar deineadh an t-aistriú sin. Nuair a bhí an limistéar faoi smacht aicme ceannasaí de bhunadh eachtrannach, agus bhain tromlach na ndaoine le grúpa eitneach eile nach raibh aicme uasal ná ardchultúr leanúnach aige, sa chás sin i ré na ngluaiseachtaí náisiúnta ba ghá ardchultúr a cheapadh as an aon amhábhar amháin a bhí ar fáil chuige: an béaloideas agus an cultúr traidisiúnta. Samplaí ab ea na hEastónaigh, na hÚcránaigh nó na Slóivéanaigh. Ríocht a bhí faoi smacht grúpa agus ardchultúir eitnigh faoi leith a bhí ina bhonn leis an stát-náisiúin sa chás eile: Sasana, an Fhrainc, an Ísiltír nó an tSualainn, mar shampla. Ansin chiallaigh cruthú an stát-náisiúin leathnú na teanga agus an ardchultúir amach ón ngrúpa ar leo i dtosach iad agus ídiú na gcultúr traidisiúnta ag an am gcéanna.[48] Ina dteannta sin, tá saghas stát-náisiúin idir eatarthu, i gcás grúpa eitnigh a raibh aicme cheannasach dá chuid féin aige maraon le hardchultúr, ach a raibh stát dá chuid féin in easnamh air: an Iodáil nár 'aontaíodh' go dtí 1861, an Ghearmáin go dtí 1871, agus an Pholainn, ar deineadh críochdheighilt uirthi sa bhliain 1795 agus a fuair stát dá cuid féin arís i 1918.

Ba dhóigh le hErnest Gellner, socheolaí, gurbh é an claochlú ón saol traidisiúnta go saol na tionsclaíochta ba bhun leis an náisiúnachas.[49] Diúltaíonn Miroslav Hroch, staraí, don mhíniú sin. Áitíonn sé gur i bhfad roimh ré na tionsclaíochta atá bunús fhormhór na ngluaiseachtaí náisiúnta Eorpach, mar deineadh iarrachtaí ar náisiúin a chruthú sa mheánaois dhéanach agus go luath sa nua-aois, rud a fhág iarsmaí ina ndiaidh i bhfoirm na teanga liteartha nó na cuimhne ar staid pholaitiúil a bhí tráth ann.[50] Léirigh Hroch gurbh iad na réigiúin a bhí chun tosaigh sna gluaiseachtaí náisiúnta na ceantair ba mhó cumarsáide sóisialta, go háirithe ceangail leis an margadh, ach ina theannta sin go raibh córas oideachais forbartha iontu.[51] Ba go déanach a tháinig gnáthmhuintir na tuaithe isteach sna gluaiseachtaí náisiúnta, nuair a deineadh ollghluaiseachtaí díobh, agus ní rabhadar suaithinseach iontu ach ina leithéidí sin de limistéir a luann Hroch. Thug an t-oideachas foirmiúil agus an taithí ar an bpolaitíocht arm do dhaoine chun iad féin a fhuascailt. Ar a laghad b'shin aigne an tSoilsithe ar an oideachas agus ar an ardchultúr, go dtabharfaidís an fhorbairt mhorálta chun cinn.

I gcás na bPolannach ar dhein Thomas agus Znaniecki taighde orthu, den chéad uair léirigh an réabhlóid sa Rúis sna blianta 1905–1906 (cúige Rúiseach ab ea an taobh thoir den Pholainn ag an am) gurbh fhéidir an t-ord do-athraithe a bhí ar an saol a athrú, agus le toil an duine. Léirigh sé sin ceangal gan choinne idir go leor fadhbanna teibí agus fíricí an ghnáthshaoil.[52] Sna 1820í agus sna 1840í in Éirinn, d'eagraigh *élite* a raibh oideachas orthu ollghluaiseachtaí Dhónaill Uí Chonaill, ach sna 1870í ba iad na gnáthdhaoine a eagraigh feachtas na talún, le fógraí a chur sna páipéir nuachta.[53] Níorbh iad ceantair 'thraidisiúnta' an iarthair ná talamh méith an oirthir a bhí chun tosaigh sa ghluaiseacht náisiúnta Éireannach i gcoitinne maidir le háit dúchais na gceannairí de, ach na háiteanna a raibh feirmeacha compordacha iontu, a raibh sraith feirmeoirí láidre iontu agus a raibh forbairt eacnamúil ar na bailte móra.[54] Níorbh iad a leithéidí sin na daoine a mhol Yeats nó Lady Gregory ina scríbhinní liteartha ar chosmhuintir Iarthar na hÉireann. Ba dhóigh le Goldring gur mholadarsan cuid bheag de chosmhuintir na tuaithe amháin, an chuid ab iargúlta agus ba lú dul chun cinn eacnamúil. Tugann sé faoi ndeara gur bhain an chuid ba mhó de scríbhneoirí Athbheochan Liteartha an Bhéarla i slí éigin le haicme na dtiarnaí talún agus gurbh shin í an chúis gur leasc leo glacadh leis na hathruithe móra i saol na tuaithe a chuir deireadh leis an aicme sin mar chumhacht pholaitiúil, eacnamúil agus sóisialta in Éirinn.[55]

An chumarsáid faoi ndear na féiniúlachta náisiúnta nua-aoisí. Pé féiniúlachtaí grúpa a bhí in Éirinn roimhe sin, ní rabhadar lonnaithe i réimse aontaithe cumarsáide: léirigh ilghnéitheacht na gcanúintí Gaeilge é sin, ilghnéitheacht nár bhac í leis an gcumarsáid de ghnáth mar ní théadh daoine i bhfad ó bhaile. Ach fiú dá rachadh, bhí an fhoshraith chéanna faoi na canúintí go léir, leaganacha níos luaithe den teanga a aontaigh lena chéile iad, cuimhne eitneach, cuimhne stairiúil, agus traidisiún liteartha a raibh anáil aige ar an teanga labhartha d'ainneoin easnamh na liteartachta. An rud ab annamh ab iontach, mar a léiríonn fear Dhún na nGall, Micí Mac Gabhann (1865–1948), ar oíche sheanchais sa Yukon i ndeireadh an 19ú haois agus é sé mhíle míle ó Éirinn ar thóir an óir:

> Tá cuimhne mhaith agam ar oíche amháin gheimhridh a bhí muid inár suí thart sa chábán s'againne. Bhí muid scaifte mór ann—daoine as achan chearn d'Éirinn. Tá mé ag fágáil go rabh scór uilig istigh agus déarfainn nach rabh os cionn ceathrair den scór sin nach rabh tuigbheáil acu ar an Ghaeilg, agus Gaeilg a bhíthear a labhairt. Cha rabh sé deacair againne Gaeilg na gConnachtach a thuigbheáil ach chuireadh muintir uachtar na hÉireann [Cúige Mumhan] cruaidh go leor orainn in amannaí. Mar sin féin, d'éirigh

muid comh cleachtaithe leo fá dheireadh agus nach rabh moill ar bith orainn iadsan a thuigbheáil chomh maith le duine.[56]

Ba i gcomhthéacs mar sin a samhlaíodh náisiúin nua-aoiseacha, in áiteanna thar lear ar bailíodh daoine ón tír dhúchais lena chéile iontu chun *microcosmos* don bhaile a dhéanamh, agus is eol dúinn tábhacht phríomhchathracha impireachta dála Londain nó Páras nó St. Petersburg chun féiniúlacht náisiúnta a neartú i measc mhuintir na coilíneachta. Ní féidir an comhthéacs sin a dheighilt ó athbheochan na Gaeilge ach chomh beag. Bunaíodh an chéad irisleabhar Gaeilge de chuid na hathbheochana i Nua-Eabhrac i 1881, agus ba i Londain a eagraíodh an chéad chéilí—sa chiall nua-aimseartha—i 1897.

(vii)
Níorbh amhlaidh gur tháinig cultúr coiteann na cathrach isteach in ionad an chultúir thraidisiúnta scun scan sa nua-aois, ach gur meascadh lena chéile iad i slí an-chasta. Tráchtann an t-eitneolaí Wolfgang Kaschuba ar dhá chóras eagair ar an ngnáthshaol, cultúr traidisiúnta na tuaithe i ré na sochaí feodaí agus cultúr coiteann na cathrach i ré an chaipitleachais thionsclaigh.[57] Ach ábhar imní ab ea an meascadh seo do mhórán. Bhí eagla ar scoláirí béaloidis roimh bhás an chultúir fhírinnigh gan mheascadh ba bhéaloideas ann. Ach ní orthusan amháin a bhí eagla roimh a leithéid sa 20ú haois. Ag trácht dó ar an léargas duairc ar an gcultúr a bhí ag an bhfealsamh Max Horkheimer (1895–1973), duine de phríomhsmaointeoirí Scoil Frankfurt agus 'oidhre mór ar an traidisiún clasaiceach Gearmánach agus ar chultúir shofaisticiúla Wien sa *fin de siècle* agus i bPoblacht Weimar', deir an t-antraipeolaí José Jorge de Carvalho gur thuig Horkheimer go raibh a chultúr *élite* féin ag titim as a chéile, ag dul i léig agus ag cailliúint a cuimhne.

Chuir na béaloideasaithe agus na fealsaimh chriticiúla[58] araon an bhéim ar ghéarchéim na gcultúr fírinneach agus ba é a ngearán gurbh é an cultúr measctha idir eatarthu ba bhríomhaire: is é sin, cultúr coiteann na cathrach agus an t-ollchultúr.[59] Deir de Carvalho go bhfuil an béaloideas 'fírinneach' inniu ar aon dul leis an 'gcultúr clasaiceach', á thréigint agus á mheascadh. Tuigeann sé an béaloideas fírinneach mar idéal den chultúr traidisiúnta, bonn leis an bhféiniúlacht eitneach, réigiúnach nó náisiúnta.[60] Áitíonn sé nach bhfuil i ngéarchéim na gcultúr fírinneach ag deireadh ach leagan nua de mhiotas thitim an chine dhaonna. Bhí sé ag an gcriticeoir liteartha Sasanach Matthew Arnold sa 19ú haois nó ag an bhfealsamh Spáinneach José Ortega y Gassett nó Scoil Frankfurt sa 20ú haois. Eagla a bhí orthu go léir roimh scrios na samhlaíochta agus na cruthaitheachta ag an réasúnachas.[61] Bhí an duairceas cultúrtha sin go rábach in Éirinn, i scríbhinní Yeats, Flower agus Uí Dhuilearga, áit ar aimsigh Máirtín Ó Cadhain go grinn é.[62]

Is dóigh le Renato Ortiz gur ábhar buartha do bhéaloideasaithe an 19ú haoise an bhaint idir chultúir choiteanna agus an nua-aoiseacht, go háirithe an bhagairt ag an nua-aoiseacht, i gcrot na tionsclaíochta, ar an gcultúr coiteann. De réir is a tairgíodh an cultúr coiteann níos cóngaraí don sibhialtacht nua-aoiseach thionsclaíoch, níorbh fhéidir é a chur thar n-ais le chéile ach go siombalach amháin. Chuir an músaem eitneagrafaíoch, más ea, an t-achar thar n-ais idir an cultúr coiteann agus an nua-aoiseacht.[63] Áitíonn Ortiz gur chuir an nua-aoiseacht deireadh leis an gcultúr traidisiúnta san Eoraip, agus gur chaomhnaigh scoláirí béaloidis na hiarsmaí de i músaeim, i leabhair agus i dtaispeántaisí. Dar leis, a mhalairt de scéal a bhí i Meirice Laidneach, áit nár tharla an claochló sin sa 19ú haois. Ansin b'amhlaidh a tháinig an stát, na tionscail chultúrtha agus an cultúr traidisiúnta bheith fite fuaite lena chéile agus athraíodh an cultúr traidisiúnta ó bhonn sa 20ú haois. '[T]rasnaíonn na caidrimh chaipitleacha ina n-iomláine na féilte, an cheardaíocht agus na caithimh aimsire' (traidisiúnta) agus téann siad i bhfeidhm ar an traidisiún, á athrú go doimhin.[64]

Dealraíonn sé gur tíortha lárnacha Iarthar na hEorpa atá i gceist ag Ortiz, go háirithe Sasana agus an Fhrainc, ar scríobh sé aiste thábhachtach ar léann an bhéaloidis iontu.[65] Murab ionann agus Sasana, tháinig an tionsclaíocht agus an t-urbánú go déanach don chuid is mó de thíortha Iarthar na hEorpa, rud a fhág tromlach a bpobail ina dtuathánaigh ag dul isteach sa 20ú haois. Sna stáit inar cruthaíodh na cartlanna béaloidis ba mhó, an Fhionnlainn, an Eastóin agus Saorstát na hÉireann, bhí 57%, 59% agus 48% den lucht oibre sa talmhaíocht díreach roimh an Tarna Cogadh Domhanda. Ar an láimh eile, i Sasana, mar ar cumadh an focal 'folklore' agus mar ar bunaíodh an chéad chumann béaloidis (The Folk-Lore Society, i 1878), bhí 55% den phobal i mbailte móra agus gan ach 22% den lucht oibre sa talmhaíocht i 1850.[66] Is féidir a mhaíomh, pace Ortiz, nach raibh an t-athrú chomh simplí sin san Eoraip. Cuir i gcás, in Éirinn 'thrasnaigh' an stát agus na tionscail chultúrtha an ceol traidisiúnta sa 20ú haois freisin agus d'athraigh ó bhonn é.

Deineadh iarrachtaí éagsúla ar an aistriú mór sin sa tsochaí agus sa chultúr a mhíniú, agus ar dhul thar an duairceas cultúrtha nach bhfaca ach an bás i ndán don chultúr traidisiúnta. Dhein Lauri Honko idirdhealú idir 'dhá bheatha an bhéaloidis'. Bhain an chéad bheatha leis an mbéaloideas mar chuid nádúrtha de shaol pobail, chomh nádúrtha sin gur ar éigin a thug an pobal faoi ndeara é. Bhain an tarna beatha ar an láimh eile le nochtadh an bhéaloidis ag stróinséirí—scoláirí, ealaíontóirí, polaiteoirí. Chuaigh suim na stróinséirí sa bhéaloideas i bhfeidhm ar an bpobal ionas gur tugadh faoi ndeara anois é agus thuig an pobal gur rud luachmhar é a bhí acu féin agus a bhí caillte ag aicmí eile nó i ndúthaí eile. As sin, baineadh míniú nua as an mbéaloideas, mar fheiniméan a léirigh luach fealsúnach nó náisiúnta nó ealaíonta. Dar le Honko, ciallaíonn 'tarna beatha an bhéaloidis' ábhar de chuid an bhéaloidis a bheith á úsáid i gcomhthéacs nach ionann agus a bhunúsáid nádúrtha i saol pobail.[67] Tugann Máirtín Ó Cadhain sampla breá greannmhar den tarna beatha sin:

> Shíleas bliain eile go maródh beirt a chéile le dhá shúiste ar an ardán. Is cleasach an cheird í an tsúisteoireacht. Níor mhór duit a bheith ag dul di achar is faide ná seachtain roimh an Oireachtas! Sa nGalltacht a chonaiceas féin ar siúl go deireanach í, chúig bhliana ó shin. An Musaem an áit deiridh a bhfacas súiste.[68]

Coincheap is féidir a chur i gcomparáid le tarna beatha an bhéaloidis is ea an t-athstruchtúrú, nó an t-athiompó, cultúrtha. Tógann Néstor García Canclini coincheap an athiompaithe ón eacnamaíocht nua-liobrálach. Is é is brí le gnéithe den oidhreacht chultúrtha a 'athiompó' ná iad a aistriú ó shuíomh amháin go suíomh eile chun iad a chaomhnú, chun breis a chur leo agus chun neartú le staid na ndaoine a chleachtann iad. Dar le García Canclini, buanaíonn an t-athstruchtúrú cultúrtha foirmeacha traidisiúnta an chultúir, á gcur in oiriúint don saol atá anois ann. Is foirmeacha measctha iad, toradh ar chórais siombalacha éagsúla a bheith ann ag an am gcéanna—an t-ardchultúr, an cultúr traidisiúnta, an t-ollchultúr—agus iad a bheith ag beathú a chéile.[69] Beathaíonn siad a chéile mar gheall ar fheiniméan faoi leith a bhaineann leis an tarna leath den 20ú haois: scaoileadh an dlúthcheangail idir an aicme shóisialta agus an cultúr. Ba dheacair dá bharr talamh slán a dhéanamh a thuilleadh de leithéidí an ardchultúir, an bhéaloidis agus an chultúir choitinn, go mbíodh sé le tuiscint gur bhraith a gcomharthaí sóirt ar ghaol le haicme faoi leith: an t-ardchultúr leis na huaisle agus an bhuirgéis, an béaloideas le tuathánaigh, an cultúr coiteann le haicme an lucht oibre sna cathracha.[70]

Ba iad Max Horkheimer agus Theodor Adorno a chum coincheap 'tionscal an chultúir' i dtéacs cáiliúil ó 1944 a mbaineann duairceas cultúrtha leis.[71] Tagraíonn 'tionscal an chultúir' sa tsochaí nua-aoiseach do phróiseas déantúis agus craobhscaoilte ar thaobh amháin agus do tháirgí an chultúir ar bhonn tionsclaíochta ar an taobh eile. Is féidir stáisiúin raidió agus teilifíse, tithe foilsitheoireachta, comhlachtaí taifeadta, seirbhísí Idirlín, músaeim, boird turasóireachta agus a leithéidí a áireamh i dtionscal an chultúir. Sa seansaol, is ar éigin a bhí idirghabháil i gceist sa chumarsáid agus ba go díreach a cuireadh an cultúr ar aghaidh. Is é sin, labhair daoine lena chéile nó dheineadar aithris ar a chéile agus iad i bhfochair a chéile. Bhí idirghabháil i gceist sa scríobhnóireacht, ach deineadh formhór na cumarsáide go díreach tríd an gcaint.

Inniu, i dtíortha an Iarthair go háirithe, tá an idirghabháil fite fuaite leis an gcumarsáid agus le cruthú agus le cur ar aghaidh an chultúir. Labhrann daoine le gaolta, cairde agus comhleacaithe trí mheán na litreach, an fheaics, an teileafóin (go háirithe an teileafóin phóca) agus an ríomhphoist chomh minic is a labhrann siad go díreach leo. Is minicí a chloiseann siad amhrán nó píosa ceoil trí mheán an taifeadáin, an ríomhaire, an raidió nó na teilifíse ná ó cheoltóir nó ó amhránaí ina láthair. Cloiseann siad scéalta gach lá, agus cé gur ón gcaint a chloiseann siad cuid díobh, cloiseann siad a bhformhór ón raidió, ón teilifís, ón bpictiúrlann nó ón amharclann. Ardaítear ceist an choimín agus na seilbhe arís anseo. Is ar bonn conartha anois a chraobhscaoiltear agus a ghlactar le cuid mhaith den chultúr: ceadúnas teilfíse, conradh teileafóin, ticéad chun cead isteach go coirmcheoil.

Tá fuílleach den chultúr traidisiúnta i gcónaí ann, ach is furasta dul amú á leanúint. Tá sé chomh 'fírinneach' agus is féidir, ach leagann idéal an chultúir thraidisiúnta síos caighdeán ró-ard, caighdeán do-shroiste, do ghlúin nua a mhaireann i saol atá i bhfad níos oscailte don domhan mór. Thuig Máirtín Ó Cadhain go maith é sin leathchéad bliain ó shin agus é ag tagairt do thraidisiúin nua amhránaíochta sa Ghaeltacht a phléigh leis an saol comhaimseartha:

> Ní go minic a chítear aon chuid den chumadóireacht thuathúil seo i gcló. Níl scolta ná dámhscolta ná gairm ná barántas ná bolg soláthair aici. Is é a córas foilseacháin—ba é ariamh anall—an t-airneán, an bhainis, an tórramh, an scíth ag an gcrosbhóthar, 'na cóipleabhra gioblacha' agus 'an litriú barbartha' [chun í a scríobh síos] . . .

Thug sé faoi ndeara gur 'b[h]eag é aird lucht béaloideasa uirthi'.[72] Ní raibh sí 'dúchasach' go leor ná 'fírinneach' go leor do bhéaloideasaithe na linne. Tá an chumadóireacht nua beo beathach inniu, go háirithe i gConamara, agus anáil na hamhránaíochta traidisiúnta agus an 'Country and Western' araon orthu. Cloistear iad ar an raidió, go háirithe ar Radio na Gaeltachta, ar an teilifís, ó cheirníní, i dtithe tábhairne, ag ceolchoirmeacha, ag comórtaisí, ⁊rl.[73]

Míníonn Jean Franco, scoláire litríochta agus doyenne an léinn ar Mheirice Laidneach i dtíortha an Bhéarla, an cineál sin próisis chultúrtha go tuisceanach:

> Migrations, the mixing of high-tech and "primitive", of mass-mediated and oral culture, the scrambling of languages as they cross borders, the scrambling

of social classes that can no longer be securely stratified except through taste—
all this has seriously compromised any notion of an undiluted popular culture
"made by the people themselves" (to use Raymond Williams's phrase).[74]

Sa lá atá inniu ann, moltar an meascadh cultúrtha, 'a new, thoroughly
postmodern species of authenticity', i bhfocail Steven Feld, antraipeolaí
agus scoláire ceoil.[75] Nuair nach raibh seansaol ann a thuilleadh a
chothódh cultúr traidisiúnta, chothaigh daoine a bhí idir an tuaith agus
an chathair, idir Éirinn agus an imirce, idir an talmhaíocht agus an
tionsclaíocht, cultúr measctha a bhí ag freagairt don saol sin.[76]

Conclúid

(i)

Sa leabhar seo, pléitear scéal an chultúir thraidisiúnta agus an tslí ar cuireadh in oiriúint don nua-aoiseacht é. Go pointe áirithe, is féidir a rá gurb é an scéal seo 'mórinsint' na nua-aoiseachta ina steillbheatha, bua an réasúin ar an ainbhios faoi mar a fhógair an Soilsiú é. Ach ag an am gcéanna, áirítear anseo go bhfuil an béaloideas thar a bheith oiriúnach do 'scéalta beaga' na linne seo a insint agus amhras á chaitheamh ar na mórinsintí i gcoitinne. Dealraíonn sé go bhfuil contrárthacht anseo, mar conas is féidir leis an mbéaloideas géilleadh don nua-aoiseacht ar thaobh amháin agus í a shárú ar an taobh eile?

Ghéill an béaloideas don nua-aoiseacht mar gheall ar phróisis chasta eacnamúla, polaitiúla agus cumarsáide. Ní raibh an stát sásta lucht áitrithe a limistéir a fhágaint ar a gconlán féin: ba é tionscnamh gach stáit nua-aoisigh iomlán saol a shaoránach a chur faoina réir. Ceann de chomharthaí sóirt an stáit is ea monaplacht an fhoréigin, agus is lag an stát é muran féidir leis a smacht a chur i bhfeidhm ar an tír ar fad. Ar an ábhar sin, stáit 'teipthe' ab ea an Liobáin sna 1980í nó an tSomáil sna 1990í, cuir i gcás. Ach titeann dualgaisí ar an stát freisin, go háirithe buntáistí na saorántachta a bhronnadh ar na daoine atá faoina chúram i bhfoirm an oideachais, seirbhísí sláinte, cothrom na Féinne ós comhair an dlí, ⁊rl. Agus tá an stát nua-aoiseach fite fuaite leis an gcaipitleachas ionas go bhfuil sé ar cheann dá chuspóirí lucht oibre oilte agus acmhainní nádúrtha a chur in oiriúint dó, agus teastaíonn próiseas leanúnach oiliúna agus 'forbartha' chun daoine agus acmhainní a chur in oiriúint do na riachtainis sin. Dhein Gramsci deighilt idir an tsochaí pholaitiúil a bhaineann le trealamh forimiúil an stáit nua-aoisigh (riarachán, dlí, arm,

125

póilíní, seirbhísí, ⅂rl.) agus an tsochaí shibhialta arb ionann í agus eagraíochtaí príobháideacha atá laistigh de théarmaí tagartha an stáit (páirithe polaitiúla, meáin chumarsáide, ceardchumainn, eaglaisí, cumainn chultúrtha, ⅂rl.). Laistigh díobh seo, bhí feidhm dhearfa oiliúna ag an scoil agus feidhm dhiúltach oiliúna ag na cúirteanna. Bhí saoldearcadh dá chuid féin aige ag an stát, dar le Gramsci, agus dualgas air é a scaipeadh ar an bpobal. Dá bhrí sin, chuaigh an stát in iomaíocht le saoldearcaí eile, a raibh an béaloideas ar cheann díobh, chun iad a chur faoi chois.[1] Cúngaíodh saol an bhéaloidis agus osclaíodh saol nua-aoiseach (náisiúnta nó idirnáisiúnta) de réir a chéile ionas gur tuigeadh do dhaoine go raibh deireadh tagtha leis an seansaol: dhá léiriú air sin ab ea an cur síos a thug Sir William Wilde díreach i ndiaidh an Ghorta agus Seoirse Mac Tomáis sa Bhlascaod Mór sna 1920í. Chuir córais nua-aoiseacha úinéireacht agus úsáid na talún agus na n-acmhainní nádúrtha isteach ar go leor sean-nósanna: is féidir a rá, ag leanúint nath Max Weber, gur bhaineadar an draíocht den saol. Is fíric stairiúil í go bhfuil deireadh tagtha leis an saol tuathánach Éireannach a raibh an béaloideas ag freagairt dó.

(ii)

Tugann foinsí iomadúla eolas dúinn ar an gcultúr traidisiúnta. An féidir a mhaíomh go bhfuil cuid díobh níos údarásaí ná a chéile? Is deimhin go dtugann na beathaisnéisí agus na dírbheathaisnéisí Gaeltachta foinse an-luachmhar dúinn. Sna dírbheathaisnéisí go háirithe, is féidir a áiteamh go labhrann na scríbhneoirí go díreach linn, agus ar bhonn aestéitiúil, is saothair iomlána neamhspleách ar chúinsí tánaisteacha iad *An tOileánach*, abraimís, nó *Fiche Blian ag Fás*. Ach ní féidir iad a mheas go hiomlán gan chúinsí a gcruthaithe a chur san áireamh, agus is mórthaibhsí iad na cúinsí sin i gcás na mbeathaisnéisí ná na ndírbheathaisnéisí. Is *genre* nua-aoiseach í an dírbheathaisnéis a dteastaíonn suibiachtúlacht uaithi, tréith neamhchoitianta sa tsochaí thraidisiúnta. Ní hionann an tsuibiachtúlacht agus tuiscint duine ar a leas féin, nó ar a ionad féin sa tsochaí, rud atá teagmhasach agus 'áitiúil'. Tá an tsuibiachtúlacht 'uilíoch' mar cuireann sí an saol ar fad faoi réir chomhfhios duine amháin. Go deimhin is traidisiún, agus coinbhinsiún, é sin sa litríocht nua-aoiseach, foirm chruthaitheach indibhidiúil atá á soláthar ag údar do phobal. Laghdaítear an tsuibiachtúlacht de réir is a théitear siar i stair na litríochta agus síos an dréimire sóisialta maidir le *milieu* na scríbhneoirí de, mar traidisiún buirgéiseach go háirithe í. Sa bhéaloideas, is foirm phoiblí réamhdhéanta é an scéal a chuirtear ar fáil do phobal trí idirghabhálaí, duine a nglactar le cruthaitheacht áirithe uaidh mar sin féin (sa teanga, sa stíl, sa charachtracht agus sa neart mothaitheach). Tá ábhairín den deighilt idir *artiste* ('ealaíontóir') agus *artisan* ('ceardaí')—agus Laidin *ars* (gin. *artis*) mar phréamh leo araon— le tuiscint san idirghabhálaí.

Áitíonn Maurice Goldring nach n-éiríonn le cultúr na mBlascaodach é féin a chur in iúl ach amháin nuair a thagann sé i dteagmháil le stróinséirí. Is fíor sin, ach is fírinne shimplí í. Ní raibh na foirmeacha cuí ar fáil don Bhlascaodach chun é féin nó í féin a chur i gcéill go cothrom agus go fileata don stróinséir. Pobal tuathánach ab ea pobal an oileáin, pobal traidisiúnta ab ea é [leis na himpleachtaí a pléadh i gCuid a Trí i-iv], agus ní raibh teacht ach ar an oideachas ab ísle i dteanga agus i gcultúr na stróinséirí aige. Bhí ar Thomás Ó Criomhthain teanga nua (an Ghaeilge liteartha) agus foirmeacha aeistéitiúla nua (an dialann, an dírbheathaisnéis) a fhoghlaim sara bhféadfadh sé dul i ngleic le scéal a insint do stróinséirí ina dteanga féin (.i. i dteanga agus i gcoinbhinisúin liteartha). Murach na stróinséirí liteartha Marstrander, Robin Flower, Brian Ó Ceallaigh, Seoirse Mac Tomáis agus a leithéidí, bheadh litríocht eile Bhlascaodach ann, agus ba lú í. Más cúinsí tánaisteacha iad anáil na ndaoine sin, cúinsí breise ab ea anáil eagarthóirí (Pádraig Ó Siochfhradha, 'An Seabhac', i gcás *An tOileánach*, mar shampla), foilsitheoirí, aistritheoirí, ⁊rl. (cuir i gcás an bhaint ag Seoirse Mac Tomáis le beagnach gach céim de *Fiche Blian ag Fás*, ó spreagadh an scríbhneora, ón eagarthóireacht, ó aimsiú foilsitheora go dtí an t-aistriú go Béarla).[2] Ach bunchúinsí, mar sin féin, ab ea bua ealaíne an scríbhneora; na cúinsí tánaisteacha ab ea conas ar réitíodh an bealach dó chun labhairt leis an saol. Sa tslí sin, níl Tomás Ó Criomhthain ná Muiris Ó Súilleabháin chomh héagsúil sin le James Joyce agus scéal casta scríobh agus foilsiú *Ulysses*.

Tuigimse gur beathaisnéis é scéal a scríobhann duine nach é príomhphearsa an scéil é, bíodh an scéal á insint sa chéad phearsa nó sa tríú pearsa. Tá difríocht bhunúsach, más ea, idir an dírbheathaisnéis, a scríobhann príomhphearsa an scéil, agus an bheathaisnéis, nach scríobhann. Ní hé an bundifear idir *An tOileánach* agus *Peig* gurbh fhear é Tomás Ó Criomhthain agus gur bhean í Peig Sayers, ach gur dírbheathaisnéis é leabhar amháin agus gur beathaisnéis é an leabhar eile. Sa bheathaisnéis is é an beathaisnéisí a thugann na téarmaí tagartha ar fad. Is é an beathaisnéisí a cheapann scéal na príomhphearsan, a aimsíonn a thosach agus a dheireadh, agus an leanúnachas insinte eatarthu. Is í aigne an bheathaisnéisí—toradh ar chúinsí síceolaíocha, inscne, sóisialta, reiligiúnacha agus gairmiúla—a scagann fíricí síceolaíocha, inscne, sóisialta, reiligiúnacha agus gairmiúla a bhaineann le saol duine eile. Ní haon ionadh gur deacra Peig Sayers a aimsiú sna beathaisnéisí uirthi ná príomhphearsa *An tOileánach* nó *Fiche Blian ag*

Fás. Ach ar a laghad bhí trí bheathaisnéis ar Pheig, go leor scríofa uirthi ag údair eile (mar shampla an chaibidil uirthi ag Flower in *The Western Island*), agus an-chuid béaloidis bailithe uaithi ionas gur féidir iarrachtaí ar phictiúr níos iomláine a thabhairt di—chuaigh an scoláire litríochta Patricia Coughlan i ngleic leis an bhfadhb sin ar mhaithe lena ceart a thabhairt do bhean ar deineadh sórt íocóin di d'Éirinn Chaitliceach Ghaelach thuathánach.[3]

Baineann an fhadhb chéanna leis na beathaisnéisí Gaeltachta i gcoitinne. Tríd is tríd, cuireann siad saol samplach tuathánach Gaelach inár láthair, nó ar a laghad, b'shin é an t-ionad i margadh léitheoireachta na Gaeilge a bhí acu. Murach an Athbheochan, is é is dóichí nach mbeidís ann in aon teanga. Foinse an-luachmhar iad ar an saol sóisialta, ach is beag an teist é sin ar shaothar cruthaitheach. Is féidir dul thairis sin agus go leor díobh a aithint ina saothair litríochta. D'ainneoin na bhfadhbanna ar tagraíodh dóibh thuas, tá fiúntas liteartha in *Peig*, bua na mná féin agus a mic, Mícheál Ó Gaoithín, file agus scéalaí, a scríobh—nó a scríobh síos uaithi—a scéal. Is é an dálta céanna é ag scéal Mhicí Mhic Gabhann, *Rotha Mór an tSaoil*, a scríobh Seán Ó hEochaidh. Bailitheoir tábhachtach agus eagarthóir béaloidis ab ea Mac Uí Eochaidh, a phós iníon Mhicí. Fianaise ar shuaithinseacht an dá leabhar sin is ea na leaganacha eile díobh, in aistriúcháin agus i bhfoirm scannáin. Teist ar stádas saothair liteartha is ea an aithris ómósach agus an scigaithris araon. Chuir Myles na gCopaleen ina luí orainn in *An Béal Bocht* (1941) gur bhain litríocht an Bhlascaoid le canóin. Deineadh scigaithris ar *Pheig* i bhfoirm cartúin as Béarla—a thuilleadh fianaise, b'fhéidir, ar ionad an leabhair sa chanóin—ach nár léirigh, ag deireadh, ach cúigeachas Éireannach faoi bhréagriocht smeairteáltacht cathrach.[4] I dhá scannán shuaithinseacha le Desmond Bell, insíodh scéalta a bhí dílis do *Rotha Mór an tSaoil* agus do shaothar Sheáin Uí Eochaidh, i slí a bhí comhaimseartha le lucht féachana an lae inniu, agus a aimsigh leithleachas an dá bheatha agus uilíochas staid an duine iontu.[5]

Tá comhthéacs idé-eolaíoch ag na beathaisnéisí is féidir a cheangal leis an athbheochan náisiúnta sa chiall is leithne. Is féidir fráma coimeádach sóisialta a bheith timpeall orthu a léiríonn fulangacht Chaitliceach agus saontacht pholaitiúil, agus atá poblaíoch nó *populiste* sa tslí is go n-idéalaíonn sé saol faoi leith agus go laghdaíonn sé an fhírinne go bhfuil dlúthbhaint (a chuaigh thar an ghéarleanúint) ag pobail éagsúla na Gaeltachta le saol níos fairsinge [mar a thugtar le tuiscint i gCuid a Trí i-ii]. Ní gá gur locht é sin, áfach, mura nglactar leis na beathaisnéisí mar stair shóisialta scun scan. Chun teanga 'íseal' a neartú [féach an plé ar an 'débhéascna' i gCuid a Trí ii], b'fhéidir gur fearr an bhéim a chur ar mhianach a neamhspleáchais ná ar a spleáchas faoi mar atá. I litríocht na hAthbheochana diúltaíodh don chúigeachas, ag lorg shíol na náisiúntachta, seachas fiaile na barbarthachta, i saol na dtuathánach—nár dhein Yeats a leithéid céanna chun litríocht Éireannach a chruthú as Béarla? Deineadh cinsireacht áirithe chuige sin chun an téacs a chur in oiriúint don idéal: Gaeilge a chur in ionad na bhfocal Béarla ba dhual don débhéascna, eachtraí áirithe a léiríonn an iomarca den teaspach a chur ar leataoibh (dhá shampla a bhaineann le Tomás Ó Criomhthain: nuair a d'fhéach sé faoi ghúna cailín, sliocht a d'fhág An Seabhac amach as *An tOileánach*,[6] agus babhta drabhláis ag na hoileánaigh, a d'fhág Séamus Ó Duilearga amach as an gcnuasach seanchais a bhailigh Robin Flower, *Seanchas ón Oileán Tiar*[7]).

(iii)

Cad mar gheall ar bhailiú an bhéaloidis, más ea? Nach dóichí go dtabharfadh an bailiúchán mór a chuir Coimisiún Béaloideasa Éireann le chéile idir 1935 agus 1970 pictiúr dílis den saol traidisiúnta? As an gcúlra idé-eolaíoch céanna le hathbheochan na Gaeilge a tháinig bailiú agus léann an bhéaloidis ó aimsir Dhubhghlas de hÍde. Go deimhin féin, ceangal idir an dá thionscnamh chomhthreomhara sin—nó idir an trí thionscnamh agus athbheochan litríocht Bhéarla na hÉireann a chur go nádúrtha san áireamh—ab ea an Craoibhín Aoibhinn féin agus Conradh na Gaeilge arbh é a bhunaigh é. Comharba an Chraoibhín ab ea Séamus Ó Duilearga, agus is furasta idé-eolaíocht na hathbheochana a léamh ina chuid scríbhinní. Lean sé sin d'idéal na fírinneachta freisin, sa duairceas cultúrtha a léirigh sé i leith an tsaoil nua-aoisigh, san easpa spéise a chuir sé sa saol a bhí ag teacht chun cinn sa Ghaeltacht (easpa a cháin Máirtín Ó Cadhain), agus sa bhfo-iarracht a dhein sé ar an idéal a chosaint ón bhfírinne. Ní féidir torthaí aon tionscnaimh a thuiscint i gceart gan phrionsabail an tionscnaimh a bheith curtha síos roimh ré. Sa chéad eagarfhocal le hIris an Chumainn le Béaloideas Éireann, *Béaloideas*, léirigh an Duileargach go gonta an rud a thuig sé ba bhéaloideas ann.[8]

Scéalta ba mhó a theastaigh ó bhailitheoirí an Choimisiúin—rud a bhí de réir léann an bhéaloidis sna lárionaid ba thábhachtaí ar an mór-roinn um an taca sin agus, de bharr shaibhreas suaithinseach na scéalaíochta in Éirinn, rud a bhain clú agus cáil amach do bhéaloideas na hÉireann (cé nár bunaíodh traidisiún ceart intleachtúil, rud a lig béaloideas na hÉireann i ndearmad sna lárionaid chéanna nuair a athraíodh paraidím an léinn ó na 1960í). Ealaíon ab ea an scéalaíocht a shaothraigh daoine gan léamh ná scríobh. Chuir an litearthacht agus an Béarla go mór le meath na scéalaíochta, rud a léirigh an bhaint a bhí riamh aici leis na daoine ba bhoichte agus ab ísle céim shóisialta. Fir ba mhó a bhí i láthair sna tithe airneáin, agus acu ba mhó a bhí na scéalta gaisce agus na scéalta iontais, na *genres* ba mhó a raibh meas scoláirí orthu. Fir ab ea na bailitheoirí gairmiúla ar fad, agus ba fhir iad formhór na scoláirí béaloidis agus na mbailitheoirí páirtaimseartha. Ba ó na ceantair ba mhó inar bailíodh an béaloideas iad na bailitheoirí tríd is tríd, Gaeilge ó dhúchas acu, spéis acu sa bhéaloideas agus oideachas orthu thar mar a bheadh ag gnáthmhuintir a gceantair. Ó Bhaile Átha Cliath a stiúraíodh an bailiú, agus ba é Séamus Ó Duilearga a stiúraigh.

Ar mhodhanna oibre Chríoch Lochlainn a bunaíodh lámhleabhair na mbailitheoirí, *Láimhleabhar Béaloideasa* (1937) agus *A Handbook of Irish Folklore* (1942), córas Uppsala curtha in oiriúint d'Éirinn ag cartlannaí an Choimisiúin, Seán Ó Súilleabháin. Is féidir a rá, a bheag nó a mhór de, gur toradh cheisteanna an láimhleabhair é an cnuasach mór béaloidis agus tá sé chomh dílis don chultúr traidisiúnta is atá na ceisteanna. Bhí ceisteanna an láimhleabhair bunaithe ar chóras cláraithe chartlann bhéaloidis Uppsala, ionas go raibh an táirgeadh 'inchartlainne'—an fhíric, an téacs— mar phointe tosaigh agus mar chríoch araon ar an obair.[9] Bhraith tuiscint statach den bhéaloideas agus an chartlann ar a chéile, agus ba é an bailitheoir an t-idirghabhálaí eatarthu, idir na hiarsmaí a bhí ag fanacht lena mbailiú agus an chartlann fholamh a bhí ag fanacht leis na hiarsmaí. Ba bheag an próiseas a tuigeadh sa chultúr traidisiúnta seachas an bás, mar a léiríonn duairceas an Duileargaigh agus mórán scoláirí nach é.

Cé leo an guth a fhaighimid sa chnuasach béaloidis? Más amhlaidh nár leis an bpobal traidisiúnta fráma tagartha an chnuasaigh, ná na ceisteanna a bhfuil formhór an ábhair ina fhreagra orthu, ná na hagallaimh inar cuireadh iad, ná an fhoirm scríofa a cuireadh ar an ábhar (cló Gaelach, cló Rómhánach, litriú canúnach, litriú foghraíoch), ná an chartlann inar cuireadh faoi chlúid é, nach ábhar éadóchais é go raibh a laghad sin smachta ag pobal an bhéaloidis ar an bpróiseas? San India, dhein buíon staraithe iarracht ar ghuth na n-íochtarán a lorg i scríbhinní coilíneacha agus náisiúnaíocha ar éirí amach na dtuathánach sa tír, a foilsíodh sa tsraith cháiliúil *Subaltern Studies*.[10] Sa léirmheas a dhein an scoláire feimineach Gayatri Chakravorti Spivak ar thionscnamh na staraithe, bhí amhras uirthi go bhféadfadh an t-íochtarán riamh labhairt le saol níos fairsinge mar gur bhraith a staid de réir deifiníde ar easpa cumarsáide lena chomhaith de dhuine. Is é sin le rá, conas arbh fhéidir leis labhairt nuair nár leis fráma tagartha an chomhráidh?[11] Is fadhb 'idéalach' í go pointe áirithe, mar más fíor, níl an chumarsáid indéanta, ach ardaíonn an cheist deacracht soiléir, mar sin féin, a bhaineann le béaloideas na hÉireann freisin.

Ba scagadh a dhein bailiú an bhéaloidis ar an gcultúr traidisiúnta, ag lorg ábhair a bhí oiriúnach do thionscnamh na scoláirí béaloidis, don Athbheochan agus do thógaint an náisiúin. De réir Stuart Hall, scoláire atá ar dhuine de bhunaitheoirí agus de mhórscoláirí *Cultural Studies,* ciallaíonn próiseas an chultúir i ngach ré deighilt a dhéanamh idir an t-ábhar atá le tógaint isteach sa 'traidisiún mór' agus an t-ábhar atá le fágaint lasmuigh.[12] Áitíonn Néstor García Canclini gur féidir leis an oidhreacht chultúrtha a bheith ina harm chun deighilteacha sóisialta a chur ar aghaidh. Is iad na grúpaí ceannasacha a dheineann amach cad iad na heilimintí den chultúr atá den scoth, agus atá le caomhnú dá bharr. Is féidir leis na híochtaráin rudaí den chéad scoth a chruthú go healaíonta, ach is deacair dóibh na foirmeacha ealaíonta sin a iompó ina gcuid d'oidhreacht a aithnítear go forleathan. Is deacair dóibh na táirgí cultúrtha a chnuasach i rith na mblianta de dheasca na bochtaineachta nó na géarleanúna. Is deacair dóibh iad a iompó ina 'eolas oibiachtúil' neamhspleách ar an traidisiún béil agus ar an seachadadh ó dhuine go duine. Agus is deacair dóibh an t-eolas seo a leathnú tríd an oideachas institiúideach. Seo acmhainní nach mbíonn ag an gcosmhuintir.[13]

(iv)

Baineann fadhbanna de shaghas eile le saothar na n-antraipeolaithe. Bhíodarsan neamhspleách ar thionscnaimh náisiúnta na scoláirí béaloidis—níor Éireannaigh iad—ionas nárbh é an scagadh a leanfadh an fráma náisiúnta nó náisiúnaíoch a chuirfeadh an fhianaise in iúl. Is é an bua is mó ar shaothar Arensberg agus Kimball, b'fhéidir, ná a eimpíreachas eitneagrafach agus is é an locht is mó a cuireadh ina leith ná easpa comhthéacs stairiúil. An feidhmiúlachas an scoil ar bhaineadar léi, ionas gur phléadar leis an bpobal mar aonad orgánach. Ghlacadar leis gur traidisiún ársa a bhí ag an bpobal. Dá mba aonad seanda orgánach é an pobal, a bhí aontaithe ag feidhmeanna éagsúla a gcoda a réitigh go breá lena chéile, níor léirigh an bheirt antraipeolaithe gur cineál sochaí a raibh a bunús sa 19ú haois ab ea an tsochaí thuathánach sin, agus ós rud é nár thuigeadar teagmhasacht a bhunúis, níor shamhlaíodar go dtitfeadh sí as a chéile chomh tapaidh sin sa 20ú haois.[14]

Mar sin féin, ní cur síos ar phobal statach a thugadar, ach pobal a bhí ag athrú. Ba dhóigh leo gur athrú mall é, a lig don phobal glacadh leis i slí nár chuir as dó, á chur in oiriúint dó féin. Dar leo, pobal leath slí idir shochaí thraidisiúnta agus sochaí nua-aoiseach ab ea é.[15] Is dóigh le roinnt údar go raibh anáil ag cúinsí idé-eolaíochta agus polaitíochta na hÉireann ar an saothar, rud a fhág rian rómánsúil air. Tá a fhios againn gur chabhraigh Séamus Ó Duilearga le hArensberg (agus gur tugadh cuireadh dó níos déanaí sraith léachtaí a thabhairt ar bhéaloideas na hÉireann do roinn na hantraipeolaíochta in Ollscoil Harvard, ollscoil Arensberg agus Kimball, sa bhliain 1939), agus bhí dlúthbhaint ag an Duileargach leis an Leamhach a thogha mar ionad oibre ag Arensberg. Bhailigh an

Duileargach béaloideas ó dhaoine ar dhein Arensberg agallaimh leo, daoine mar Stiofán Ó hEalaoire, agus d'fhan an t-antraipeolaí agus an béaloideasaí sa tigh céanna ar an Leamhach.[16]

D'fhág *Family and Community in Ireland* a rian ar gach staidéar antraipeolaíoch ar Éirinn go ceann daichead bliain ina dhiaidh, dar le Thomas Wilson, mar d'úsáid gach ceann díobh an t-aonad céanna anailíse (.i. an pobal), an bhéim chéanna ar an ngaol agus ar an struchtúr sóisialta i saol an phobail agus an patrún teoiriciúil céanna den tsochaí áitiúil a phréamhaigh ón bhfeidhmiúlachas san antraipeolaíocht.[17] Bhain a bhformhór le ceantair Ghaeltachta nó BreacGhaeltachta ionas go gcuirfeadh easpa Gaeilge John C. Messenger (údar *Inis Beag Isle of Ireland* [1969], staidéar ar Inis Oírr) as do scoláire béaloidis nó Gaeilge, cuir i gcás. Ach tugann na saothair sin eolas nach dtugann foinsí eile: cur síos cuimsitheach eitneagrafaíoch ar phobal ar leithligh laistigh de thréimhse áirithe ama ó scoláirí a raibh a saol i bpáirt leis an bpobal i rith na tréimhse sin agus scrúdú doimhin ar ghnéithe faoi leith den saol sin— eacnamaíocht na bhfeirmeoirí beaga, roinnt na hoibre, an gaol ag Arensberg agus Kimball; an bhaint idir an ginealach, seilbh na talún agus eagrú chriúnna na mbád ag Robin Fox i dToraigh; nó an mheabhairghalar i sráidbhaile i gCorca Dhuibhne ag Nancy Scheper-Hughes, cuir i gcás.[18] Ba leithne agus ba dhoimhne spéis—agus oiliúint acadúil—na na-antraipeolaithe, ní rabhadar faoi cheangal nósmhaireacht agus discréid chultúr na hÉireann faoi mar a bhí na béaloideasaithe, agus ní rabhadar i mbun tionscnaimh in Éirinn ach an t-aon tréimhse fhada amháin, ionas nár ghá dóibh filleadh ar an ngort tar éis na hoibre nuair a bhí na béaloideasaithe ag gabháil de bhailiú leanúnach.

Bundifear idir mhodh oibre an bhéaloideasaí agus an antraipeolaí is ea an úsáid a bhaineadar as an eolas a bhailíodar sa ghort. Ba ghnách don bhéaloideasaí an t-eolas sin a chur isteach i gcartlann san áit go mbeadh sé ar fáil do scoláirí eile nuair ba ghnách le hantraipeolaí an t-eolas a choimeád go príobháideach. Tá sé sin le tuiscint go pointe áirithe sa dá choincheap éagsúla den obair sa ghort: an bailiú agus an eitneagrafaíocht,[19] agus sa dá thoradh is mó ar obair scoláirí an dá dhisciplín: cartlanna móra béaloidis agus corpus leathan machnaimh antraipeolaíochta. Sa tslí sin, ba dhisciplín 'feidhmeach' é an béaloideas i bhfad ó shin. Bua mór ag modh oibre na mbéaloideasaithe ar antraipeolaithe nó ar shocheolaithe is ea na bunfhoinsí a chur ar fáil, foinsí is féidir le scoláirí i ngach glúin filleadh orthu.

(v)

Baineann deacracht le rangú an bhéaloidis mar ábhar léinn. An mbaineann sé leis na heolaíochtaí sóisialta nó leis na healaíona? An mbaineann sé leis an tráchtaireacht nó leis an gcumadóireacht? An amhlaidh nach ndeineann léann an bhéaloidis ach bailiú agus eagrú ar ábhair, nó an bhfuil traidisiún machnaimh ann freisin? Fadhb amháin a bhaineann le léann an bhéaloidis is ea gur dhein sé a chuid féin de theoricí an 19ú haois agus is minic nach féidir gort an bhéaloidis inniu a thabhairt faoi ndeara neamhspleách orthu. Léiríonn an t-antraipeolaí Llorenç Prats go gonta an fhadhb sin (agus é ag trácht ar an gCatalóin sa 19ú haois), agus cé go bhfuil cothrom na Féinne in easnamh go pointe áirithe nuair a cháintear léann béaloidis an 19ú haois le machnamh antraipeolaíoch an 20ú haois, tá fírinne áirithe lena ndeireann sé:

> *Níl* an cultúr pobalda *ansin*—agus an béaloideas más ea—ag fanacht le go mbaileodh na béaloideasaithe é. Ní hann don chultúr pobalda—don bhéaloideas—sara ndeineann na béaloideasaithe sainmhíniú air, agus tugann na béaloideasaithe sainmhíniú air ina gcuid saothar, ina gcuid gníomhaíochtaí, seachas i sainmhínithe forimiúla agus i bhforógraí.[20]

Traidisiún intleachtúil é atá seanbhunaithe agus seanaimseartha ag an am gcéanna a cheapadh go bhfuil an béaloideas ann go neamhspleách ar an gcoincheap stairiúil. Tá sé seanaimseartha go háirithe leis an 'athfhillteacht' atá tábhachtach san eitneolaíocht agus san antraipeolaíocht ó na 1970í nó 1980í. Machnamh, teoiric atá i gceist a chuireann é nó í féin san áireamh, nó modh oibre a chuireann anáil an scoláire ar ábhar an taighde san áireamh: táid sin 'athfhillteach'—tagann an téarma ón ngramadach—agus is féidir iad a cheangal go ginearálta leis an machnamh iarnua-aoiseach. Léiríonn Jean Franco go gonta an mhíchothroime idir an t-intleachtaí agus gort an chultúir choitinn, cuir i gcás, agus iarrann sí machnamh níos 'athfhilltí' ar scoláirí. Is ar Mheirice Laidneach atá sí ag trácht, ach baineann a cuid focal le hábhar in Éirinn, san am atá caite agus anois, agus táid oiriúnach mar rabhadh do scoláirí an ghoirt i gcoitinne. Is ag trácht ar intleachtaithe an 'láir' atá sí—ó Mheirice Thuaidh agus ón Eoraip—agus a bpribhléidí i leith an 'imill'. Dar léi, is cóir dóibh tosnú ar an suíomh pribhléideach sin a cheistiú, '[a]nd a good place to begin might well be with questioning their stake in "the popular" especially when the popular, in their representation, inhabits those places where they themselves are privileged visitors.[21]

In Éirinn, ba thúisce ceangailte le léann na Gaeilge é an béaloideas ná le haon léann eile mar gheall ar bhailiú agus staidéar an bhéaloidis a bheith ceangailte go stairiúil leis an athbheochan, agus mar gheall ar aigne faoi leith a thuig an béaloideas mar fhuílleach an ardchultúir Ghaelaigh a scriosadh sa 17ú haois. Lasmuigh de dhá roinn bhéaloidis, is minicí scoláirí béaloidis i ranna Gaeilge ná i ranna eile sna hollscoileanna Éireannacha, arís mar gheall ar an gceangal stairiúil idir an dá léann. Sa litríocht chriticiúil ar an mbéaloideas, seans gurbh é Máirtín Ó Cadhain an t-intleachtaí ab fhearr a thuig an chontrárthacht idir idéal an bhéaloidis agus fírinne shóisialta na sochaí traidisiúnta. Is cinnte nár scríobhadh éinní dioscúrsach ar an mbéaloideas lena linn, agus is beag a scríobhadh ina dhiaidh, chomh cumasach lenar scríobh sé féin. Ba mhó ba spéis le scoláirí an bhéaloidis fírinne 'liteartha' an bhéaloidis ná fírinne 'shocheolaíoch' na ndaoine a raibh sé acu, ionas nár chuaigh a spéis sna daoine níos faide ná bás na ngnéithe den bhéaloideas ba spéis leo agus a raibh meas acu orthu, nó bás na scéalaithe deiridh. Nílimid sásta a thuilleadh má chloisimid nach bhfuil 'lé feisgint indiu ar láthair tí Sheáin Í Chonaill ach carn cloch' mar mheafar do bhás an bhéaloidis.[22] Níor fhéad an Cadhnach ná Seoirse Mac Tomáis an béaloideas agus na daoine a raibh sé acu a idirdhealú óna chéile. Agus ag deireadh is féidir todhchaí do léann an bhéaloidis a shamhlú ina gcuid scríbhinní, a thuar na fadhbanna scolártha a aithníonn scoláirí béaloidis agus eitneolaíochta an lae atá inniu ann.

An aisling a bhí ag leithéidí an Chadhnaigh, aisling d'Éirinn a fhéadfadh bheith ann ab ea í, tír ab fhéidir a chruthú. An aisling dhuairc a bhí ag go leor Rómánsach (a raibh roinnt scoláirí béaloidis orthu), idéal ab ea í de ré a bhí thart agus nach dtiocfadh arís. Dá mba spéisiúil ann féin é an béaloideas dar leis an gCadhnach, ba dhríodar é a bhí ina bhac lena aisling a chur i gcrích: náisiún neamhspleách nua-aoiseach a mbeadh saorántacht chultúrtha iomlán ag a bhaill—bheadh sé ar aon intinn le Gramsci ansin. Murach idéil úd Uí Dhuilearga agus an Choimisiúin, áfach, bheadh an 'dríodar' sin imithe faoi mar gur shloig an talamh é. Ba dhóigh le Gramsci gur bhac é an leithleachas áitiúil le cultúr 'náisiúnta-pobalda' a chruthú, agus ba dhóigh leis go mbeadh saorántacht chultúrtha iomlán ag gnáthdhaoine ina leithéid sin de chultúr. Ach bhí Gramsci, agus an Cadhnach agus Seoirse Mac Tomáis, ag scríobh i ré na hardnua-aoiseachta, nuair a bhí an dóchas in idéil na nua-aoiseachta i mbarr a réime.

Ag deireadh, níor dhóigh le héinne acu go raibh eolas le dealramh sa bhéaloideas. Bhí cuid de chumha na hóige agus an bhaile dúchais i scríbhinní áirithe de chuid an Chadhnaigh ar an mbéaloideas, agus cé go bhfaca sé tréithe áirithe litríochta ann, ní dóigh liom go bhféadfadh sé é a shamhlú mar eolaíocht. Ach táimid níos oscailte inniu d'eolaíochtaí lasmuigh de thraidisiún léannta an Iarthair. Aimsíonn Angela Bourke córas eolais sna finscéalta i dtaobh na sióg:

> Viewed as a system of interlocking units of narrative, practice and belief, fairy-legend can be compared to a data-base: a pre-modern culture's way of storing and retrieving information and knowledge of every kind, from hygiene and childcare to history and geography.[23]

Chíonn Gearóid Ó Crualaoich feidhm na síceolaíochta sna finscéalta ar mhná feasa:

> Irish legends of the resort to the wise-woman are—like fairy-legends—non-prescriptive articulations of a hermeneutic of the human experience of affliction among whose functions was the provision of a communal therapeutic resource of archetypal dimensions and provenance.[24]

Níl an dóchas céanna san eolaíocht againn nuair a thuigimid na fadhbanna a leanann í. D'ainneoin a buanna mórthaibhseacha, chiallaigh riamh a neamhspleáchas ar an smacht sóisialta (seachas ar an smacht polaitiúil) gurbh annamh a chonaic sí 'an pictiúr mór'. B'fhéidir go bhfuil ár n-aigne níos oscailte anois; glacaimid leis nach lú oidhreacht an tSoilsithe agus nach lú tábhacht na heolaíochta chun fadhbanna a réiteach, ach is mó a thuigimid gurbh í an eolaíocht féin faoi ndear roinnt de na fadhbanna.[25] Is córas eolais í an eolaíocht, ach tá córais eolais eile ann—tagraíonn Bourke agus Ó Crualaoich do dhá cheann díobh. Le géarchéim na timpeallachta, tuigimid go raibh eolas ag pobail tuathánacha a bhí níos fearr go minic ná an t-eolas atá againne chun timpeallachtaí leochaileacha a chaomhnú—cuir i gcás an córas feirmeoireachta sa Bhoireann i gCo. an Chláir.[26] Dúshlán do scoláirí béaloidis is ea an léann dúchais sin—a bhí ag gach pobal traidisiúnta agus a brúdh faoi chois ag an oideachas foirmiúil eolaíochtúil—a athluacháil mar léann, mar eolas.

Toradh amháin ar an easpa cinnteachta i dtaobh na todhchaí atá tagtha ó chúlú na 'mórinsintí' is ea an spéis athnuaite sa traidisiún. Tá an 'traidisiún' lárnach anois in an-chuid gnéithe den saol comhaimseartha lasmuigh de na healaíonta traidisiúnta per se:[27] sa turasóireacht agus i dtionscal na hoidhreachta, sa cheardaíocht, sa bhia, fiú i spéis na heolaíochta féin san eolas traidisiúnta (cé gur brad ó phobail traidisiúnta ag comhlachtaí drugaí nó bia atá i gceist uaireanta).[28] Tugann an bia samplaí an-suaithinseach de sin: an ghluaiseacht 'slow food' a bunaíodh sa bhliain 1989,[29] athbheochan mhargaí na bhfeirmeoirí i mbailte Éireannacha, aithint an bhia thraidisiúnta áitiúil ar leibhéal idirnáisiúnta ar bonn féiniúlachta áitiúla agus feabhas bia araon.[30]

Dar le Nicole Belmont, béaloideasaí agus antraipeolaí, ní bhaineann an béaloideas leis an antraipeolaíocht (l'ethnologie), leis an stair ná leis an miotaseolaíocht, ach leis an áit go dtagann an trí bhranise seo den léann le chéile:

> Mar dhisciplín, is gá é a idirdhealú ón antraipeolaíocht agus ón stair mar léirítear a castacht i leith an chéad cheann díobh san am seachas sa spás, agus i leith an tarna ceann sa mhiotas seachas san am. Cuirtear an chontrárthacht

seo ar ceal má ghlactar leis gur féidir le dhá rud bheith i gceist san am, an leanúint stairiúil a cheadaíonn an t-aistriú ó ghlúin go glúin, agus spás samhlaitheach a spreagann cumha i ndiaidh aimsire caite miotasaí agus an fonn go dtiocfadh sí arís. Agus is ansin a fhaightear fuinneamh an traidisiúin a bhaineann leis an leanúint stairiúil mar sin féin. Mar seo is fearr a thuigtear tábhacht nóisean na filíochta i gcruthú agus i dteacht chun cinn an bhéaloidis. Baineann an fhilíocht go deimhneach leis an bhficsean; b'fhéidir gurb í, ar *ghenres* uile na litríochta, an ceann is samhlaithí agus is faide ón bhfírinne. Ach is í chomh maith an ceann is oiriúnaí chun fírinne áirithe a chur in iúl, fírinne an mhiotais.[31]

Tráchtann Wolfgang Kaschuba ar léann an bhéaloidis agus na heitneolaíochta i dtéarmaí *'its oscillation between historical and present-day orientations without finding a final and fixed balance'*.[32] Is dóigh liom gurb é sin bua agus laige an bhéaloidis mar ábhar léinn, i dteannta na fileatachta a dtagraíonn Nicole Belmont di, rudaí a chosc é ar bhunchloch intleachtúil dheimhneach a thógaint agus a d'fhág níos oscailte agus níos solúbtha é chun glacadh le dúshláin intleachtúla an lae inniu. Má tá an t-uilíochas díbeartha agus mórinsintí na nua-aoiseachta ag titim as a chéile [féach Cuid a hAon iv], ag fágaint ina n-áit mórchuid scéalta beaga ilghnéitheacha áitiúla ['*petites histoires*'], b'fhéidir nach bhfuil aon bhrainse den léann chomh hoiriúnach leis an mbéaloideas chun na scéalta beaga áitiúla sin a insint.[33]

Nótaí

Réamhrá

1. Féach Peter McQuillan, *Native and Natural. Aspects of the Concepts of 'Right' and 'Freedom' in Irish*. Cork: Cork University Press in Association with Field Day, 2004. Foilsíodh an leabhar sin agus an saothar seo á chríochnú agam.

2. Tomás S. Ó Máille, *Seanfhocla Chonnacht* I. Baile Átha Cliath: Oifig an tSoláthair, 1948, ll. 302, 303; Tomás S. Ó Máille, *Seanfhocla Chonnacht* II. Baile Átha Cliath: Oifig an tSoláthair, 1952, ll. 42, 143, 306.

3. Patrick S. Dinneen, *Foclóir Gaedhilge agus Béarla. An Irish-English Dictionary*. Irish Texts Society: Dublin, 1927; Niall Ó Dónaill, *Foclóir Gaeilge-Béarla*. Baile Átha Cliath: Oifig an tSoláthair, 1977; Malcolm Maclennan, *A Pronouncing and Etymological Dictionary of the Gaelic Language*. Eagrán nua. Stornoway, Isle of Lewis: Acair and Mercat Press, 1979.

4. Dinneen, l. 357.

5. William E. Paden, *Religious Worlds*. 2ú heagrán. Beacon Press: Boston, 1994, ll. 51–4.

6. *Ibid.*, l. 60.

7. Scoláire a phléann le míniú comharthaí is ea 'séimeolaí'—*semiotician* an Bhéarla, *sémiologiste* na Fraincise.

8. Féach Thomas A. Sebeok, 'In what sense is language a "primary modelling system"' in Henry Broms agus Rebecca Kaufmann (eag.), *Semiotics of Culture. Proceedings of the 25th Symposium of the Tartu-Moscow School of Semiotics*. Helsinki: Arator Inc. Publishers, 1988, ll. 67–8.

9.   *Ibid.*, l. 61.
10.   Jim O'Donnell agus Seán de Fréine, *Ciste Cúrsaí Reatha*. Baile Átha Cliath: An Foras Riaracháin, 1992, l. 197.
11.   Féach. Anthony Giddens, *Sociology*. Oxford: Polity Press, 1989, ll. 31–2.
12.   Nils M. Holmer, *The Dialects of Co. Clare* II. Todd Lecture Series XX. Dublin: Royal Irish Academy, 1965, l. 201.
13.   Féach Emmet Larkin, 'The Devotional Revolution in Ireland, 1850–1875' in Emmet Larkin, *The Historical Dimensions of Irish Catholicism*. Washington, D.C./Dublin: The Catholic University of America Press/Four Courts Press, 1984, ll. 57–89. Foilsíodh an t-alt i dtosach i 1972.

Cuid a hAon: i

1.   Ciallaíonn '*flash mob*' scata daoine a thagann le chéile in áit áirithe, a dheineann gníomh faoi leith nach bhfuil brí shoiléir leis—bos a bhualadh, scáth fearthainne a oscailt, féachaint ar earra ar leithligh i bhfuinneog siopa—agus a scaipeann go tapaidh. Nós é a thosnaigh sna Stáit Aontaithe i 2003 agus a bhraitheann ar an Idirlíon agus ar ghutháin phóca chun é a eagrú.
2.   Lauri Honko, 'Studies on tradition and cultural identity: An introduction', in Lauri Honko (eag.), *Tradition and Cultural Identity*. Turku: Nordic Institute of Folklore, 1988, ll. 9–11.
3.   Gluaiseacht intleachtúil Eorpach i ndeireadh an 17ú haois agus san 18ú a chuir an bhéim ar an réasún agus ar an indibhidiúlachas agus a sheas i gcoinne an traidisiúin: ciallaíonn na focail ar an 'Soilsiú' i dteangacha éagsúla an bunphrionsabal sin—*Enlightenment* (Béarla), *les Lumières* (Fraincis), *Aufklärung* (Gearmáinis), *Ilustración* (Spáinnis), *Illuminismo* (Iodáilis).
4.   Göran Therborn, *European Modernity and Beyond. The Trajectory of European Societies 1945–2000*. London, Thousand Oaks, New Delhi: Sage Publications, 1995, l. 4.
5.   Jacques Le Goff, *Histoire et mémoire*. Paris: Gallimard, 1988, ll. 59–61.
6.   Pléim an cheist seo go mion i *Locating Irish Folklore. Tradition, Modernity, Identity*. Cork: Cork University Press, 2000, caibidil a haon.
7.   Karl Marx agus Friedrich Engels, *Clár na Comharsheilbhe. Forógra na gCumannach*. Aistriú Páirtí Cumannach na hÉireann. Baile Átha Cliath agus Béal Feirste: Páirtí Cumannach na hÉireann, 1986, ll. 9–10.
8.   *Ibid.*, ll. 10, 11, 13, 14, 17.
9.   Seoirse Mac Tomáis, *An Blascaod Mar a Bhí*. Má Nuad: An Sagart, 1977, l. 25.

10. Ciallaíonn saoldearcadh (Béarla *worldview*, Fraincis *vision du monde*, Gearmáinis *Weltanschauung*, Spáinnis *cosmovisión*) an tuiscint ar an gcruinne nó an fhealsúnacht den saol a bhíonn ag pobal—nó ag duine—faoi leith.

11. Anthony Giddens, *Durkheim*. Glasgow: Fontana/Collins, 1978, ll. 22–33; Lidia Girola, 'Durkheim y el diagnóstico de la modernidad' in Gina Zabludovsky (eag.), *Teoría sociológica y modernidad*. México: Plaza y Valdés, 1998, ll. 37–50; Danilo Martuccelli, *Sociologies de la modernité*. Paris: Gallimard, 1999, ll. 35 *et seq.*; Gérard Namer, 'Postface' (1994) in Maurice Halbwachs, *Les cadres sociaux de la mémoire*. Paris: Albin Michel, 1994 [1925], l. 303.

12. Rafael Farfán, 'F. Tönnies: la crítica a la modernidad a partir de la comunidad' in Zabludovsky, *Teoría sociológica y modernidad*, ll. 191, 195–7, 205 *et seq.*; Ferdinand Tönnies, *Community and Association*. Aistriúchán Charles P. Loomis. London: Routledge & Kegan Paul Ltd., 1955.

13. Is fearr an focal Fraincise, *bureaucratie*, ná 'maorlathas' anseo, mar cuireann sé an bhéim ar an gceangal idir an córas riaracháin agus an tslí neamhphearsanta a gcuirtear i bhfeidhm é: ó dheasc an fheidhmeannaigh (*bureau*, a chiallaíonn an deasc, an oifig a bhfuil sé inti agus an roinn den riarachán a mbaineann sé léi).

14. Giddens, *Sociology*, ll. 127, 278, 486–47, 708–9, 712–4; David Held, 'The Development of the Modern State' in Stuart Hall agus Bram Gieben, *Formations of Modernity*. Cambridge: Polity Press, 1992, ll. 114–5, 189–90, 198, 220–1, 250–2, 261.

15. Mac Tomáis, *An Blascaod Mar a Bhí*, ll. 25–6.

16. Llorenç Prats, 'Sobre el caràcter conservador de la cultura popular' in D. Llopart, J. Prat agus Ll. Prats (eag)., *La cultura popular a debat*. Barcelona: Fundació Serveis de Cultura Popular/Editorial Alta Fulla, 1985, l. 73. Mara gcuirtear a mhalairt in iúl, is mise a dhein na haistriúcháin tríd síos sa leabhar seo.

17. Seathrún Céitinn, *Foras Feasa ar Éirinn* I. Eag. David Comyn. London: Irish Texts Society, 1902, ll. 4, 6.

18. San alt le Dáithí Ó hÓgáin, '*Béaloideas*—Notes on the History of a word' in *Béaloideas* 70 (2002), ll. 83–98, tá fianaise ar an bhfocal roimh léann an bhéaloidis a theacht ar an saol agus sarar cuireadh lena réimse céille faoi anáil *folklore* an Bhéarla. Tá litir Thoms foilsithe in Alan Dundes (eag.), *The Study of Folklore*. Englewood Cliffs, N.J.: Prentice Hall, 1968, ll. 4–5.

19. Cuir i gcás, tá *folklore* sa Fhraincis (cé nach focal an-léannta é), *folclore* sa Spáinnis agus san Iodáilis, *folkloristiika* ar an mbrainse léinn san Fhionnlainnis, ⁊rl.

20. Han F. Vermeulen, 'Origins and institutionalization of ethnography and ethnology in Europe and the USA, 1771–1845' in Han F. Vermeulen agus Arturo Alvarez Roldán (eag.), *Fieldwork and Footnotes. Studies in the History of European Anthropology*. London & New York: Routledge, 1995, ll. 39–59.

21. Hermann Bausinger, *Volkskunde ou l'ethnologie allemande*. Aistriúchán Dominique Lassaigne agus Pascale Godenir. Paris: Éditions de la Maison des sciences de l'homme, 1993, ll. 24–5.

22. Níl sé i gceist agam an cheist seo a phlé go mion, rud atá déanta cheana agam sna foilsiúcháin seo a leanas: *Locating Irish Folklore*, caib. a haon; 'Tradition, Modernity and Cultural Diversity' in Lotte Tarkka (eag.), *Dynamics of Tradition. Perspectives on Oral Poetry and Folk Belief. Studia Fennica*. Folkloristica 13. Helsinki: Finnish Literature Society, 2003, ll. 35–47; 'Cultura popular, relativismo cultural y diversidad' in *Revista de Investigaciones Folclóricas* 17 (Buenos Aires, Argentina), ll. 23–32.

23. Insíonn an miotas (Gréigis *mythos*) scéal naofa: cuireann sé síos ar eachtra a tharla ag tús na haimsire agus ós rud é gur dhéithe nó laochra faoi ndear an eachtra, foilsíonn sé rúndiamhair. Pléann an miotas le cruthú rudaí den chéad uair. Féach Mircea Eliade, *Lo sagrado y lo profano*. 5ú heagrán. Aistriúchán Luis Gil. Barcelona: Labor/Punto Omega, 1983, ll. 84–85. Sin í an bhrí a bheidh á húsáid sa leabhar seo de ghnáth, ach ciallaíonn an úsáid thuas, brí choitianta sa ghnáthchaint, creideamh a bhfuil glacadh forleathan leis i saol an lae inniu ach nach bhfuil bonn údarásach leis.

24. Nicole Belmont, *Paroles païennes. Mythe et folklore*. Paris: Éditions Imago, 1986, ll. 37, 46–7.

25. Féach Giuseppe Cocchiara, *Storia del folklore in Europa*. Torino: Boringhieri, 1971, cuid a dó; Denys Cuche, *La noción de cultura en las ciencias sociales*. Aistriúchán Paula Mahler. Buenos Aires: Ediciones Nueva Visión, 1999; Terry Eagleton, *The Idea of Culture*. Blackwell: Oxford, 2000.

26. Renato Ortiz, *Otro territorio. Ensayos sobre el mundo contemporáneo*. Aistriúchán Ada Solari. Buenos Aires: Universidad Nacional de Quilmes, 1996, l. 32.

27. Edward B. Tylor, *Primitive Culture. Researches into the Development of Mythology, Philosophy, Religion, Art, and Custom*. London: John Murray, 1871.

28. J.H. Delargy, *The Gaelic Story-Teller. With some Notes on Gaelic Folk-Tales*. Chicago: University of Chicago, 1969, l. 4 [= *Proceedings of the British Academy* vol. XXXI (1945), ll. 177–221].

29. Féach Antonio Gramsci, *Folclore e senso comune*. Roma: Editori

Riuniti, 1992, l. 16. Maidir le Corso féin, féach Giuseppe Cocchiara, *Storia del folklore in Italia*. Palermo: Sellerio Editore, 1981, ll. 203–11.

30. Johannes Fabian, *Time and the Other. How Anthropology Makes its Object*. New York: Columbia University Press, 1983, l. 31.

31. Oliver MacDonagh, *States of Mind. A Study of Anglo-Irish Conflict 1780–1980*. London: George Allen and Unwin, 1983, l. 2.

32. Is ó theideal leabhar an staraí Herbert Butterfield, *The Whig Interpretation of History*, a foilsíodh i 1931, a thagann an frása seo.

33. Alan Dundes, 'The Devolutionary Premise in Folklore Theory' in Dundes, *Analytic Essays in Folklore*. The Hague, Paris, New York: Mouton: 1975, ll. 17–27.

34. Féach Ó Giolláin, *Locating Irish Folklore*, caibidil a trí.

Cuid a hAon: ii

1. Stith Thompson, *The Folktale*. Berkeley, Los Angeles & London: University of California Press, 1971, l. 276.

2. Antti Aarne agus Stith Thompson, *The Types of the Folktale. A Classification and Bibliography*. Helsinki: Academia Scientiarum Fennica, 1961, ll. 335–36; Seán Ó Súilleabháin agus Reidar Th. Christiansen, *The Types of the Irish Folktale*. Helsinki: Academia Scientiarum Fennica, 1967, ll. 187–8; Seán Ó Súilleabháin, *Storytelling in Irish Tradition*. Cork: Cultural Relations Committee of Ireland, 1973.

3. Mar shampla, Gerard Murphy (eag.), 'Introduction' in *Duanaire Finn* III. London: Irish Texts Society, 1953; Máire Mac Neill, *The Festival of Lughnasa*. Oxford: Oxford University Press, 1962; Gearóid Ó Crualaoich, 'Continuity and Adaptation in Legends of Cailleach Bhéarra' in *Béaloideas* 56 (1988), ll. 153–78.

4. Féach Myles Dillon, *The Archaism of Irish Tradition*. Chicago: University of Chicago, 1969. [= *Proceedings of the British Academy*, Vol. XXXIII (1947)].

5. Féach Sigurd Erixon, 'West European Connections and Culture Relations' in *Folk-Liv. Journal for European Ethnology and Folklore*, 1938, ll. 137–72; féach leis E. Estyn Evans, *Irish Folk Ways*. London: Routledge & Kegan Paul Ltd., 1957, go háirithe an chéad chaibidil, 'Ireland the Outpost'.

6. Gwyneth Evans, 'Estyn: A Biographical Memoir' in E. Estyn Evans, *Ireland and the Atlantic Heritage. Selected Writings*. Dublin: Lilliput, 1996, ll. 1–19.

7. Séamus Ó Duilearga, *Leabhar Sheáin Í Chonaill. Sgéalta agus Seanchas ó Íbh Ráthach*. 3ú heagrán. Baile Átha Cliath: Comhairle Bhéaloideas Éireann, 1977, l. xxii.

8. Diarmuid Ó Giolláin, 'The Man in the Moon' in Reimund Kvideland and Torunn Selberg (eag.), *Papers II. The 8th Congress for the International Society for Folk Narrative Research*. Bergen (foilsitheoir gan lua), 1984, ll. 131–7. Tagann Bengt af Klintberg leis an léamh thuas ar an scéal in 'Myter om Månens Fläckar' in *Tal över Blandade Ämnen. Collegium Curiosorum Novum Årsbok 1985–86*. Uppsala, 1988, ll. 203–22.

9. Á lua ag an eagarthóir Nicole Belmont in Arnold van Gennep, *Textes inédits sur le folklore français contemporain*. Paris: G.-P. Maisonneuve et Larose, 1975, l. 54.

10. Féach Jan Vansina, *Oral Tradition as History*. London: James Currey, agus Nairobi: Heinemann Kenya, 1985, *passim*.

11. Arnold van Gennep, *Religions, moeurs et légendes*. Paris: Société de Mercure de France, 1912, ll. 146–59.

12. Éamonn Mhac an Fhailigh, *The Irish of Erris, Co. Mayo. A Phonemic Study*. Dublin: The Dublin Institute for Advanced Studies, 1968.

13. Brian Ó Cuív, *The Irish of West Muskerry, Co. Cork. A Phonetic Study*. Dublin: The Dublin Institute for Advanced Studies, 1968.

14. Henry Glassie, *Passing the Time. Folklore and History of an Ulster Community*. Dublin: O'Brien Press, 1982, l. 63.

15. *Ibid.*, ll. 742–3.

16. Séamus Ó Duilearga, 'Ó'n bhFear Eagair' in *Béaloideas* Iml. 1, Uimh. 1 (1927), ll. 3–6; Bo Almqvist, 'The Irish Folklore Commission: Achievement and Legacy' in *Béaloideas* 45–47 (1977–79), l. 22.

17. Joep Leerssen, *Remembrance and Imagination. Patterns in the Historical and Literary Representation of Ireland in the Nineteenth Century*. Cork: Cork University Press, 1996, ll. 163–4.

18. Máirtín Ó Cadhain, *Ó Cadhain i bhFeasta*, Eag. Seán Ó Laighin. Baile Átha Cliath: Clódhanna Teoranta, 1990, l. 153.

19. *Ibid*, ll. 138–9.

20. Seán Ó Ríordáin, *Brosna*. Baile Átha Cliath: Sáirséal agus Dill, 1964, l. 41.

21. Michel Vovelle, *Idéologies et mentalités*. Paris: Gallimard, 1982, ll. 215, 216–9; Jean Leduc, *Les historiens et le temps. Conceptions, problématiques, écritures*. Paris: Éditions du Seuil, 1999, ll. 25, 26–7; Guy Bourdé agus Hervé Martin, *Les écoles historiques*. Paris: Éditions du Seuil, 1997, ll. 229–35.

22. *Ibid.*, ll. 225–6.

23. Mircea Eliade, *The Myth of the Eternal Return. Or, Cosmos and History*. Aistriúchán Willard R. Trask. Princeton, N.J.: Bollingen Series XLVI/Princeton University Press, 1971, l. 44.

24. Peter Burke, *Varieties of Cultural History*. Cambridge: Polity Press, 1997, l. 162; Vovelle, *Idéologies et mentalités*, ll. 224–7.

25.   *Ibid.*, ll. 170, 171–2.
26.   Antonio Gramsci, *Folclore e senso comune*. Roma: Editori Riuniti, 1992, l. 6. Féach leis Antonio Gramsci, *Selections from Cultural Writings*. Eag. David Forgacs agus Geoffrey Nowell-Smith. Aistriúchán William Boelhower. London: Lawrence and Wishart, 1985, l. 189.

Cuid a hAon: iii

1.   Séamus Ó Duilearga (eag.), Dáithí Ó hÓgáin (a chóirigh), *Leabhar Stiofáin Uí Ealaoire*. Baile Átha Cliath: Comhairle Bhealoideas Éireann, 1981, l. 330.
2.   Liam Mac Coisdealbha, 'Seanchas ó Iorrus' in *Béaloideas* XIII, Uimh. I-II (1943), ll. 184–5.
3.   An Seabhac, *Seanfhocail na Mumhan*. Eagrán Phádraig Uí Mhaoileoin. Baile Átha Cliath: An Gúm, 1984, l. 162.
4.   Máirtín Ó Cadhain, 'Sgéaluigheacht Chois-Fhairrge' in *Béaloideas* Iml. IV-Uimh. I (Meitheamh 1933), l. 75.
5.   Séamus Ó Duilearga, *Leabhar Sheáin Í Chonaill. Sgéalta agus Seanchas ó Íbh Ráthach*. 3ú heagrán. Baile Átha Cliath: Comhairle Bhéaloideas Éireann, 1977, l. 353.
6.   Pádraig Ó Moghráin, 'Sean-Chainnt ó Iarthar Mhuigheó' in *Béaloideas* IX, Uimh. I (1939), l. 47.
7.   Bhí aonach Bhaile Uí Fhiacháin ar an 8ú Meitheamh, Lá Muire Mór ar an 15ú Lúnasa, Lá Fhéile Michíl ar an 29ú Meán Fómhair.
8.   Garret Fitzgerald, *Irish-Speaking in the Pre-Famine Period: A Study Based on the 1911 Census Data for People Born Before 1851 and Still Alive in 1911. Proceedings of the Royal Irish Academy*, Vol. 103C, No. 5 (2003), l. 194. Mo bhuíochas don Ollamh Desmond Clarke as an leabhar seo. Féach Cormac Ó Gráda, 'The Greatest Blessing of All: The Old Age Pension in Ireland' in *Past and Present* no. 175 (2002), ll. 124–61.
9.   Guy Beiner, 'Richard Hayes, Seanchas Collector *extraordinaire*. First Steps towards a Folk History of *Bliain na bhFrancach*—The Year of the French' in *Béaloideas*, Iml. 68 (2000), ll. 3–32; Dinneen, *Foclóir Gaedhilge agus Béarla*, s.v. 'gaoth'.
10.   Robert Muchembled, *Société, cultures et mentalités dans la France moderne XVIe-XVIIIe siècle*. Paris: Armand Colin, 1990, ll. 95–7.
11.   Paden, *Religious Worlds*, l. 10.
12.   Walter L. Brenneman, Jr agus Mary G. Brenneman, *Crossing the Circle at the Holy Wells of Ireland*. Charlottesville & London: University Press of Virginia, 1995, ll. 10–1.
13.   Johannes Fabian, *Time and the Other. How Anthropology Makes its Other*. New York: Columbia University Press, 1983, l. 2.

14. Brenneman, *Crossing the Circle at the Holy Wells of Ireland*, ll. 10–2; Eliade, *The Myth of the Eternal Return*.
15. Mircea Eliade, *Lo sagrado y lo profano*. 5ú heagrán. Aistriúchán Luis Gil. Barcelona: Labor/Punto Omega, 1983, l. 23.
16. *Ibid*, ll. xiii–iv.
17. *Ibid*, ll. 27–8.
18. Seán Ó Súilleabháin, 'Cnuasach Orthaí agus Paidreacha ó Chiarraighe' in *Béaloideas* Iml. III-Uimh. III (Meitheamh 1932), l. 357.
19. Eliade, *The Myth of the Eternal Return*, ll. 29–32.
20. Eleazar M. Meletinskij, *Il mito. Poetica folclore ripresa novecentesca*. Aistriúchán Aldo Ferrari. Roma: Editori Riuniti, 1993, ll. 179–80.
21. Leabhair neamhúdarásacha an Bhíobla ab ea na h*Apocrypha*.
22. Féach Seán Ó hEochaidh, Máire Ní Néill agus Séamas Ó Catháin, *Síscéalta ó Thír Chonaill/Fairy Legends from Donegal*. Baile Átha Cliath: Comhairle Bhéaloideas Éireann, 1977, ll. 34–6.
23. Michael J. Murphy, *Now You're Talking . . . Folk Tales from the North of Ireland*. Belfast: Blackstaff Press, 1975, l. 145.
24. Ó Duilearga, *Leabhar Stiofáin Uí Ealaoire*, l. 214.
25. *Loc. cit.*
26. Féach Diarmuid Ó Giolláin, 'Myth and History. Exotic Foreigners in Folk-belief' in *Temenos. Studies in Comparative Religion presented by Scholars in Denmark, Finland, Norway and Sweden*, Vol. 23 (1987), ll. 62–3.
27. *Loc. cit.*
28. Féach Kevin Danaher, *The Year in Ireland*. Cork: The Mercier Press, 1972, ll. 230–2.
29. Ó Duilearga, *Leabhar Sheáin Í Chonaill*, l. 367.
30. *Ibid*, l. 367.
31. *Ibid*, l. 373.
32. Cáit Ní Bhrádaigh, 'Folklore from Co. Longford' in *Béaloideas* Iml. VI-Uimh. II (Nodlaig 1936), l. 263.
33. *Ibid*, l. 263.
34. *Ibid*, l. 261.
35. *Ibid*, l. 260.
36. Seán Ó Cróinín agus Donncha Ó Cróinín (bailitheoir agus eagarthóir), *Seanchas ó Chairbre* I. Baile Átha Cliath: Comhairle Bhéaloideas Éireann, An Coláiste Ollscoile, 1985, l. 484.
37. Eliade, *The Myth of the Eternal Return*, ll. 27–8.
38. Paden, *Religious Worlds*, l. 48.
39. Eliade, *Lo sagrado y lo profano*, ll. 17–8.
40. *Ibid*, ll. 18–9.

41. *Ibid*, l. 63.
42. Karl Marx, *El dieciocho Brumario de Luis Bonaparte*. Aistriúchán Ernesto S. Mazar. Buenos Aires: NEED, 1998, l. 13.
43. Féach Danaher, *The Year in Ireland*, ll. 32–3.
44. Eliade, *Lo sagrado y lo profano*, l. 64.
45. *Ibid*, l. 76.
46. Énrí Ó Muirgheasa, 'The Holy Wells of Donegal' in *Béaloideas* Iml. VI-Uimh. II (Nodlaig 1936), l. 151.
47. Pádraig Ó Fionúsa, 'Measgra Dhéiseach' in *Béaloideas* Iml. III-Uimh. III (Meitheamh 1932), l. 284.
48. Ó Duilearga, *Leabhar Sheáin Í Chonaill*, l. 362.
49. Patrick Logan, *The Holy Wells of Ireland*. Gerrards Cross: Colin Smythe, 1980, l. 41.
50. Proinsias Mac Cana, *Celtic Mythology*. London: Hamlyn, 1970, l. 127.
51. Peter Burke, *History and Social Theory*. Cambridge: Polity Press, 1992, ll. 15–6; Raphael Samuel (eag.), *People's History and Socialist Theory*. London, Boston & Henley: Routledge and Kegan Paul, 1981; Paul Thompson, *The Voice of the Past. Oral History*. Oxford & New York: Oxford University Press, 1978; Bo G. Nilsson, *Folkhemmets arbetarminnen. En undersökning av de historiska och diskursiva villkoren för svenska arbetares levnadsskildringar*. Stockholm: Nordiska Museets Förlag, 1996; Alf Lüdtke (eag.), *The History of Everyday Life. Reconstructing Historical Experiences and Ways of Life*. Aistriúchán William Templer. Princeton, New Jersey: Princeton University Press, 1995.
52. Féach David Henige, *Oral Historiography*. London, New York & Lagos: Longman, 1982.
53. Jan Vansina, *Oral Tradition as History*. London: James Currey, agus Nairobi: Heinemann Kenya, 1985, l. 24.
54. Máirtín Ó Cadhain, *Ó Cadhain i bhFeasta*. Eag. Seán Ó Laighin. Baile Átha Cliath: Clódhanna Teoranta, 1990, l. 142; féach Daniel Corkery, *The Hidden Ireland. A Study of Gaelic Munster in the Eighteenth Century*. Dublin: Gill and Macmillan, 1967, l. 145. '*I am no fool; I know my genealogy!*' a thugann Corkery.
55. An tAthair Peadar Ó Laoghaire, *Mo Scéal Féin*. Baile Átha Cliath: Cló Thalbóid, 1999 [1915], l. 6.
56. Ó Duilearga, *Leabhar Sheáin Í Chonaill*, l. xxvii. Scríobhaim na hainmneacha anseo de réir an chaighdeáin.
57. Nils M. Holmer, *The Dialects of Co. Clare*. Royal Irish Academy Todd Lecture Series Volume XIX, Part I. Dublin: Royal Irish Academy, 1962, l. 7. Ní thugann Holmer na leaganacha Gaeilge de na sloinnte.
58. *Ibid*., l. 8.

59. Vansina, *Oral Tradition as History*, ll. 23–4.
60. Pléann Cormac Ó Gráda roinnt de na ceisteanna sin in *An Drochshaol. Béaloideas agus Amhráin*. Baile Átha Cliath: Coiscéim, 1994. Féach leis Cathal Póirtéir, *Glórtha ón Ghorta. Béaloideas na Gaeilge agus an Gorta Mór*. Baile Átha Cliath: Coiscéim, 1996.
61. Ó Duilearga, *Leabhar Sheáin Í Chonaill*, ll. 285–8.
62. Scoláire bocht: '*a poor scholar, a class of itinerant student dependent of those near his educational centre (oft. a "hedge" school), up to the middle of the 19ᵗʰ cent., Kerry attracted many*'. Dinneen, l. 980.
63. Tomás de Bhaldraithe (eag.), *Seanchas Thomáis Laighléis*. Baile Átha Cliath: An Clóchomhar Tta., 1977, l. 215.
64. Féach Dubhglas de h-Íde (eag.), *Abhráin agus Dánta an Reachtabhraigh*. Baile Átha Cliath: Foilseacháin Rialtais, 1933, ll. 128–47.
65. Eliade, *The Myth of the Eternal Return*, ll. 43, 44.
66. Lord Raglan, 'The Hero of Tradition' in Alan Dundes (eag.), *The Study of Folklore*. Englewood Cliffs, NJ: Prentice Hall, 1968, ll. 210–26.
67. Téarma—ó leabhar Arnold Van Gennep (1909)—ar na deasghnátha sóisialta a úsáidtear le linn aistriú ó stádas sóisialta amháin go stádas sóisialta eile, go háirithe i gcás breithe, pósta agus báis.
68. Jan de Vries, *Heroic Song and Heroic Legend*. London: Oxford University Press, 1963, ll. 210–226.
69. Ríonach uí Ógáin, *An Rí gan Choróin. Dónall Ó Conaill sa Bhéaloideas*. Baile Átha Cliath: An Clóchomhar Tta., 1984.
70. *Ibid*, l. 296.
71. *Ibid*, l. 297.
72. Féach Dáithí Ó hÓgáin, *An File. Staidéar ar Osnádúrthacht na Filíochta sa Traidisiún Gaelach*. Baile Átha Cliath: Oifig an tSoláthair, 1982.
73. Uí Ógáin, *An Rí gan Choróin*, l. 305.
74. Féach Diarmuid Ó Giolláin, 'Heroic Biographies in Folklore and Popular Culture' in Gabriel Doherty agus Dermot Keogh (eag.), *Michael Collins and the Making of the Irish State*. Cork: Mercier Press, 1998, l. 134.
75. Ernie O'Malley, *On Another Man's Wound*. 5ú heagrán. Dublin: Anvil Books Ltd, 1979, l. 317.
76. Eliade, *The Myth of the Eternal Return*, ll. 44–6.
77. Edwin Ardener, "The Construction of History: 'vestiges of creation' " in Elizabeth Tonkin, Maryon McDonald agus Malcolm Chapman (eag.), *History and Ethnicity*. London & New York: Routledge, 1989, l. 25.
78. Jacques Le Goff, *Histoire et mémoire*. Paris: Gallimard, 1988, l. 111.
79. Louis M. Cullen, 'Filíocht, cultúr agus polaitíocht' in Máirín Ní Dhonnchadha (eag.), *Nua-Léamha. Gnéithe de Chultúr, Stair agus*

Polaitíocht na hÉireann c. 1600–c.1900. Baile Átha Cliath: An Clóchomhar Tta, 1996, l. 174.

80. Féach Michel de Certeau, *L'écriture de l'histoire*. Paris: Gallimard, 1975 agus go háirithe an tarna roinn den chéad chuid, 'L'opération historiographique'.

81. Mac Tomáis, *An Blascaod mar a Bhí*, l. 19.

82. Féach Pierre Nora (eag.), *Les lieux de mémoire*. 3 himleabhar. Paris: Gallimard, 1984, 1986, 1992.

83. Pierre Nora, 'Entre Mémoire et Histoire. La problématique des lieux' in *Les lieux de mémoire* I, l. 23.

84. Walter J. Ong, *Orality and Literacy. The Technologizing of the Word*. London & New York: Methuen, 1982, l. 34.

85. *Ibid*, 11. 31 *et seq*.

86. *Loc. cit*.

87. *Loc. cit*.

88. J. Goody agus I. Watt, 'The Consequences of Literacy' in Pier Paolo Giglioli (eag.), *Language and Seocial Context*. Harmondsworth, Middlesex: Penguin Books, 1972, ll. 316–7.

89. *Ibid*, l. 318.

90. Go deimhin ní gá glacadh le ráiteas nó le seanfhocal go liteartha, mar is léir ó ráitis ar nós 'ritheann an bitheamhnas seacht nglún', 'go raghaidh na seacht sluaiste orm', 'seacht gcúraimí an tsléibhe', 'seacht máchailí an tsléibhe', ⁊rl.—iad go léir ag an Duinníneach.

91. Robin Fox, *The Tory Islanders. A people of the Celtic fringe*. Cambridge: Cambridge University Press, 1978, ll. 35, 64.

92. *Ibid*., ll. 75, 79, 81.

93. Ong, *Orality and Literacy*, ll. 70, 140.

94. Wolfgang Kaschuba, 'Popular Culture and Workers' Culture as Symbolic Others: Comments on the Debate about the History of Culture and Everyday Life' in Lüdtke, *The History of Everyday Life*, ll. 182–3.

95. Tom Garvin, *1922: The Birth of Irish Democracy*. Dublin: Gill and Macmillan, 1996, ll. 41–2.

96. Hugh Linehan, 'He's back: Rise of the electoral machine' in *The Ticket. The Irish Times Weekly Guide to Entertainment*, July 10, 2003, l. 32.

97. Tagairt do scannáin arbh é Schwarzenegger an príomhaisteoir iontu, *Conan the Barbarian* (John Milius, 1982), *Conan the Destroyer* (Richard Fleischer, 1984) agus *Kindergarten Cop* (Ivan Reitman, 1990).

Cuid a hAon: iv

1. Linda Dégh, 'Folk Narrative' in Richard M. Dorson (eag.), *Folklore and Folklife. An Introduction*. Chicago & London: The University of Chicago Press, 1972, l. 58.

2.   Mac Tomáis, *An Blascaod Mar a Bhí,* 1977, l. 20.

3.   Seosamh Ó Dálaigh, 'Béaloideas an Oileáin' in Aogán Ó Muircheartaigh (eag.), *Oidhreacht an Bhlascaoid.* Baile Átha Cliath: Coiscéim, 1989, l. 104.

4.   Féach Bo Almqvist, 'Dream and Reality. Some notes on the Guntram Legend (ML 4000) in Irish tradition' in *Sinsear. The Folklore Journal,* Uimh. 1 (1979), ll. 1–22. Tagraíonn ML (*migratory legend*) don chóras cláraithe a cheap Reidar Th. Christiansen. Féach R. Th. Christiansen, *The Migratory Legends. A Proposed List of Types with a Systematic Catalogue of Norwegian Variants.* FF Communications 175. Helsinki: Academia Scientiarum Fennica, 1958.

5.   Éamon a Búrc, *Eochair, Mac Rí in Éirinn/Eochair, A King's Son in Ireland.* Liam Mac Coisdeala a bhailigh. Caoimhín Ó Nualláin a chuir in eagar agus a d'aistrigh. Baile Átha Cliath: Comhairle Bhéaloideas Éireann, 1982, l. 40.

6.   Kenneth Jackson 'do scríobh ó bhéal Pheig Sayers', *Scéalta ón mBlascaod.* Baile Átha Cliath: An Cumann le Béaloideas Éireann, 1938, l. 11. Chuireas an litriú caighdeánach i bhfeidhm ar ainm an scéil agus ar na focail tosaigh. Tagraíonn AT (Aarne-Thompson) don chóras cláraithe. Féach Antti Aarne agus Stith Thompson, *The Types of the Folktale. A Classification and Bibliography.* FF Communications no. 184. Helsinki: Academia Scientiarum Fennica, 1961, agus Seán Ó Súilleabháin agus Reidar Th. Christiansen, *The Types of the Irish Folktale.* FF Communications no. 188. Helsinki: Academia Scientiarum Fennica, 1963.

7.   Féach Jack Zipes, *Breaking the Magic Spell. Radical Theories of Folk and Fairy Tales.* London: Heinemann, 1979, l. 29.

8.   Edward O'Reilly, *An Irish-English Dictionary. New Edition with a Supplement by John O'Donovan.* Dublin: James Duffy and Company, Limited, 1864.

9.   Mícheál Ó Briain (a bhailigh) agus Brian Ó Cuív (a chóirigh), *Cnósach Focal ó Bhaile Bhúirne i gCunndae Chorcaí.* Baile Átha Cliath: Institiúid Árd-Léighinn Bhaile Átha Cliath, 1947, l. 198.

10.   Ó Duilearga, *Leabhar Sheáin Í Chonaill,* l. 287.

11.   Tadhg Ó Murchú (a bhailigh) agus Máirtín Verling (a chuir in eagar agus a chóirigh), *Béarrach Mná ag Caint. Seanchas Mháiréad Ní Mhionacháin.* Indreabhán, Conamara: Cló Iar-Chonnachta, 1999, l. 125.

12.   De réir coiste i 1963. Féach Dégh, 'Folk Narrative', l. 76.

13.   Belmont, *Paroles païennes,* ll. 93–120. Féach leis Cocchiara, *Storia del folklore in Europa,* caib. xvi.

14.   G.S. Kirk, *Myth. Its Meaning and Functions in Ancient and Other Cultures.* Cambridge: Cambridge University Press, 1973, l. 37.

15. Paden, *Religious Worlds*, ll. 72–3.

16. *Ibid*, l. 71.

17. Tugtar an uimhir 5050 don bhfinscéal taistil seo, 'The Fairies' Prospect of Salvation'. Ó hEochaidh *et al.*, *Síscéalta ó Thír Chonaill*, l. 260.

18. Seán Ó Súilleabháin, *A Handbook of Irish Folklore*. Detroit: Singing Tree Press, 1970, l. 450.

19. Käte Müller-Lisowski, 'A Study in Irish Folklore' in *Béaloideas* Iml. XVIII, Uimh. I-II (1948), l. 157. Féach leis Mac Cana, *Celtic Mythology*, ll. 41–4.

20. Müller-Lisowski, 'A Study in Irish Folklore', l. 149.

21. An Seabhac, *Seanfhocail na Mumhan*, ll. 65, 193.

22. Danaher, *The Year in Ireland*, ll. 134–53.

23. Féach Keith Thomas, *Religion and the Decline of Magic*. London: Penguin, 1973, ll. 461–514.

24. Seán Ó Cróinín agus Donncha Ó Cróinín (bailitheoir agus eagarthóir), *Seanchas Amhlaoibh Í Luínse*. Baile Átha Cliath: Comhairle Bhéaloideas Éireann, An Coláiste Ollscoile, 1980, ll. 209–10.

25. Dáithí Ó hÓgáin, 'An É an tAm Fós É?' in *Béaloideas* Uimh. 42–44 (1974–76), ll. 213–308.

26. Féach Breandán Ó Buachalla, 'An Mheisiasacht agus an Aisling' in Pádraig de Brún, Seán Ó Coileáin agus Pádraig Ó Riain (eag.), *Folia Gadelica*. Corcaigh: Cló Ollscoile Chorcaí, 1983, ll. 72–87; Breandán Ó Buachalla, *Aisling Ghéar. Na Stíobhartaigh agus an tAos Léinn 1603–1788*. Baile Átha Cliath: An Clóchomhar Tta, 1996.

27. Julio Caro Baroja, *Ensayos sobre la cultura popular española*. Madrid: Editorial Dosbe, 1979, ll. 132–45; Carlos Alonso del Real, *Superstición y supersticiones*. Madrid: Espasa-Calpe, 1971, ll. 197–205; Luís da Câmara Cascudo, *Dicionário do Folclore Brasileiro*. 3ú heagrán. Rio de Janeiro: Ediouro Publicações S.A., 1972, ll. 810–2.

28. Matei Calinescu, *Five Faces of Modernity. Modernism, Avant-garde, Decadence, Kitsch, Postmodernism*. Eagrán athchóirithe. Durham: Duke University Press, 1985, l. 274. Féach Jean-François Lyotard, *La condition postmoderne*. Paris: Les Éditions de Minuit, 1979, ll. 35–43.

29. Calinescu, *Five Faces of Modernity*, ll. 274–5.

30. Gianni Vattimo, *La società trasparente*. Eagrán nua. Milano: Garzanti, 2000, ll. 8–10, 13.

31. Calinescu, *Five Faces of Modernity*, l. 275.

32. Zygmunt Bauman, *Liquid Modernity*. Cambridge: Polity, 2000, ll. 110, 111.

33. *Ibid.*, l. 115.

34. Gramsci, *Folclore e senso comune*, l. 44.

35.   Renato Ortiz, *Românticos e folcloristas. Cultura popular*. São Paulo: Olha d'Água, 1992, l. 49.

Cuid a Dó: (i) An Dúthaigh agus an Cultúr

1.   Féach Dinneen, *Foclóir Gaedhilge agus Béarla*, s.v. 'míle'.
2.   Ó Cróinín, *Seanchas Amhlaoibh Í Luínse*, l. x.
3.   *Loc. cit.*
4.   Tomás Ó Criomhthain, *Dinnseanchas na mBlascaod*. Eagrán nua. Baile Átha Cliath: Cois Life, 1999, ll. 5, 10, 27, 35, 37, 55.
5.   Jonas Frykman agus Orvar Löfgren, *Culture Builders. A Historical Anthropology of Middle-Class Life*. Aistriúchán Alan Crozier. New Brunswick & London: Rutgers University Press, 1987, ll. 43, 45.
6.   Féach Stiofán Ó Cadhla, 'Mapping a Discourse: Irish Gnosis and the Ordnance Survey 1824–1841' in A. Jamie Saris agus Steve Coleman (eag.), *Culture Space and Representation*. Uimhir speisialta de *Irish Journal of Anthropology*, Vol. 4 (1999), ll. 84–109.
7.   Féach Alan Gailey (eag.), *Ethnological Mapping in Ireland. A Document for discussion towards an ethnological atlas of Ireland*. Cultra, Co. Down: Ulster Folk and Transport Museum, 1974, agus Alan Gailey agus Caoimhín Ó Danachair, 'Ethnological Mapping in Ireland' in *Ethnologia Europaea* vol. IX, no. I (1976), ll. 14–34.
8.   'Baill acra romhair' sa chiall is leithne; dhearbhaigh Estyn Evans agus é ag tagairt don rámhainn, '*The Irish spade is not a digging implement: it is essentially a ridge-maker or hand-plough, adapted to the business of undercutting and turning the sod*'. *Irish Folk Ways*, l. 128.
9.   Heinrich Wagner, *Linguistic Atlas and Survey of Irish Dialects*. Vol. I. Dublin: Dublin Institute for Advanced Studies, 1958, l. 181.
10.   Tugann Tomás Ó Máille roinnt de na téarmaí Connachtacha in *An Béal Beo*. Baile Átha Cliath: Comhlacht Oideachais na hÉireann, 1936, l. 50.
11.   Evans, *Irish Folk Ways*, ll. 133–4.
12.   Alan Gailey, 'The Typology of the Irish Spade' in Alan Gailey agus Alexander Fenton (eag.), *The Spade in Northern and Atlantic Europe*. Holywood, Co. Down: Ulster Folk Museum, & Belfast: Institute of Irish Studies, Queen's University, 1970, l. 35.
13.   Evans, *Irish Folk Ways*, l. 135.
14.   Gailey, 'The Typology of the Irish Spade', l. 46.
15.   Diarmuid Ó Giolláin, 'An Leipreachán san Ainmníocht' in *Béaloideas* Iml. 50 (1982), ll. 126–50.
16.   Wagner, *Linguistic Atlas*, l. 181. Scríobhas amach go garbh an litriú foghrúil ar mhaithe le soléiteacht.
17.   Tuigfidh teangeolaithe an deighilt a dhein Ferdinand de Saussure idir

langue agus *parole* nó Noam Chomsky idir *competence* agus *performance*. An deighilt chéanna sa bhéaloideas—mar a léirigh Jakobson agus Bogatyrev (féach Cuid a Trí iii)—atá idir 'tíopa' agus 'leagan'. Má thráchtaimid ar scéal idirnáisiúnta *Cinderella*—Aarne-Thompson 510—tagraímid don insint sin ar leibhéal teibí, an tíopa, seachas don insint curtha in iúl i ngníomh na scéalaíochta ag duine faoi leith.

18. Thompson, *The Folktale*, ll. 440–1; féach C.W. von Sydow, 'Geography and Folk-Tale Ecotypes' in *Béaloideas* Iml. IV-Uimh. III (Meitheamh, 1934), ll. 344–55.

19. Diarmuid Ó Giolláin, 'The Leipreachán and Fairies, Dwarfs and the Household Familiar. A comparative study' in *Béaloideas* Iml. 52 (1984), ll. 75–150.

20. Is mó cnuasach a foilsíodh le fiche bliain nó mar sin. Ina measc Jan Harold Brunvand, *The Vanishing Hitchhiker: American Urban Legends and Their Meanings*. New York: Norton, 1981 agus scata teideal eile ón údar céanna; Rolf Wilhelm Brednich, *Die Spinne in der Yucca-Palme: sagenhafte Geschichten von heute*. München: Beck, 1990 agus scata teideal eile ón údar céanna; Véronique Campion-Vincent agus Jean-Bruno Renard, *Légendes urbaines. Rumeurs d'aujourd'hui*. Paris: Payot, 1992. Cnuasach Éireannach is ea Éilís Ní Dhuibhne, 'Dublin Modern Legends: An Intermediate Type List and Examples', in *Béaloideas* 51 (1983), ll. 55–70.

21. Conrad M. Arensberg agus Solon T. Kimball, *Family and Community in Ireland*. 3ú heagrán. Ennis: Clasp Press, 2001 [1940].

22. Mikhail Bakhtin, *Rabelais and His World*. Aistriúchán Hélène Iswolsky. Bloomington: Indiana University Press, 1984, ll. 426–30.

23. Na samplaí seo go léir ó An Seabhac, *Seanfhocail na Mumhan*, ll. 91–3.

24. Robert Muchembled, *Culture populaire et culture des élites dans la France moderne (XVe-XVIIIe siècle)*. Paris: Flammarion, 1978, l. 59.

25. *Ibid*, ll. 59–60.

26. Ju. M. Lotman, 'On the Metalanguage of a Typological Description of Culture', in *Semiotica* 14, no. 2 (1975), ll. 101–5.

27. Tá béaloideas saibhir ann ar na leanaí gan bhaisteadh, go háirithe iadsan a dúnmharaíodh. Féach Anne O'Connor, *Child Murderess and Dead Child Traditions*. FF Communications 249. Helsinki: Academia Scientiarum Fennica, 1991.

28. Féach Ó Giolláin, 'Myth and History', l. 72.

29. Ju. M. Lotman, 'The Dynamic Model of a Semiotic System', in *Semiotica* 21, no. 3/4 (1977), ll. 201–5.

30. Mary Douglas, *Purity and Danger. An Analysis of the Concepts of Pollution and Taboo*. London, Boston & Henley: Routledge & Kegan Paul, 1978, l. 35.

31.   Ó Giolláin, 'Myth and History', ll. 74–5.
32.   Sir William Wilde, *Irish Popular Superstitions*. Irish Academic Press: Dublin, 1979 [1852], l. 20.
33.   Jackson, *Scéalta ón mBlascaod*, ll. 3, 11, 18, 65, 66, 68, 70, 72.
34.   V. Propp, *Morphology of the Folktale*. 2ú heagrán. Aistriúchán Laurence Scott. Austin & London: University of Texas Press, 1968.
35.   Jurij Lotman, *The Structure of the Artistic Text*. Aistriúchán Gaile Lenhoff agus Ronald Vroon. Ann Arbor: University of Michigan, 1977, l. 243.

(ii) An Miotas agus an Áit
1.   Mac Cana, *Celtic Mythology*, l. 57.
2.   *Ibid.*, l. 17. Marie-Louise Sjoestedt, scoláire Ceilteach agus teangeolaí, a dhein an pointe seo.
3.   Féach Diarmuid Ó Giolláin, 'The Pattern' in J.S. Donnelly Jr. agus Kerby A. Miller (eag.), *Irish Popular Culture 1650–1850*. Dublin: Irish Academic Press, 1998, l. 202; féach leis Diarmuid Ó Giolláin, 'Les deux vies de la fête patronale' in Catherine Laurent agus Helen Davis (eag.), *Irlande et Bretagne. Vingt siécles d'histoire*. Rennes: Terre de Brume 1994, ll. 14–23; agus Diarmuid Ó Giolláin, 'Changing World-Views and the Patron Saint's Festival in Ireland' in Leander Petzold (eag.), *Folk Narrative and World View. Vorträge des 10. Kongresses der Internationalen Gesellschaft für Volkserzählungs-forschung (ISFNR) 2*. Frankfurt am Main: Peter Lang 1996, ll. 595–608.
4.   Victor agus Edith Turner, *Image and Pilgrimage in Christian Culture*. New York: Columbia University Press, 1978, ll. 206–7.
5.   Peter Harbison, *Pilgrimage in Ireland. The Monuments and the People*. London: Barrie and Jenkins, 1991, l. 86.
6.   Brenneman, *Crossing the Circle*, l. 44.
7.   Logan, *Holy Wells of Ireland*, caibidil V; Brenneman, *Crossing the Circle*, ll. 36 *et passim*.
8.   Dhein A.T. Lucas ón Músaem Náisiúnta staidéar ar na crainn ag 210 tobar beannaithe agus chomhairigh sé 103 sceach, 75 crann fuinseoige, 7 gcrann darach, 6 shail, 5 chrann troim, 4 chuileann, 3 chaorthann, 3 fhearnóg, 2 leamhán, crann iúir amháin agus crann giúise amháin ['The Sacred Trees of Ireland' in *Journal of the Cork Historical and Archaeological Society* 68 (1963), l. 42].
9.   Brenneman, *Crossing the Circle*, ll. 78–9; maidir le siombalachas an éisc agus an uisce, féach Mircea Eliade, *Patterns in Comparative Religion*. London: Sheed and Ward, 1958, caibidil V.
10.   Brenneman, *Crossing the Circle*, ll. 78–9.
11.   *Ibid.*

12. *Ibid.*
13. Ó Giolláin, 'The Pattern', ll. 217–8; Lawrence J. Taylor, *Occasions of Faith. An Anthropology of Irish Catholics.* Dublin: Lilliput Press, 1995, ll. 64–5.
14. Perry Anderson, 'Internationalism: A Breviary' in *New Left Review* Mar/Apr 2002, l. 9.
15. Tagairt don fhile Laidne (239–169 r. Ch.). Baineann an nath le hiasachtaí Virgil (71–19 r. Ch.) uaidh.
16. Michel de Certeau, Dominique Julia agus Jacques Revel, *Une politique de la langue. La Révolution française et les patois: l'enquête de Grégoire.* Paris: Gallimard, 1975, ll. 331, 340.
17. 'Úir-chill an Chreagáin' in Tomás Ó Fiaich (eag.), *Art Mac Cumhaigh: Dánta.* Baile Átha Cliath: An Clóchomhar Tta, 1973, l. 132.
18. Seán Ó Ríordáin, 'Fill Arís' in *Brosna.* Baile Átha Cliath: Sáirséal agus Dill, 1964, l. 41.

(iii) Toisí na dúthaí

1. Arensberg agus Kimball, *Family and Community in Ireland*, ll. 274–5.
2. Donncha Ó Súilleabháin, *Scéal an Oireachtais 1897–1924.* Baile Átha Cliath: An Clóchomhar Tta, 1984, ll. 90, 169, 171, 186; Traolach Ó Ríordáin, *Conradh na Gaeilge i gCorcaigh 1894–1910.* Baile Átha Cliath: Cois Life Teoranta, 2000, *passim*; Diarmuid Breathnach agus Máire Ní Mhurchú (eag.), *1882–1982: Beathaisnéis a Cúig.* Baile Átha Cliath: An Clóchomhar Tta, 1997, l. 197.
3. An sliocht aistrithe ón mBéarla ag Seán Ó Lúing, *Saoir Theangan.* Baile Átha Cliath: Coiscéim, 1989, ll. 71–2.
4. *Ibid.*, ll. 86–7.
5. Breandán Ó Buachalla, 'Litreacha Phádraig Phiarais Cúndún', in Stiofán Ó hAnnracháin (eag.), *Go Meiriceá Siar.* Baile Átha Cliath: An Clóchomhar, 1979, ll. 31–2.
6. Máire Ní Mhainnín agus Liam P. Ó Murchú (eag.), *Peig. A Scéal Féin.* An Daingean: An Sagart, 1998, l. 123.
7. *Ibid.*, l. 128.
8. Ní Mhainnín agus Ó Murchú, *Peig*, l. 160.
9. Bo Almqvist, 'A Mother's Love and Respect—Trí Litir ó Pheig Sayers chun Kenneth Jackson', in *Béaloideas* 66 (1998), ll. 217–24.
10. Ó Duilearga, *Leabhar Sheáin Í Chonaill*, l. 459–60.
11. *Ibid.*, ll. xxi–ii.
12. Peadar Ó Ceannabháin (eag.), *Éamon a Búrc Scéalta.* Baile Átha Cliath: An Clóchomhar Tta, 1983, l. 11; Caoimhín Ó Nualláin/Kevin O'Nolan (eag. agus aistritheoir), *Eochair, Mac Rí in Éirinn/Eochair, A King's Son in Ireland.* Éamon a Búrc a d'inis, Liam

Mac Coisdeala a bhailigh. Baile Átha Cliath: Comhairle Bhéaloideas Éireann, 1982, l. 36.

13. Arensberg agus Kimball, *Family and Community*, l. 145.

14. David Harvey, *The Condition of Postmodernity*. Cambridge, MASS. & Oxford, UK: Blackwell: 1989, l. 241.

15. L.M. Ó Cuileáin (L.M. Cullen), *An Saol in Éirinn*. Aistriúchán Tomás Ó Laoi. Baile Átha Cliath: Oifig an tSoláthair, 1976, ll. 177–8.

16. Muiris Mac Conghail, *The Blaskets. A Kerry Island Library*. Dublin: Country House, 1987, ll. 129, 131–2, 157–8.

17. *Ibid.*, l. 53.

18. Joseph Lee, *The Modernisation of Irish Society 1848–1918*. Dublin: Gill and Macmillan, 1973, l. 13.

19. Peadar Ó hAnnracháin, 1873–1965.

20. Tadhg Ó Murchadha, 'Scéalaithe Dob Aithnid Dom' in *Béaloideas* Iml. XVIII-Uimh. I-II (Meitheamh-Nodlaig 1938), l. 11.

21. Féach Eric Hobsbawm, *The Age of Capital 1848–1875*. New York: Vintage Books, 1996, ll. 52–6.

22. An t-eolas ar na bóithre iarainn sna haltanna ag Bernard Share i Brian Lalor (eag.), *The Encyclopaedia of Ireland*. Dublin: Gill and Macmillan, 2003, agus ag Cormac Ó Gráda, *Ireland. A New Economic History 1780–1939*. Oxford: Clarendon Press, 1994, ll. 239, 266.

23. Bauman, *Liquid Modernity*, ll. 110, 111.

24. Renato Ortiz, *Mundialización y cultura*. Aistriúchán Elsa Noya. Buenos Aires agus Madrid: Alianza Editorial, 1997, ll. 67–70.

25. Mac Tomáis, *An Blascaod Mar a Bhí*, l. 26.

26. Ó Duilearga, *Leabhar Sheáin Í Chonaill*, l. xxviii.

27. Eoghan Ó Domhnaill, *Scéal Hiúdaí Sheáinín*. Baile Átha Cliath: Oifig an tSoláthair 1945, l. 17.

28. Conchúr Ó Síocháin, *Seanchas Chléire*. Eagrán nua. Baile Átha Cliath: Oifig an tSoláthair 1970 [1940]), l. 16.

29. Micheul Ó Cionnfhaolaidh, *Beatha Mhíchíl Turraoin maille le Sceulta agus Seanachas*. Baile Átha Cliath: Oifig an tSoláthair, 1956, l. 18.

30. Delargy, *The Gaelic Story-teller*, l. 10.

31. *Ibid.*

32. Marc Augé, *Non-lieux. Introduction à une anthropologie de la surmodernité*. Paris: Éditions du Seuil, 1992, l. 100.

33. *Ibid.*, ll. 118–9.

34. *Ibid.*, ll. 120–1.

35. *Ibid.*, ll. 129, 130.

36. *Ibid.*, ll. 133–4.

37. Ortiz, *Mundialización y cultura*, l. 147.

38. Bauman, *Liquid Modernity*, l. 115.

39. *Ibid.*, ll. 114, 116, 119–21.

Cuid a Trí: (i) Tuathánaigh?

1. Féach Dinneen, *Foclóir Gaedhilge agus Béarla;* Niall Ó Dónaill, *Foclóir Gaeilge-Béarla.* Baile Átha Cliath: Oifig an tSoláthair, 1977.

2. Osborn Bergin (eag.), *Sgéalaigheacht Chéitinn. Stories from Keating's History of Ireland.* 3ú heagrán. Dublin: Royal Irish Academy, 1930, l. xxx.

3. Séamus Ó Duilearga, 'Volkskundliche Arbeit in Irland von 1850 bis zur Gegenwart mit besonderer Berücksichtigung der "Irischen Volkskunde -Kommission"' in *Zeitschrift für Keltische Philologie und Volksvorschung* xxiii (1943), l. 9.

4. *Ibid.*, l. 36.

5. Féach na samplaí ag Brian Ó Cuív, *Irish Dialects and Irish-Speaking Districts.* Dublin: Dublin Institute for Advanced Studies, 1971, ll. 77 *et seq.*

6. Á lua ag Don Yoder, 'Folk Medicine' in Dorson, *Folklore and Folklife,* l. 192.

7. Elda Rizzo de Oliveira, *O que é medicina popular.* São Paulo: Editora Brasiliense, 1985, l. 15.

8. Ó Duilearga, *Leabhar Sheáin Í Chonaill,* l. x.

9. Ní Mhainnín agus Ó Murchú, *Peig,* l. 1; Mac Conghail, *The Blaskets,* l. 157.

10. Tomás Ó Criomhthain, *An tOileánach.* Seán Ó Coileáin (eag.). Baile Átha Cliath: Cló Talbóid, 2002, l. 3.

11. Ó Ceannabháin, *Éamon a Búrc Scéalta,* ll. 11, 16.

12. Holger Pedersen (bailitheoir) agus Ole Munch-Pedersen (eag.), *Scéalta Mháirtín Neile. Bailiúchán Scéalta ó Árainn.* Baile Átha Cliath: Comhairle Bhéaloideas Éireann, 1994, l. xiii; Ole Munch-Pedersen, 'Cur Síos ar Sheanchaí Amháin a thug scéalta do Jeremiah Curtin' in Pádraig Ó Fiannachta (eag.), *Thaitin Sé le Peig. Iris na hOidhreachta* I. Baile an Fhirtéaraigh: Oidhreacht Chorca Dhuibhne, 1989, ll. 123–43; J.M. Synge, *The Aran Islands.* Oxford: Oxford University Press, 1979, ll. 4 *et seq.*

13. Ó Murchú agus Verling, *Béarrach Mná ag Caint,* l. 24.

14. Dubhglas de h-Íde, *An Sgeuluidhe Gaedhealach (Sgéalta as Connachta).* Baile Átha Cliath: Institiút Béaloideasa Éireann, 1933, ll. xi, xiii.

15. Féach Eric R. Wolf, *Peasants.* Englewood Cliffs, New Jersey: Prentice-Hall Inc., 1966.

16. Féach Robert Redfield, *The Little Community/Peasant Society and Culture.* Chicago & London: University of Chicago Press, 1960.

17. Á lua ag Maurice Halbwachs, *Les cadres sociaux de la mémoire,* l. 159.

18. Féach Partha Chatterjee, *The Nation and its Fragments* in *The Partha Chatterjee Omnibus*. New Delhi: Oxford University Press, 1999, l. 158.

19. Claude Grignon agus Jean-Claude Passeron, *Le savant et le populaire. Misérabilisme et populisme en sociologie et en littérature*. Paris: Seuil, 1989, ll. 65–70.

20. George M. Foster, 'Peasant Society and the Image of Limited Good' in *American Anthropologist*, Vol. 67, Issue 2 (1965), ll. 293–315.

21. An Seabhac, *Seanfhocail na Mumhan*, l. 118.

22. *Loc. cit.*

23. Max Weber, *The Protestant Ethic and the Spirit of Capitalism*. Unwin: London, 1938, ll. 58–60—á lua ag Hall agus Gieben, *Formations of Modernity*, l. 221.

24. An Seabhac, *Seanfhocail na Mumhan*, l. 119.

25. Paulo Freire, *Pedagogy of the Oppressed*. Aistriúchán Myra Bergman Ramos. Harmondsworth: Penguin Books, 1972, ll. 39–40.

26. Ó Síocháin, *Seanchas Chléire*, l. 144.

27. *Ibid.*, ll. 144–5, 147.

28. Ó Laoghaire, *Mo Scéal Féin*, ll. 112–3; pléann Maurice Goldring an sliocht seo in *L'Irlande: Idéologie d'une révolution nationale*. Éditions Sociales: Paris, 1975, ll. 46–7.

29. Dáire Keogh, "'Bithiúnaigh Uilig Iad': Sagairt agus Easpaig i 1798' in Gearóid Ó Tuathaigh (eag.), *Éirí Amach 1798 in Éirinn*. Indreabhán: Cló iar-Chonnachta, 1998, ll. 72, 73.

30. Goldring, *L'Irlande*, ll. 85–6.

31. *Loc. cit.*

32. Ó Criomhthain, *An tOileánach*, l. 247.

33. *Ibid.*, l. 259.

34. Muiris Ó Súilleabháin, *Fiche Blian ag Fás*. 3ú heagrán leasaithe. Maigh Nuad: An Sagart, 1989, l. 133.

35. *Loc. cit.*

36. Ó Criomhthain, *An tOileánach*, ll. 49–52.

37. Goldring, *L'Irlande*, ll. 85–7.

38. William I. Thomas agus Florian Znaniecki, *The Polish Peasant in Europe and America. A Classic Work in Immigration History*, eagarthóir Eli Zaretsky. Urbana agus Chicago: University of Illinois Press, 1996, 28–9.

39. Patricia Coughlan, 'An léiriú ar shaol na mban i dtéacsanna dírbheathaisnéise Pheig Sayers' in Máire Ní Chéileachair (eag.), *Ceiliúradh an Bhlascaoid 3*. Baile Átha Cliath: Coiscéim, 1999, 38.

40. Eliade, *The Myth of the Eternal Return*, ll. 96, 97–8.

41. Ernesto de Martino, *Sud e magia*. 10ú heagrán. Milano: Feltrinelli, 1981 [1959], l. 72.

42. Paulo Freire, *Cultural Action for Freedom*. Harmondsworth: Penguin Books, 1972, ll. 59–60, 62–3.

43. Nós tuathánach san Fhrainc ab ea é seo—agus i mórán tíortha eile faoi ainmneacha eile—a bhain leis an bpósadh mínáireach. Fothrom agus gleo a bhí i gceist, a dhein daoine óga de ghnáth, le sáspain agus le potaí, le béiceach agus le liúnna a ligint, lasmuigh de thigh na ndaoine a chuir olc orthu. Cé gur chuir an dlí faoi chois sa 17ú haois é, ba fhada a lean sé.

44. Caoimhín Ó Danachair, 'Some Marriage Customs and their Regional Distribution' in *Béaloideas* 42–44 (1974–76), ll. 165–70.

45. Nóra Ní Shéaghdha, 'Póstaí agus Cleamhnaistí' in Mícheál Ó Ciosáin (eag.), *Céad Bliain 1871–1971*. Baile an Fheirtéaraigh: Muintir Phiarais, 1973, l. 218.

46. Ó Danachair, 'Some Marriage Customs and Their Regional Distribution', ll. 170–5; Kevin Danaher, *The Year in Ireland*. Cork: Mercier Press, 1972, ll. 47–52; Hugh Brody, *Inishkillane. Change and Decline in the West of Ireland*. London: Jill Norman & Hobhouse Ltd., 1973, ll. 22–3.

47. Ócáid atá i gceist le *stations* nuair a thagann sagart ar cuairt go tithe paróiste i ndiaidh a chéile, ag léamh Aifrinn agus ag tabhairt faoistine don phobal.

48. Foster, 'Peasant Society and the Image of Limited Good', ll. 293–315.

49. Mac Neill, *The Festival of Lughnasa*, ll. 424–5.

50. Aindrias Ó Muimhneacháin (eag.), *Seanchas an Táilliúra*. Seán Ó Cróinín a bhailigh. Cló Mercier: Baile Átha Cliath agus Corcaigh, 1987, ll. 69–70.

51. Michel Lagrée, *Religions et cultures en Bretagne, 1850–1950*. Paris: Fayard, 1992, l. 299.

52. Mircea Eliade, *Patterns in Comparative Religion*. London: Sheed and Ward, 1958, ll. 316–21.

53. Pléann Mikhail Bakhtin an ghné seo den chultúr coiteann ina leabhar cáiliúil ar shaothar agus ar chomhthéacs François Rabelais. Féach Bakhtin, *Rabelais and his World*, ll. 205 et seq., et passim.

54. Seán Mac Giollarnáth, 'Seanchas Beag Thuama' in *Béaloideas* Iml. XVI-Uimh. I-II, Meitheamh-Nodlaig 1946, ll. 86–7.

55. Mac Neill, *The Festival of Lughnasa*, ll. 408, 424–5.

56. Thomas Crofton Croker, *Researches in the South of Ireland. Illustrative of the Scenery, Architectural remains and the Manners and Superstitions of the Peasantry with an Appendix containing a Private Narrative of the Rebellion of 1798*. Dublin: Irish Academic Press, 1981 [1824], ll. 277–83.

57. Victor Turner, *Dramas, Fields, and Metaphors*. Cornell University Press: Ithaca & London, 1974, ll. 46–7, 53; Turner agus Turner, *Image and Pilgrimage*, ll. 206–7.

58. Bakhtin, *Rabelais and His World*, ll. 7, 78–9.
59. Muchembled, *Société, cultures et mentalités*, l. 102.
60. Philip Dixon Hardy, *The Holy Wells of Ireland*. Dublin, 1836, ll. 40–2.
61. Logan, *The Holy Wells of Ireland*, l. 134. Gabhaim buíochas do Chaoimhín Ó Muirí as a chabhair chun leagan Gaeilge 'Lady's Island' a aimsiú. Inis Bairre seanaimn an oileáin. Féach Diarmuid Ó Murchadha, 'Ainm Gaeilge ar an *Great Saltee?*' in *Ainm. Bulletin of the Ulster Place-Name Society*, Vol. VIII (1998–2000), l. 63.
62. Harbison, *Pilgrimage in Ireland*, l. 135.
63. Niall Ó Ciosáin, 'Boccoughs and God's Poor: Deserving and Undeserving Poor in Irish Popular Culture' in Tadhg Foley agus Seán Ryder (eag.), *Ideology and Ireland in the Nineteenth Century*. Dublin: Four Courts Press, 1998, ll. 95, 98.
64. Majid Rahnema, 'Poverty' in Wolfgang Sachs (eag.), *The Development Dictionary. A Guide to Knowledge and Power*. London & New Jersey: Zed Books, 1992, agus Johannesburg: Witwatersrand University Press, 1993, ll. 159–61.
65. Féach Ó Ciosáin, 'Boccoughs and God's Poor', ll. 93–9.
66. Rahnema, 'Poverty', ll. 159–61.
67. Brody, *Inishkillane*, l. 10.
68. Ó Súilleabháin, *Fiche Blian ag Fás*, l. 188.
69. Brody, *Inishkillane*, ll. 70–2.
70. J.J. Lee, *Ireland 1912–1985. Politics and Society*. Cambridge: Cambridge University Press, 1989, ll. 511 *et seq*.
71. Arensberg agus Kimball, *Family and Community in Ireland*, l. 272.
72. *Ibid.*, l. 285.
73. Juan José Sebreli, *El asedio a la modernidad*, 8ú heagrán. Buenos Aires: Editorial Sudamericana, 1995, l. 87.

(ii) 'Leathshochaí'

1. Roman Jakobson agus Petr Bogatyrev, 'Le folklore, forme spécifique de création' in Roman Jakobson, *Questions de poétique*. 2ú heagrán. Paris: Éditions du Seuil, 1973, ll. 68–71.
2. Féach Bakhtin, *Rabelais and his World*, l. 33; Muchembled, *Culture populaire et culture des élites*, ll. 342–3; Peter Burke, *Popular Culture in Early Modern Europe*, atheagrán. Aldershot: Scolar Press, 1994, ll. 270–1.
3. Alberto Mario Cirese, 'Alterità e dislivelli interni di cultura nelle società superiori' in Alberto Mario Cirese (eag.), *Folklore e antropologia*. Palermo: Palumbo Editore, 1972, ll. 38–9.
4. Alberto M. Cirese, *Cultura egemonica e culture subalterne*. 2ú heagrán. Palermo: Palumbo, 1979, l. 126.

5. Seán Ó Súilleabháin, *Caitheamh Aimsire ar Thórraimh*. Baile Átha Cliath, An Clóchomhar, 1961; Gearóid Ó Crualaoich, 'The "Merry Wake"' in Donnelly agus Miller, *Irish Popular Culture 1650–1850*, ll. 173–6; Diarmuid Ó Giolláin, 'The Pattern' in Donnelly agus Miller, *ibid.*, l. 214. Féach leis Raymond Gillespie, 'Popular and Unpopular Religion: A View from Early Modern Ireland' in Donnelly agus Miller, *ibid.*, ll. 30–49 agus S.J. Connolly, *Priests and People in Pre-Famine Ireland, 1780–1845*. 2ú heagrán. Dublin: Four Courts Press, 2001.

6. Féach Ó Giolláin, *Locating Irish Folklore*, ll. 34–5.

7. Wilde, *Irish Popular Superstitions*, l. 24.

8. C.A. Ferguson, 'Diglossia' in Pier Paolo Giglioli (eag.), *Language and Social Context*. Harmondsworth: Penguin Books, 1972, l. 236.

9. Criostóir Mac Aonghusa, 'Mar a Chuaigh an Conradh i bhFeidhm ar an nGaeltacht', in Seán Ó Tuama (eag.), *The Gaelic League Idea*. 2ú heagrán. Cork & Dublin: Mercier Press, 1993, l. 77.

10. Máirtín Ó Murchú, *Urlabhra agus Pobal*. Páipéar Ócáidiúil Uimh. 1. Baile Átha Cliath: Oifig an tSoláthair, 1970, l. 27.

11. Wilde, *Irish Popular Superstitions*, l. 17.

12. Fredrik Barth, *Ethnic Groups and Boundaries. The Social Organization of Cultural Difference*. Bergen-Oslo/London: Universitets Forlaget/George Allen and Unwin, 1969, l. 31.

13. Féach Ó Giolláin, *Locating Irish Folklore*, ll. 95–8.

14. Gramsci, *Folclore e senso comune*, ll. 5–6.

15. *Ibid.*, l. 6.

16. Belmont, *paroles païennes*, l. 158.

17. Claude Grignon agus Jean-Claude Passeron, *Le savant et le populaire. Misérabilisme et populisme en seociologie et en littérature*. Paris: Seuil, 1989, ll. 65–70.

18. Ciallaíonn an poblaíochas an tagairt reitriciúil don phobal agus go háirithe do 'ghnáthdhaoine' sa pholaitíocht nó san idé-eolaíocht i gcoitinne.

19. Ortiz, *Românticos e folcloristas*, l. 26.

20. Grignon and Passeron, *Le savant et le populaire*, l. 33.

21. Néstor García Canclini, *Hybrid Cultures: Strategies for Entering and Leaving Modernity*. Aistriúchán Christopher L. Chiappari agus Silvia L. López. Minneapolis & London: University of Minnesota, 1995, l. 149.

22. Goldring, *L'Irlande*, l. 93.

23. Ó Cadhain i bhFeasta, l. 168.

24. Mac Tomáis, *An Blascaod Mar a Bhí*, l. 24.

25. Johann Gottfried Herder, *Auch eine Philosophie der Geschichte zur Bildung der Menscheit*. Stuttgart: Philipp Reclam jun., 1990, l. 71.

Cúnamh dom san aistriúchán thuas ab ea an leagan Fraincise, *Histoire et culture. Une autre philosophie de l'histoire*. Aistriúchán Max Rouché. Paris: GF Flammarion, 2000, l. 122.

26.   Björn Hettne, *Development Theory and the Three Worlds*. 2ú heagrán. London: Longman, 1994, ll. 49–50, 161.

(iii) An Pobal agus an Duine

1.   Jürgen Habermas, 'The Public Sphere' in Chandra Mukerji agus Michael Schudson (eag.), *Rethinking Popular Culture*. Berkeley, Los Angeles & Oxford: University of California Press, 1991, ll. 398–9.
2.   Gramsci, *Folclore e senso comune*, ll. 47–8.
3.   Delargy, *The Gaelic Story-teller*, l. 17.
4.   Ó Máille, *An Béal Beo*, l. 143.
5.   Arensberg agus Kimball, *Family and Community in Ireland*, ll. 173–4.
6.   *Ibid.*, ll. 182–3.
7.   *Ibid.*, ll. 183–5.
8.   Féach an plé ag Georges Denis Zimmermann, *The Irish Storyteller*. Dublin: Four Courts Press, 2001, ll. 454–8.
9.   Delargy, *The Gaelic Story-teller*, l. 12.
10.   Ó Murchadha, 'Scéalaithe dob Aithnid Dom', l. 6.
11.   Dáithí Ó hÓgáin, 'Réamhrá' le *Leabhar Stiofáin Uí Ealaoire*, l. xv.
12.   *Ibid.*, ll. xxii–iii.
13.   Ó Máille, *An Béal Beo*, l. 143.
14.   *The Irish Language Miscellany*, dar leis an Duileargach, ach ní bhfuaireas an teideal sin sna leabhair thagartha.
15.   Ó Duilearga, *Leabhar Sheáin Í Chonaill*, ll. xx–xxii.
16.   Ó Buachalla, *Aisling Ghéar*, l. 612.
17.   Féach Ó Buachalla, *Aisling Ghéar*; Kevin Whelan, *The Tree of Liberty. Radicalism, Catholicism and the Construction of Irish Identity 1760–1830*. Cork: Cork University Press, 1996, caibidil a 2; Georges Denis Zimmermann, *Songs of Irish Rebellion. Irish Political Street Ballads and Rebel Songs, 1780–1900*. Dublin: Four Courts Press, 2002.
18.   Croker, *Researches in the South of Ireland*, l. 329.
19.   Ó Buachalla, *Aisling Ghéar*, l. 604.
20.   *Ibid.*, l. 604–5.
21.   Zimmermann, *Songs of Irish Rebellion*, ll. 266–7.
22.   Serge Ouaknine, 'Les rêves menacés de la transculturalité' in Jacques Langlais *et al.* (eag.), *Le Québec de demain et les communautés culturelles*. Montréal: Méridien, 1990, l. 218.
23.   Belmont, *Paroles païennes*, ll. 37, 47.
24.   *Ibid.*, l. 48.
25.   Tá cur síos air sin i Ladislav Matejka, 'Postscript: Prague School

Semiotics' in Ladislav Matejka agus Irwin R. Titunik, *Semiotics of Art*. Cambridge, MASS. & London, England: The MIT Press, 1976, ll. 265–90. Féach leis Fredric Jameson, *The Prison-House of Language. A Critical Account of Structuralism and Russian Formalism*. Princeton, NJ: Princeton, New Jersey, 1972, agus Tony Bennett, *Formalism and Marxism*. London & New York: Methuen, 1979. Maidir le Saussure, féach Ferdinand de Saussure, *Course in General Linguistics*. Aistriúchán Wade Baskin. Glasgow: Fontana/Collins, 1974 [1916].

26. Jakobson agus Bogatyrev, 'Le folklore, forme spécifique de création', ll. 59–60.

27. *Ibid.*, ll. 60, 62.

28. *Ibid.*, ll. 62, 63–4.

29. Féach Hannjost Lixfeld, *Folklore and Fascism. The Reich Institute for German Volkskunde*. Aistriúchán James R. Dow. Bloomington & Indianapolis: Indiana University Press, 1994, ll. 17–9.

30. Jakobson agus Bogatyrev, 'Le folklore, forme spécifique de création', ll. 64–6.

31. *Ibid.*, ll. 65–8.

32. *Ibid.*, ll. 68–71.

33. Seathrún Céitinn, *Foras Feasa ar Éirinn*. III. Eag. Patrick S. Dinneen. London: Irish Texts Society, 1908, l. 88.

34. Sven Lütticken, 'The Art of Theft' in *New Left Review* 13, Jan/Feb 2002, ll. 92–3.

35. Féach Dáithí Ó hÓgáin, *An File*. Baile Átha Cliath: Oifig an tSoláthair, 1982, *passim*.

36. Pádraig Tyers (eag.), *Abair Leat: Joe Daly*. An Daingean: An Sagart, 1999, l. 23.

37. Delargy, *The Gaelic Story-teller*, l. 26.

38. Claudia Kinmonth, *Irish Country Furniture 1700–1950*. New Haven & London: Yale University Press, 1993, l. 14.

39. Ó Duilearga, *Leabhar Sheáin Í Chonaill*, ll. 53, 59, 82, 91.

40. Achrann é seo atá ar siúl agus an leabhar seo á scríobh. Tá an ceart ag an dá thaobh cuid mhaith—agus iad araon thíos leis.

41. Anthony McCann, *Beyond the Commons: The Expansion of the Irish Music Rights Organisation, the Elimination of Uncertainty, and the Politics of Enclosure*. Tráchtas Ph.D. Ollscoil Luimnigh, 2002, l. 70. Féach an suíomh Idirlín ag an údar *http://www.beyondthecommons.com/*. Maidir le ceist an chóipchirt agus an ceol traidisiúnta, féach http://www.imro.ie/music_makers/trad_music_and_copyright.shtml.

42. Lütticken, 'The Art of Theft', ll. 89–90. Féach suíomh Idirlín Negativland: *http://www.negativland.com/intprop.html* (25 Bealtaine 2004).

43.   'Larry Lessig vs. Hollywood' in *Chicago Tribune* 9 October 2002. Féach leis Diarmuid Ó Giolláin, 'Copy Wrong and Copyright: Serial Psychos, Coloured Covers and Maori Marks' in *Cultural Analysis: An Interdisciplinary Forum on Folklore and Popular Culture* (University of California, Berkeley), Vol. 3 (2002), ll. 100 *et seq*. Is é Lessig an t-údar is tábhachtaí ar cheist an chóipchirt san Idirlíon. Féach Lawrence Lessig, *Free Culture. How Big Media uses Technology and the Law to Lock Down Culture and Control Creativity.* New York: The Penguin Press, 2004.

44.   Féach David Forgacs, 'National-popular: genealogy of a concept' in Simon During (ed.), *The Cultural Studies Reader.* London & New York: Routledge, 1993, ll. 177–90.

45.   Ortiz, *Mundialización y cultura*, ll. 173–4.

46.   Umberto Eco, *Apocalittici e integrati*. 7ú heagrán. Milano: Bompiani, 1988; Martín Hopenhayn, *Ni apocalípticos ni integrados. Aventuras de la modernidad en América Latina.* Santiago, Chile: Fondo de Cultura Económica, 1994. Tá sé seo mar théama leis an leabhar is deireannaí le Néstor García Canclini freisin: *Diferentes, desiguales y desconectados. Mapas de la interculturalidad.* Barcelona: Gedisa Editorial, 2004.

(iv)   Cé hIad an Pobal?

1.   Lauri Honko, 'The Folklore Process', in *Folklore Fellows' Summer School Programme*. Folklore Fellows' Summer School: Turku, 1991, l. 37.

2.   Halbwachs, *Les cadres sociaux de la mémoire.*

3.   Honko, 'The Folklore Process', l. 37.

4.   Féach an chaibidil 'An Underground Gentry' i leabhar Kevin Whelan, *The Tree of Liberty*, agus an chaibidil 'The Ideology of Status in Ireland' sa leabhar le Niall Ó Ciosáin, *Print and Popular Culture in Ireland, 1750–1850*. London: Macmillan, 1997.

5.   Namer, 'Postface' (1994) in Halbwachs, *Les cadres sociaux de la mémoire*, ll. 302–3.

6.   Zipes, *Breaking the Magic Spell*, l. 29.

7.   Feach Zipes, *Breaking the Magic Spell*, agus Max Lüthi, *The European Folktale: Form and Nature*. Aistriúchán John D. Niles. Philadelphia: Institute for the Study of Human Issues, 1982.

8.   Féach Angela Bourke, 'Oral Traditions', in Angela Bourke *et al.* (eds), *The Field Day Anthology of Irish Writing*. Vol. IV Irish Women's Writing and Traditions. Cork: Cork University Press, 2002, ll. 1191–458.

9.   Arensberg agus Kimball, *Family and Community*, ll. 48–9.

10.   *Ibid.*, ll. 48–9.

11.   Brody, *Inishkillane*, l. 20.

12.   Arensberg agus Kimball, *Family and Community*, l. 51.

13. *Ibid.*, *ll.* 46, 47.
14. *Ibid.*, l. 57.
15. *Ibid.*, l. 58.
16. *Ibid.*, ll. 64–5.
17. *Ibid.*, l. 103.
18. *Ibid.*, l. 65; an seanfhocal ar l. 89.
19. *Ibid.*, caib. 7, *passim.*
20. Ní Shéaghdha, 'Póstaí agus Cleamhnaistí', ll. 215–7.
21. Richard P. Jenkins, 'Witches and Fairies: Supernatural Aggression and Deviance Among the Irish Peasantry' in Peter Narváez (eag.), *The Good People. New Fairylore Essays.* Lexington: The University Press of Kentucky, 1997, ll. 307–10.
22. *Ibid.*, ll. 306, 310–2.
23. *Ibid.*, ll. 315–6.
24. Angela Bourke, *The Burning of Bridget Cleary. A True Story.* London: Pimlico, 1999, ll. 44, 45, 85–6.
25. *Ibid.*, ll. 326–7.
26. H.C. Erik Medelfort, 'The Social Position of the Witch in Southwestern Germany' in Max Marwick (eag.), *Witchcraft.* 2ú heagrán. Harmondsworth: Penguin Books, 1982, ll. 174, 180–1.
27. Victor Turner, *The Ritual Process.* London: Pelican Books, 1974, l. 100; Ó Giolláin, 'Myth and History', ll. 69–70, 76–7.
28. Clodagh Brennan Harvey, *Contemporary Irish Traditional Narrative. The English Language Tradition.* Folklore and Mythology Studies Volume 35. Berkeley, Los Angeles & Oxford: University of California Press, 1992, ll. 12, 45–9.
29. Zimmermann, *The Irish Storyteller*, l. 432.
30. Propp, *Morphology of the Folktale*, ll. 25–65.
31. Na teidil, de réir Aarne-Thompson: 'The Black and the White Bride' (403), 'The Maiden Without Hands' (706), 'Crescentia' (712) agus 'The Innocent Slandered Maiden' (883A).
32. Ilana Dan, 'The Innocent Persecuted Heroine: An Attempt at a Model for the Surface Level of the Narrative Structure of the Female Fairy Tale' in Heda Jason agus Dimitri Segal (eag.), *Patterns in Oral Literature.* The Hague & Paris: Mouton Publishers, 1977, ll. 13–30.
33. Aarne agus Thompson, ll. 133, 241, 248, 300.
34. Tagann cuid de cháil na scéalta seo ó scannáin Disney: *Snow-White* (1937), *Cinderella* (1950) agus *Sleeping Beauty* (1959).
35. Kay Stone, 'Things Walt Disney Never Told Us' in Claire R. Farrer (eag.), *Women and Folklore.* Austin and London: University of Texas Press, 1975 [=*Journal of American Folklore* 88 no. 347, January-March 1975], ll. 43–4.

36.   Ó Duilearga, *Leabhar Sheáin Í Chonaill*, l. xxii.

37.   Benedict Anderson, *Imagined Communities. Reflections on the Origin and Spread of Nationalism*. Eagrán nua. London & New York: Verso, 1991, l. 36.

38.   *Ibid.*, l. 77.

39.   *Ibid.*, l. 46.

40.   Tá cuid mhaith den solúbthacht sin caillte sa chaighdeán: ní oiriúnaíonn 'pá', 'trá', 'ceannóidh' ach do roinnt cainteoirí nuair a bhí 'páighe', 'tráigh', 'ceannóchaidh' oiriúnach do gach éinne.

41.   Ó Ciosáin, *Print and Popular Culture in Ireland*, ll. 162–3.

42.   Mícheál Mac Craith, 'The Gaelic reaction to the Reformation' in Steven G. Ellis agus Sarah Barber (eag.), *Conquest and Union. Fashioning a British State 1485–1725*. London & New York: Longman, 1995, l. 152.

43.   *Ibid.*, l. 157; Breandán Ó Buachalla, 'Foreword' in *Foras Feasa ar Éirinn* I. Athchló 1987, l. 5.

44.   Grúpa eitneach (Gréigis *ethnos*) is ea pobal go bhfuil cultúr agus stair i gcoitinne ag a bhaill, a thuigeann go bpréamhaíonn siad ó na sinsir chéanna. Coincheap é is féidir difríochtaí ar bonn gnéis, teanga, creidimh, aicme, ⁊rl., a réiteach laistigh de phobal nó de limistéar faoi leith, go háirithe i gcás na teagmhála le grúpa nó grúpaí eitneacha eile.

45.   Ernest Renan, 'Cad is náisiún ann?' Aistriúchán Breandán Ó Doibhlin. In *Aimsir Óg* 3 (2002), l. 36.

46.   Go teoiriciúil nó go hidéalach, ciallaíonn stát-náisiún limistéar arb ionann teorainneacha an stáit agus an náisiúin ann.

47.   Jürgen Habermas, 'The European Nation-State—Its Achievements and Its Limits' in Gopal Balakrishnan (eag.), *Mapping the Nation*. London & New York: Verso, 1996, ll. 284, 287.

48.   Ernest Gellner, 'The Coming of Nationalism and Its Interpretation: The Myths of Nation and Class' in Balakrishnan, *Mapping the Nation*, ll. 138–9; Miroslav Hroch, 'From National Movement to Fully-formed Nation' in Balakrishnan, *Mapping the Nation*, ll. 79–80.

49.   Ernest Gellner, *Nations and Nationalism*. Oxford & Cambridge: Blackwell, 1983, ll. 35, 61.

50.   Hroch, 'From National Movement to Fully-formed Nation', l. 84.

51.   Miroslav Hroch, *Social Preconditions of National Revival in Europe. A Comparative Analysis of the Social Composition of Patriotic Groups among the Smaller European Nations*. New York: Columbia University Press, 2000, l. 174.

52.   Thomas agus Znaniecki, *The Polish Peasant in Europe and America*, ll. 28–9.

53. Ó Ciosáin, *Print and Popular Culture in Ireland*, l. 185.
54. Garvin, Tom, *The Evolution of Irish Nationalist Politics*. Dublin: Gill and Macmillan, 1981, l. 102; Garvin, Tom, *Nationalist Revolutionaries in Ireland: 1858–1928*. New York: Doubleday, 1987, ll. 93–4.
55. Goldring, *Irlande*, ll. 90–1.
56. Micí Mac Gabhann, *Rotha Mór an tSaoil*. Seán Ó hEochaidh a scríobh, Proinsias Ó Conluain a chuir in eagar. Cló Iar-Chonnachta: Indreabhán, Conamara, 1996, l. 189.
57. Kaschuba, 'Popular Culture and Workers' Culture as Symbolic Others', l. 172.
58. Ciallaíonn na fealsaimh chriticiúla na baill de Scoil Frankfurt, scoil thábhachtach socheolaíochta faoi anáil an Mharxachais. Chuaigh na scoláirí ar imirce go dtí na Stáit Aontaithe le linn an Tarna Cogadh Domhanda. I dteannta Horkheimer, tá cáil ar Theodor Adorno agus Herbert Marcuse. Bhí baint ag Walter Benjamin leo freisin. Jürgen Habermas an t-oidhre is mó cáil orthu.
59. José Jorge de Carvalho, 'O lugar da Cultura Tradicional na Sociedade Moderna' in *Série Encontros e Estudos 1. Seminário Folclore e Cultura Popular*. Rio de Janeiro 1992, l. 29.
60. *Ibid.*, l. 27.
61. *Ibid.*, ll. 27, 29.
62. Ó Laighin, *Ó Cadhain i bh*Feasta, ll. 152–3.
63. Ortiz, 'El Viaje', ll. 41–42.
64. Ortiz, *Mundialización y cultura*, ll. 248–9.
65. Ortiz, *Românticos e folcloristas*.
66. Therborn, *European Modernity and Beyond*, ll. 66–7; Emmanuel Todd, *L'invention de l'Europe*. Paris: Seuil, 1996, l. 179.
67. Honko, 'The Folklore Process', l. 43.
68. Ó Laighin, *Ó Cadhain i bh*Feasta, l. 149.
69. Néstor García Canclini, 'Cultural reconversion'. Aistriúchán Holly Staver. In George Yúdice, Jean Franco agus Juan Flores (eag.), *On Edge. The Crisis of Latin American Culture*. University of Minnesota Press: Minneapolis & London, 1992, ll. 31–2.
70. Grignon agus Passeron, *Le savant et le populaire*, ll. 9–10.
71. Theodor W. Adorno agus Max Horkheimer, 'The Culture Industry: Enlightenment as Mass Deception' in Adorno agus Horkheimer, *Dialectic of Enlightenment*. Aistriúchán John Cumming. Verso: London & New York, 1997, ll. 120–67.
72. Ó Laighin, *Ó Cadhain i bh*Feasta, l. 166.
73. Mícheál Ó Conghaile, *Gnéithe d'Amhráin Chonamara Ár Linne*. Indreabhán, Conamara: Cló Iar-Chonnachta, 1997; Gearóid Denvir,

'An Béal Beo: Filíocht Bhéil Chonamara Inniu' in Gearóid Denvir, *Litríocht agus Pobal. Cnuasach Aistí*. Indreabhán, Conamara: Cló Iar-Chonnachta, 1997, ll. 263–93; Ríonach uí Ógáin, 'Aspects of Change in the Irish-Language Singing Tradition' in Lauri Honko (eag.), *Thick Corpus, Organic Variation and Textuality in Oral Tradition*. Studia Fennica Folkloristica 7. Finnish Literature Society, Helsinki, 2000, ll. 537–55.

74.   'Globalization and the Crisis of the Popular' in Jean Franco, *Critical Passions. Selected Essays*. Mary Louise Pratt agus Kathleen Newman (eag.). Durham, NC & London, UK: Duke University Press, ll. 209–10.

75.   Steven Feld, 'From Schizophonia to Schismogenesis: The Discourses and Practices of World Music and World Beat', in George E. Marcus agus Fred R. Myers (eag.), *The Traffic in Culture. Refiguring Art and Anthropology*. Berkeley, Los Angeles & London: University of California Press, l. 104.

76.   Tugann *répertoire* ilghnéitheach an amhránaí mhóir Elizabeth ('Bess') Cronin pictiúr iontach de sin. Féach Dáibhí Ó Cróinín (eag.), *The Songs of Elizabeth Cronin. Irish Traditional Singer*. Dublin: Four Courts Press, 2000.

Conclúid

1.   Féach an plé agamsa in Ó Giolláin, *Locating Irish Folklore*, ll. 156–7.

2.   Féach Muiris Mac Conghail, *The Blaskets. A Kerry Island Library*. Dublin: Country House, 1987.

3.   Patricia Coughlan, 'An léiriú ar shaol na mban i dtéacsanna dírbheathaisnéise Pheig Sayers' in Máire Ní Chéileachair (eag.), *Ceiliúradh an Bhlascaoid 3*. Baile Átha Cliath: Coiscéim, 1999, ll. 20–57.

4.   *Peig* (Cathal Gaffney, 1994).

5.   *Rotha Mór an tSaoil/The Hard Road to Klondyke* (Desmond Bell, 2000) agus *An Scéalaí Deireanach/The Last Storyteller* (Desmond Bell, 2002).

6.   Féach Declan Kiberd, *Irish Classics*. London: Granta Books 2000, ll. 528–9.

7.   Máiréad Nic Craith, *An tOileánach Léannta*. Baile Átha Cliath: An Clóchomhar Tta, 1988, l. 104.

8.   Ó Duilearga, Séamus, 'Ó'n bhFear Eagair', *Béaloideas* 1:1 (1927), ll. 3–6.

9.   Ó Giolláin, *Locating Irish Folklore*, ll. 132–4; Seán Ó Súilleabháin, *A Handbook of Irish Folklore*. Detroit: Singing Tree Press, 1970 [1942].

10.   Foilsíodh an chéad imleabhar, *Subaltern Studies I. Writings on South Asian History and Society* (Oxford University Press, New Delhi), faoi eagarthóireacht Ranajit Guha, sa bhliain 1982.

11. Gayatri Chakravorti Spivak, 'Can the Subaltern Speak?' in Cary Nelson agus Lawrence Grossberg (eag.), *Marxism and the Interpretation of Culture*. University of Illinois Press: Urbana & Chicago, 1988, ll. 271–313.

12. Stuart Hall, "Notes on deconstructing 'the popular'" in Raphael Samuel (eag.), *People's History and Socialist Theory*. London, Boston & Henley: Routledge and Kegan Paul, 1981, l. 236.

13. García Canclini, *Hybrid Cultures*, l. 137.

14. Brody, *Inishkillane*, ll. 5–6.

15. Anne Byrne, Ricca Edmondson agus Tony Varley, 'Introduction to the Third Edition' in Arensberg agus Kimball, *Family and Community in Ireland*, ll. iii-iv.

16. *Ibid.*, xli-xlii, lii-liv. Is ait nach bhfuil tagairt dá laghad do *Leabhar Stiofáin Uí Ealaoire* san 'Introduction', ná tagairt dá laghad d'Arensberg i Réamhrá Dháithí Uí Ógáin le *Leabhar Stiofáin*.

17. *Ibid.*, lxii. Thomas M. Wilson, 'From Clare to the Common Market: perspectives in Irish ethnography' in *Anthropological Quarterly* 57, 1, l. 1–15.

18. Nancy Scheper-Hughes, *Saints, Scholars, and Schizophrenics. Mental Illness in Rural Ireland*. Berkeley, Los Angeles, London: University of California Press, 1979.

19. Féach an plé ag Lauri Honko, 'Cultural Identity and Research Ethics in the Folklore Process' in *Arv. Nordic Yearbook of Folklore* 58 (2002), l. 9.

20. Prats, 'Sobre el caràcter conservador de la cultura popular', l. 73.

21. Jean Franco, 'Globalization and the Crisis of the Popular' sa chnuasach dá haistí, *Critical Passions. Selected Essays*. Mary Lousie Pratt agus Kathleen Newman (eag.). Durham & London: Duke University Press, 1999, l. 218.

22. Ó Duilearga, *Leabhar Sheáin Í Chonaill*, l. xxii.

23. Bourke, *The Burning of Bridget Cleary*, l. 29.

24. Gearóid Ó Crualaoich, *The Book of the Cailleach. Stories of the Wise-Woman Healer*. Cork: Cork University Press, 2003, ll. 286–7, nóta 65.

25. Féach Ashis Nandy (eag.), *Science, Hegemony and Violence. A Requiem for Modernity*. New Delhi: Oxford University Press, 1990.

26. Brendan Dunford, *Farming and the Burren*. Dublin: Teagasc, 2002.

27. Cuir i gcás gur fhoilsigh An Chomhairle Ealaíon A *Policy for the Traditional Arts* i mí Mheán Fómhair 2004. Féach Siobhán Long, 'Dancing at a 21st-century crossroads' in *The Irish Times*, 4 Deireadh Fómhair, 2004, l. 12.

28. Féach scríbhinní conspóideacha Vandana Shiva, cuir i gcás: *Biopiracy. The Plunder of Nature and Knowledge*. Dartington Totnes, Devon, UK: Green Books, 1998.

29.   Féach *http://www.slowfood.com/* (21 Meitheamh 2004).

30.   Féach Diarmuid Ó Giolláin, 'The National and the Local—Practices of De- and Re-Traditionalization', le foilsiú in *FF Network* no. 28, May 2005.

31.   Belmont, *Paroles païennes*, l. 167.

32.   Wolfgang Kaschuba,, 'Historizing the Present? Construction and Deconstruction of the Past' in *Ethnologia Europaea* 26: 2 (1996), l. 126.

33.   Calinescu, *Five Faces of Modernity*, l. 275.

Leabharliosta

Aarne, Antti agus Stith Thompson, *The Types of the Folktale. A Classification and Bibliography*. Helsinki: Academia Scientiarum Fennica, 1961.

a Búrc, Éamon, *Eochair, Mac Rí in Éirinn. Eochair, A King's Son in Ireland*. Liam Mac Coisdeala a bhailigh. Caoimhín Ó Nualláin a chuir in eagar agus a d'aistrigh. Baile Átha Cliath: Comhairle Bhéaloideas Éireann, 1982.

Adorno, Theodor W. agus Horkheimer, Max, 'The Culture Industry: Enlightenment as Mass Deception' in Adorno agus Horkheimer, *Dialectic of Enlightenment*. Aistriúchán John Cumming. Verso: London & New York, 1997, ll. 120–67.

af Klintberg, Bengt, 'Myter om Månens Fläckar' in *Tal över Blandade Ämnen. Collegium Curiosorum Novum Årsbok 1985–86*. Uppsala, 1988, ll. 203–22.

Almqvist, Bo, 'The Irish Folklore Commission: Achievement and Legacy' in *Béaloideas* 45–47 (1977–79), ll. 6–26.

Almqvist, Bo, 'Dream and Reality. Some notes on the Guntram Legend (ML 4000) in Irish tradition' in *Sinsear. The Folklore Journal*. Uimh. 1 (1979), ll. 1–22.

Almqvist, Bo, 'A Mother's Love and Respect–Trí Litir ó Pheig Sayers chun Kenneth Jackson', in *Béaloideas* 66 (1998), ll. 217–24.

Alonso del Real, Carlos, *Superstición y supersticiones*. Madrid: Espasa-Calpe, 1971.

An Chomhairle Ealaíon (The Arts Council), *A Policy for the Traditional Arts*. Dublin: Arts Council, 2004.

Anderson, Benedict, *Imagined Communities. Reflections on the Origin and Spread of Nationalism*. Eagrán nua. London & New York: Verso, 1991.

Anderson, Perry, 'Internationalism: A Breviary' in *New Left Review* Mar/Apr 2002, ll. 5–25.

Appadurai, Arjun, *Modernity at Large. Cultural Dimensions of Globalization*. Minneapolis & London: University of Minnesota Press, 1996.

Ardener, Edwin, "The Construction of History: 'vestiges of creation'" in Elizabeth Tonkin, Maryon McDonald agus Malcolm Chapman (eag.), *History and Ethnicity*. London & New York: Routledge, 1989, 11. 22–33.

Arensberg, Conrad M. agus Kimball, Solon T., *Family and Community in Ireland*. 3ú heagrán. Ennis: Clasp Press, 2001 [1940].

Augé, Marc, *Non-lieux. Introduction à une anthropologie de la surmodernité*. Paris: Éditions du Seuil, 1992.

Bakhtin, Mikhail, *Rabelais and His World*. Aistriúchán Hélène Iswolsky. Bloomington: Indiana University Press, 1984.

Balakrishnan, Gopal (eag.), *Mapping the Nation*. London & New York: Verso, 1996.

Barth, Fredrik, *Ethnic Groups and Boundaries. The Social Organization of Cultural Difference*. Bergen-Oslo/London: Universitets Forlaget/George Allen and Unwin, 1969.

Bascom, William R., 'Four Functions of Folklore' in *Journal of American Folklore* 67 [1954], 11. 333–49.

Bauman, Zygmunt, *Liquid Modernity*. Cambridge: Polity, 2000.

Bausinger, Hermann, *Volkskunde ou l'ethnologie allemande*. Aistriúchán Dominique Lassaigne agus Pascale Godenir. Paris: Éditions de la Maison des sciences de l'homme, 1993.

Beck, Ulrich, *What is Globalization?* Aistriúchán Patrick Camiller. Cambridge: Polity Press, 2000.

Beiner, Guy, 'Richard Hayes, *Seanchas* Collector *Extraordinaire*. First Steps towards a Folk History of *Bliain na bhFrancach*–The Year of the French' in *Béaloideas*, Iml. 68 (2000), 11. 3–32.

Belmont, Nicole, *Paroles païennes. Mythe et folklore*. Paris: Éditions Imago, 1986.

Ben-Amos, Dan (eag.), *Folklore Genres*. University of Texas Press: Austin, 1976.

Bennett, Tony, *Formalism and Marxism*. London & New York: Methuen, 1979.

Bergin, Osborn (eag.), *Sgéalaigheacht Chéitinn. Stories from Keatings' History of Ireland*. 3ú heagrán. Dublin: Royal Irish Academy, 1930.

Bourdé, Guy agus Martin, Hervé, *Les écoles historiques*. Paris: Éditions du Seuil, 1997.

Bourke, Angela, *The Burning of Bridget Cleary. A True Story*. London: Pimlico, 1999.

Bourke, Angela, 'Oral Traditions', in Angela Bourke *et al.* (eag.), *The Field Day Anthology of Irish Writing*. Vol. IV *Irish Women's Writing and Traditions*. Cork: Cork University Press, 2002, 11. 1191–458.

Breathnach, Diarmuid agus Ní Mhurchú, Máire, *1882–1982: Beathaisnéis*, 8 iml. Baile Átha Cliath: An Clóchomhar Tta, 1986, 1990, 1992, 1994, 1997, 1999, 2001, 2003.

Brenneman, Walter L. Jr agus Brenneman, Mary G., *Crossing the Circle at the Holy Wells of Ireland*. Charlottesville & London: University Press of Virginia, 1995.

Brody, Hugh, *Inishkillane. Change and Decline in the West of Ireland*. London: Jill Norman & Hobhouse Ltd., 1973.

Brünner, José Joaquín, *Globalización cultural y posmodernidad*. Santiago, Chile: Fondo de Cultura Económica, 1998.

Burke, Peter, *History and Social Theory*. Cambridge: Polity Press, 1992.

Burke, Peter, *Popular Culture in Early Modern Europe*. Atheagrán. Aldershot: Scolar Press, 1994.

Burke, Peter, *Varieties of Cultural History*. Cambridge: Polity Press, 1997.

Calinescu, Matei, *Five Faces of Modernity. Modernism, Avant-garde, Decadence, Kitsch, Postmodernism*. Eagrán athchóirithe. Durham: Duke University Press, 1985.

Caro Baroja, Julio, *Ensayos sobre la cultura popular española*. Madrid: Editorial Dosbe, 1979.

Carvalho, José Jorge de, 'O lugar da Cultura Tradicional na Sociedade Moderna' in *Série Encontros e Estudos 1. Seminário Folclore e Cultura Popular*. Rio de Janeiro 1992, 11. 23–38.

Céitinn, Seathrún, *Foras Feasa ar Éirinn* I. Eag. David Comyn. London: Irish Texts Society, 1902.

Céitinn, Seathrún, *Foras Feasa ar Éirinn* II. Eag. Patrick S. Dinneen. London: Irish Texts Society, 1908.

Certeau de, Michel, *L'écriture de l'histoire*. Paris: Gallimard, 1975.

Certeau, Michel de, Dominique Julia agus Jacques Revel, *Une politique de la langue. La Révolution française et les patois: l'enquête de Grégoire*. Paris: Gallimard, 1975.

Chatterjee, Partha, *The Nation and its Fragments* in *The Partha Chatterjee Omnibus*. New Delhi: Oxford University Press, 1999.

Christiansen, Reidar Th., *The Migratory Legends. A Proposed List of Types with a Systematic Catalogue of Norwegian Variants*. FF Communications 175. Helsinki: Academia Scientiarum Fennica, 1958.

Cirese, Alberto Mario (eag.), *Folklore e antropologia*. Palermo: Palumbo Editore, 1972.

Cirese, Alberto M., *Cultura egemonica e culture subalterne*. 2ú heagrán. Palermo: Palumbo, 1979.

Cocchiara, Giuseppe, *Storia del folklore in Europa*. Torino: Boringhieri, 1971.

Cocchiara, Giuseppe, *Storia del folklore in Italia*. Palermo: Sellerio Editore, 1981.

Connolly, S.J., *Priests and People in Pre-Famine Ireland, 1780–1845*. 2ú heagrán. Dublin: Four Courts Press, 2001.

Corkery, Daniel, *The Hidden Ireland. A Study of Gaelic Munster in the Eighteenth Century*. Dublin: Gill and Macmillan, 1967.

Coughlan, Patricia, 'An léiriú ar shaol na mban i dtéacsanna dírbheathaisnéise Pheig Sayers' in Máire Ní Chéileachair (eag.), *Ceiliúradh an Bhlascaoid 3*. Baile Átha Cliath: Coiscéim, 1999, ll. 20–57.

Croker, Thomas Crofton, *Researches in the South of Ireland. Illustrative of the Scenery, Architectural remains and the Manners and Superstitions of the Peasantry with an Appendix containing a Private Narrative of the Rebellion of 1798*. Dublin: Irish Academic Press, 1981 [1824].

Cuche, Denys, *La noción de cultura en las ciencias sociales*. Aistriúchán Paula Mahler. Buenos Aires: Ediciones Nueva Visión, 1999.

Cullen, Louis M., 'Filíocht, cultúr agus polaitíocht' in Máirín Ní Dhonnchadha (eag.), *Nua-Léamha. Gnéithe de Chultúr, Stair agus Polaitíocht na hÉireann c. 1600-c.1900*. Baile Átha Cliath: An Clóchomhar Tta, 1996, ll. 170–99.

da Câmara Cascudo, Luís, *Dicionário do Folclore Brasileiro*. 3ú heagrán. Rio de Janeiro: Ediouro Publicações S.A., 1972.

Dan, Ilana, 'The Innocent Persecuted Heroine: An Attempt at a Model for the Surface Level of the Narrative Structure of the Female Fairy Tale' in Heda Jason agus Dimitri Segal (eag.), *Patterns in Oral Literature*. The Hague & Paris: Mouton Publishers, 1977, ll. 13–30.

Danaher, Kevin, *The Year in Ireland*. Cork: Mercier Press, 1972.

de Bhaldraithe, Tomás (eag.), *Seanchas Thomáis Laighléis*. Baile Átha Cliath: An Clóchomhar Tta., 1977.

Dégh, Linda, 'Folk Narrative' in Richard M. Dorson (eag.), *Folklore and Folklife. An Introduction*. Chicago & London: The University of Chicago Press, 1972, ll. 52–83.

de h-Íde, Dubhglas (eag.), *Abhráin agus Dánta an Reachtabhraigh*. Baile Átha Cliath: Foilseacháin Rialtais, 1933.

de h-Íde, Dubhglas, *An Sgeuluidhe Gaedhealach (Sgéalta as Connachta)*. Baile Átha Cliath: Institiút Béaloideasa Éireann, 1933.

Delargy, J.H., 'The Gaelic Story-Teller. With some Notes on Gaelic Folk-Tales' in *Proceedings of the British Academy* vol. XXXI (1945), ll. 177–221.

Denvir, Gearóid, 'An Béal Beo: Filíocht Bhéil Chonamara Inniu' in Gearóid Denvir, *Litríocht agus Pobal. Cnuasach Aistí*. Indreabhán, Conamara: Cló Iar-Chonnachta, 1997, ll. 263–93.

de Vries, Jan, *Heroic Song and Heroic Legend*. London: Oxford University Press, 1963.

Dillon, Myles, *The Archaism of Irish Tradition*. Chicago: University of Chicago, 1969 [= *Proceedings of the British Academy*, Vol. XXXIII (1947)].

Dinneen, Patrick S., *Foclóir Gaedhilge agus Béarla. An Irish-English Dictionary*. Irish Texts Society: Dublin, 1927.

Douglas, Mary, *Purity and Danger. An Analysis of the Concepts of Pollution and Taboo*. London, Boston & Henley: Routledge & Kegan Paul, 1978.

Dundes, Alan, (eag.), *The Study of Folklore*. Englewood Cliffs, N.J.: Prentice Hall, 1968.

Dundes, Alan, 'The Devolutionary Premise in Folklore Theory' in Dundes, *Analytic Essays in Folklore*. The Hague, Paris, New York: Mouton, 1975, 11. 17–27.

Dunford, Brendan, *Farming and the Burren*. Dublin: Teagasc, 2002.

Dunne, Tom, *Rebellions: Memoir, Memory and 1798*. Dublin: The Lilliput Press, 2004.

Eagleton, Terry, *The Idea of Culture*. Oxford: Blackwell, 2000.

Eco, Umberto, *Apocalittici e integrati*. 7ú heagrán. Milano: Bompiani, 1988.

Eliade, Mircea, *Patterns in Comparative Religion*. London: Sheed and Ward, 1958.

Eliade, Mircea, *The Myth of the Eternal Return. Or, Cosmos and History*. Aistriúchán Willard R. Trask. Princeton, N.J.: Bollingen Series XLVI/Princeton University Press, 1971.

Eliade, Mircea, *Lo sagrado y lo profano*. 5ú heagrán. Aistriúchán Luis Gil. Barcelona: Labor/Punto Omega, 1983.

Erixon, Sigurd, 'West European Connections and Culture Relations' in *Folk-Liv. Journal for European Ethnology and Folklore*, 1938, 11. 137–172.

Evans, E. Estyn, *Irish Folk Ways*. London: Routledge & Kegan Paul Ltd., 1957.

Evans, Gwyneth, 'Estyn: A Biographical Memoir' in E. Estyn Evans, *Ireland and the Atlantic Heritage. Selected Writings*. Dublin: Lilliput, 1996.

Fabian, Johannes, *Time and the Other. How Anthropology Makes its Object*. New York: Columbia University Press, 1983.

Featherstone, Mike (eag.), *Global Cultures. Nationalism, Globalization and Modernity*. London, Newbury Park & New Delhi: Sage Publications, 1990.

Feld, Steven, 'From Schizophonia to Schismogenesis: The Discourses and Practices of World Music and World Beat', in George E. Marcus agus Fred R. Myers (eag.), *The Traffic in Culture. Refiguring Art and Anthropology*. Berkeley, Los Angeles & London: University of California Press, 1995, 11. 96–126.

Ferguson, C.A., 'Diglossia' in Pier Paolo Giglioli (eag.), *Language and Social Context*. Harmondsworth: Penguin Books, 1972, 11. 232–51.

Fitzgerald, Garret, *Irish-Speaking in the Pre-Famine Period: A Study Based on the 1911 Census Data for People Born Before 1851 and Still Alive in 1911*. Proceedings of the Royal Irish Academy, Vol. 103C, No. 5 (2003).

Flower, Robin, *The Western Island*. Oxford, New York, Melbourne: Oxford University Press, 1978 [1944].

Forgacs, David, 'National-popular: genealogy of a concept' in Simon During (ed.), *The Cultural Studies Reader*. London & New York: Routledge, 1993, 11. 177–90.

Foster, George M., 'Peasant Society and the Image of Limited Good' in *American Anthropologist*, Vol. 67, Issue 2 (1965), 11. 293–315.

Fox, Robin, *The Tory Islanders. A people of the Celtic fringe*. Cambridge: Cambridge University Press, 1978.

Franco, Jean, *Critical Passions. Selected Essays*. Mary Louise Pratt agus Kathleen Newman (eag.). Durham, NC & London, UK: Duke University Press.

Freire, Paulo, *Cultural Action for Freedom*. Harmondsworth: Penguin Books, 1972.

Freire, Paulo, *Pedagogy of the Oppressed*. Aistriúchán Myra Bergman Ramos. Harmondsworth: Penguin Books, 1972.

Frykman, Jonas agus Löfgren, Orvar, *Culture Builders. A Historical Anthropology of Middle-Class Life*. Aistriúchán Alan Crozier. New Brunswick & London: Rutgers University Press, 1987.

Gailey, Alan, 'The Typology of the Irish Spade' in Alan Gailey agus Alexander Fenton (eag.), *The Spade in Northern and Atlantic Europe*. Holywood, Co. Down: Ulster Folk Museum, & Belfast: Institute of Irish Studies, Queen's University, 1970, ll. 35–48.

Gailey, Alan (eag.), *Ethnological Mapping in Ireland. A Document for discussion towards an ethnological atlas of Ireland*. Cultra, Co. Down: Ulster Folk and Transport Museum, 1974.

Gailey, Alan agus Ó Danachair, Caoimhín, 'Ethnological Mapping in Ireland' in *Ethnologia Europaea* vol. IX, no. I (1976), ll. 14–34.

García Canclini, Néstor, 'Cultural reconversion'. Aistriúchán Holly Staver. In George Yúdice, Jean Franco agus Juan Flores (eag.), *On Edge. The Crisis of Latin American Culture*. University of Minnesota Press: Minneapolis & London, 1992, ll. 29–43.

García Canclini, Néstor, 'Gramsci e as culturas populares na América Latina' in Carlos Nelson Coutinho agus Marco Aurélio Nogueira (eag. agus aistriúchán), *Gramsci e a América Latina*. 2ú heagrán. São Paulo agus Rio de Janeiro: Paz e Terra, 1993, ll. 61–83.

García Canclini, Néstor, *Transforming Modernity: Popular Culture in Mexico*. Aistriúchán Lidia Lozano. Austin: University of Texas Press, 1993.

García Canclini, Néstor, *Hybrid Cultures: Strategies for Entering and Leaving Modernity*. Aistriúchán Christopher L. Chiappari agus Silvia L. López. Minneapolis & London: University of Minnesota, 1995.

García Canclini, Néstor, *La globalización imaginada*. Buenos Aires, Barcelona, México: Paidós, 1999.

García Canclini, Néstor, *Diferentes, desiguales y desconectados. Mapas de la interculturalidad*. Barcelona: Gedisa Editorial, 2004.

Garvin, Tom, *The Evolution of Irish Nationalist Politics*. Dublin: Gill and Macmillan, 1981.

Garvin, Tom, *Nationalist Revolutionaries in Ireland: 1858–1928*. New York: Doubleday, 1987.

Garvin, Tom, *1922: The Birth of Irish Democracy*. Dublin: Gill and Macmillan, 1996.

Gellner, Ernest, *Nations and Nationalism*. Oxford & Cambridge: Blackwell, 1983.

Giddens, Anthony, *Durkheim*. Glasgow: Fontana/Collins, 1978.

Giddens, Anthony, *Sociology*. Oxford: Polity Press, 1989.

Giddens, Anthony, *Runaway World. How Globalization is Shaping Our Lives*. London: Profile Books, 1999.

Glassie, Henry, *Passing the Time. Folklore and History of an Ulster Community*. Dublin: O'Brien Press, 1982.

Goldring, Maurice, *Irlande. Idéologie d'une révolution nationale*. Paris: Éditions Sociales, 1975.

Goody, J. agus I. Watt, 'The Consequences of Literacy' in Pier Paolo Giglioli (eag.), *Language and Social Context*. Harmondsworth, Middlesex: Penguin Books, 1972, ll. 311–57.

Gramsci, Antonio, *Selections from Cultural Writings*. Eag. David Forgacs agus Geoffrey Nowell-Smith. Aistriúchán William Boelhower. London: Lawrence and Wishart, 1985.

Gramsci, Antonio, *Folclore e senso comune*. Roma: Editori Riuniti, 1992.

Grignon, Claude agus Passeron, Jean-Claude, *Le savant et le populaire. Misérabilisme et populisme en sociologie et en littérature*. Paris: Seuil, 1989.

Habermas, Jürgen, 'The Public Sphere' in Chandra Mukerji agus Michael Schudson (eag.), *Rethinking Popular Culture*. Berkeley, Los Angeles & Oxford: University of California Press, 1991, ll. 398–404.

Halbwachs, Maurice, *Les cadres sociaux de la mémoire*. Paris: Albin Michel, 1994.

Hall, Stuart, "Notes on deconstructing 'the popular'" in Raphael Samuel (eag.), *People's History and Socialist Theory*. London, Boston & Henley: Routledge and Kegan Paul, 1981.

Hall, Stuart agus Bram Gieben (eag.), *Formations of Modernity*. Cambridge: Polity Press, 1992.

Halpert, Herbert, 'The Man in the Moon in Traditional Narratives from the South' in *Southern Folklore* 50, no. 2 (1993), ll. 155–170.

Hannerz, Ulf, *Transnational Connections. Culture, People, Places*. London & New York: Routledge, 1996.

Harbison, Peter, *Pilgrimage in Ireland. The Monuments and the People*. London: Barrie and Jenkins, 1991.

Hardy, Philip Dixon, *The Holy Wells of Ireland*. Dublin, 1836.

Harvey, David, *The Condition of Postmodernity*. Cambridge, MASS. & Oxford, UK: Blackwell: 1989.

Harvey, Clodagh Brennan, *Contemporary Irish Traditional Narrative. The English Language Tradition*. Folklore and Mythology Studies Volume 35. Berkeley, Los Angeles & Oxford: University of California Press, 1992.

Henige, David, *Oral Historiography*. London, New York & Lagos: Longman, 1982.

Herder, Johann Gottfried, *Auch eine Philosophie der Geschichte zur Bildung der Menscheit.* Stuttgart: Philipp Reclam jun., 1990.

Herder, Johann Gottfried, *Histoire et culture. Une autre philosophie de l'histoire.* Aistriúchán Max Rouché. Paris: GF Flammarion, 2000.

Hettne, Björn, *Development Theory and the Three Worlds.* 2ú heagrán. London: Longman, 1994.

Hobsbawm, Eric, *The Age of Capital 1848–1875.* New York: Vintage Books, 1996.

Holbek, Bengt, *On the Comparative Method in Folklore Research.* Nordic Institute of Folklore Papers No. 3. Turku: Nordic Institute of Folklore, 1992.

Holmer, Nils M., *The Dialects of Co. Clare* I agus II. Todd Lecture Series XIX agus XX. Dublin: Royal Irish Academy, 1962 agus 1965.

Honko, Lauri (eag.), *Tradition and Cultural Identity.* Turku: Nordic Institute of Folklore, 1988.

Honko, Lauri, 'The Folklore Process', in *Folklore Fellows' Summer School Programme.* Folklore Fellows' Summer School: Turku, 1991, ll. 25–47.

Honko, Lauri, 'Cultural Identity and Research Ethics in the Folklore Process' in *Arv. Nordic Yearbook of Folklore* 58 (2002), ll. 7–17.

Hopenhayn, Martín, *Ni apocalípticos ni integrados. Aventuras de la modernidad en América Latina.* Santiago, Chile: Fondo de Cultura Económica, 1994.

Hroch, Miroslav, *Social Preconditions of National Revival in Europe. A Comparative Analysis of the Social Composition of Patriotic Groups among the Smaller European Nations.* New York: Columbia University Press, 2000.

Jackson, Kenneth (eag.), *Scéalta ón mBlascaod.* Baile Átha Cliath: An Cumann le Béaloideas Éireann, 1938.

Jakobson, Roman agus Bogatyrev, Petr, 'Le folklore, forme spécifique de création' in Roman Jakobson, *Questions de poétique.* 2ú heagrán. Paris: Éditions du Seuil, 1973, ll. 59–72.

Jameson, Fredric, *The Prison-House of Language. A Critical Account of Structuralism and Russian Formalism.* Princeton, NJ: Princeton University Press, 1972.

Jenkins, Richard P., 'Witches and Fairies: Supernatural Aggression and Deviance Among the Irish Peasantry' in Peter Narváez (eag.), *The Good People. New Fairylore Essays.* Lexington: The University Press of Kentucky, 1997, ll. 302–35.

Kaschuba, Wolfgang, 'Historizing the Present? Construction and Deconstruction of the Past' in *Ethnologia Europaea* 26: 2 (1996), ll. 123–135.

Keogh, Dáire, '"Bithiúnaigh Uilig Iad": Sagairt agus Easpaig i 1798' in Gearóid Ó Tuathaigh (eag.), *Éirí Amach 1798 in Éirinn.* Indreabhán: Cló iar-Chonnachta, 1998, ll. 69–80.

Kiberd, Declan, *Irish Classics.* London: Granta Books, 2000.

Kinmonth, Claudia, *Irish Country Furniture 1700–1950*. New Haven & London: Yale University Press, 1993.

Kirk, G.S., *Myth. Its Meaning and Functions in Ancient and Other Cultures*. Cambridge: Cambridge University Press, 1973.

Lagrée, Michel, *Religions et cultures en Bretagne, 1850–1950*. Paris: Fayard, 1992.

Lalor, Brian (eag.), *The Encyclopaedia of Ireland*. Dublin: Gill and Macmillan, 2003.

Larkin, Emmet, 'The Devotional revolution in Ireland, 1850–1875' in Emmet Larkin, *The Historical Dimensions of Irish Catholicism*. Washington, D.C./Dublin: The Catholic University of America Press/Four Courts Press, 1984, 11. 57–89.

Leduc, Jean, *Les historiens et le temps. Conceptions, problématiques, écritures*. Paris: Éditions du Seuil, 1999.

Lee, J.J., *Ireland 1912–1985. Politics and Society*. Cambridge: Cambridge University Press, 1989.

Lee, Joseph, *The Modernisation of Irish Society 1848–1918*. Dublin: Gill and Macmillan, 1973.

Leerssen, Joep, *Remembrance and Imagination. Patterns in the Historical and Literary Representation of Ireland in the Nineteenth Century*. Cork: Cork University Press, 1996.

Le Goff, Jacques, *Histoire et mémoire*. Paris: Gallimard, 1988.

Lessig, Lawrence, *Free Culture. How Big Media uses Technology and the Law to Lock Down Culture and Control Creativity*. New York: The Penguin Press, 2004.

Linehan, Hugh, 'He's back: Rise of the electoral machine' in *The Ticket. The Irish Times Weekly Guide to Entertainment*, July 10, 2003, 1. 32.

Lixfeld, Hannjost, *Folklore and Fascism. The Reich Institute for German Volkskunde*. Aistriúchán James R. Dow. Bloomington & Indianapolis: Indiana University Press, 1994.

Logan, Patrick, *The Holy Wells of Ireland*. Gerrards Cross: Colin Smythe, 1980.

Lotman, Ju. M., 'On the Metalanguage of a Typological Description of Culture', in *Semiotica* 14, no. 2 (1975), 11. 97–123.

Lotman, Ju. M., 'The Dynamic Model of a Semiotic System', in *Semiotica* 21, no. 3/4 (1977), 11. 193–210.

Lotman, Jurij, *The Structure of the Artistic Text*. Aistriúchán Gaile Lenhoff agus Ronald Vroon. Ann Arbor: University of Michigan, 1977.

Lucas, A.T., 'The Sacred Trees of Ireland', in *Journal of the Cork Historical and Archaeological Society* 68 (1963), 11. 16–54.

Lüdtke, Alf (eag.), *The History of Everyday Life. Reconstructing Historical Experiences and Ways of Life*. Aistriúchán William Templer. Princeton, New Jersey: Princeton University Press, 1995.

Lüthi, Max, *The European Folktale: Form and Nature*. Aistriúchán John D. Niles. Philadelphia: Institute for the Study of Human Issues, 1982.

Lütticken, Sven, 'The Art of Theft' in *New Left Review* 13, Jan/Feb 2002, ll. 89–104.

Lyotard, Jean-François, *La condition postmoderne*. Paris: Les Éditions de Minuit, 1979.

Mac Aonghusa, Criostóir, 'Mar a Chuaigh an Conradh i bhFeidhm ar an nGaeltacht', in Seán Ó Tuama (eag.), *The Gaelic League Idea*. 2ú heagrán. Cork & Dublin: Mercier Press, 1993, ll. 76–86.

Mac Cana, Proinsias, *Celtic Mythology*. London: Hamlyn, 1970.

McCann, Anthony, *Beyond the Commons: The Expansion of the Irish Music Rights Organisation, the Elimination of Uncertainty, and the Politics of Enclosure*. Tráchtas Ph.D. Ollscoil Luimnigh, 2002.

McCloskey, James, *Guthanna in Éag. An Mairfidh an Ghaeilge Beo?* Baile Átha Cliath: Cois Life Teoranta, 2001.

Mac Coisdealbha, Liam, 'Seanchas ó Iorrus' in *Béaloideas* XIII, Uimh. I-II (1943), ll. 173–237.

Mac Conghail, Muiris, *The Blaskets. A Kerry Island Library*. Dublin: Country House, 1987.

Mac Craith, Mícheál, 'The Gaelic Reaction to the Reformation' in Steven G. Ellis agus Sarah Barber (eag.), *Conquest and Union. Fashioning a British State 1485–1725*. London & New York: Longman, 1995, ll. 139–61.

MacDonagh, Oliver, *States of Mind. A Study of Anglo-Irish Conflict 1780–1980*. London: George Allen and Unwin, 1983.

Mac Gabhann, Micí, *Rotha Mór an tSaoil*. Seán Ó hEochaidh a scríobh, Proinsias Ó Conluain a chuir in eagar. Cló Iar-Chonnachta: Indreabhán, Conamara, 1996.

Mac Giollarnáth, Seán, 'Seanchas Beag Thuama' in *Béaloideas* Iml. XVI-Uimh. I-II, Meitheamh-Nodlaig 1946, ll. 72–90.

Maclennan, Malcolm, *A Pronouncing and Etymological Dictionary of the Gaelic Language*. Eagrán nua. Stornoway, Isle of Lewis: Acair agus Mercat Press, 1979.

Mac Neill, Máire, *The Festival of Lughnasa*. Oxford: Oxford University Press, 1962.

Mac Tomáis, Seoirse, *An Blascaod mar a Bhí*. An Sagart: Má Nuad, 1977.

Martino de, Ernesto, *Sud e magia*. 10ú heagrán. Milano: Feltrinelli, 1981 [1959].

Martuccelli, Danilo, *Sociologies de la modernité*. Paris: Gallimard, 1999.

Marx, Karl agus Friedrich Engels, *Clár na Comharsheilbhe. Forógra na gCumannach*. Aistriúchán Páirtí Cumannach na hÉireann. Baile Átha Cliath agus Béal Feirste: Páirtí Cumannach na hÉireann, 1986.

Marx, Karl, *El dieciocho Brumario de Luis Bonaparte*. Aistriúchán Ernesto S. Mazar. NEED: Buenos Aires, 1998.

Matejka, Ladislav, 'Postscript: Prague School Semiotics' in Ladislav Matejka agus Irwin R. Titunik, *Semiotics of Art*. Cambridge, Mass. & London, England: The MIT Press, 1976, ll. 265–90.

Medelfort, H.C. Erik, 'The Social Position of the Witch in Southwestern Germany' in Max Marwick (eag.), *Witchcraft*. 2ú heagrán. Harmondsworth: Penguin Books, 1982, 11. 174–89.

Meletinskij, Eleazar M., *Il mito. Poetica folclore ripresa novecentesca*. Aistriúchán Aldo Ferrari. Roma: Editori Riuniti, 1993.

Mhac an Fhailigh, Éamonn, *The Irish of Erris, Co. Mayo. A Phonemic Study*. Dublin: The Dublin Institute for Advanced Studies, 1968.

Muchembled, Robert, *Culture populaire et culture des élites dans la France moderne (XVe-XVIIIe siècle)*. Paris: Flammarion, 1978.

Muchembled, Robert, *Société, cultures et mentalités dans la France moderne XVIe-XVIIIe siècle*. Paris: Armand Colin, 1990.

Müller-Lisowski, Käte, 'A Study in Irish Folklore' in *Béaloideas* Iml. XVIII, Uimh. I-II (1948), 11. 142–99.

Munch-Pedersen, Ole, 'Cur Síos ar Sheanchaí Amháin a thug scéalta do Jeremiah Curtin' in Pádraig Ó Fiannachta (eag.), *Thaitin Sé le Peig. Iris na hOidhreachta* I. Baile an Fhirtéaraigh: Oidhreacht Chorca Dhuibhne, 1989, 11. 123–43.

Murphy, Gerard (eag.), 'Introduction' le *Duanaire Finn* III. London: Irish Texts Society, 1953.

Murphy, Michael J., *Now You're Talking . . . Folk Tales from the North of Ireland*. Belfast: Blackstaff Press, 1975.

Nandy, Ashis (eag.), *Science, Hegemony and Violence. A Requiem for Modernity*. New Delhi: Oxford University Press, 1990.

Ní Bhrádaigh, Cáit, 'Folklore from Co. Longford' in *Béaloideas* Iml. VI-Uimh. II (Nodlaig 1936), 11. 257–69.

Nic Craith, Máiréad, *An tOileánach Léannta*. Baile Átha Cliath: An Clóchomhar Tta, 1988.

Nic Eoin, Máirín, *An Litríocht Réigiúnach*. Baile Átha Cliath: An Clóchomhar, 1982.

Ní Dhíoraí, Áine (eag.), *Na Cruacha Scéalta agus Seanchas*. Baile Átha Cliath: An Clóchomhar Tta, 1985.

Ní Mhainnín, Máire agus Ó Murchú, Liam P. (eag.), *Peig. A Scéal Féin*. An Daingean: An Sagart, 1998.

Ní Shéaghdha, Nóra, 'Póstaí agus Cleamhnaistí' in Mícheál Ó Ciosáin (eag.), *Céad Bliain 1871–1971*. Baile an Fheirtéaraigh: Muintir Phiarais, 1973, 11. 213–35.

Nilsson, Bo G., *Folkhemmets arbetarminnen. En undersökning av de historiska och diskursiva villkoren för svenska arbetares levnadsskildringar*. Stockholm: Nordiska Museets Förlag, 1996.

Nora, Pierre (eag.), *Les lieux de mémoire*. 3 himleabhar. Paris: Gallimard, 1984, 1986, 1992.

Ó Briain, Mícheál (a bhailigh) agus Brian Ó Cuív (a chóirigh), *Cnósach Focal ó Bhaile Bhúirne i gCunndae Chorcaí*. Baile Átha Cliath: Institiúid Árd-Léighinn Bhaile Átha Cliath, 1947.

Ó Buachalla, Breandán, 'Litreacha Phádraig Phiarais Cúndún', in Stiofán Ó hAnnracháin (eag.), *Go Meiriceá Siar*. Baile Átha Cliath: An Clóchomhar, 1979, 11. 31–7.

Ó Buachalla, Breandán, 'An Mheisiasacht agus an Aisling' in Pádraig de Brún, Seán Ó Coileáin agus Pádraig Ó Riain (eag.), *Folia Gadelica*. Corcaigh: Cló Ollscoile Chorcaí, 1983, 11. 72–87.

Ó Buachalla, Breandán, 'Foreword to 1987 Reprint' le Céitinn, *Foras Feasa ar Éirinn* I. Eag. Comyn (1902).

Ó Buachalla, Breandán, *Aisling Ghéar. Na Stíobhartaigh agus an tAos Léinn 1603–1788*. Baile Átha Cliath: An Clóchomhar Tta, 1996.

Ó Cadhain, Máirtín, 'Sgéaluigheacht Chois-Fhairrge' in *Béaloideas* Iml. IV-Uimh. I (Meitheamh 1933), 11. 62–88.

Ó Cadhain, Máirtín, *Ó Cadhain i bhFeasta*. Eag. Seán Ó Laighin. Baile Átha Cliath: Clódhanna Teoranta, 1990.

Ó Cadhla, Stiofán, 'Mapping a Discourse' in A. Jamie Saris agus Steve Coleman (eag.), *Culture, Space and Representation*. Uimhir speisialta de *Irish Journal of Anthropology*, Vol. 4 (1999), 11. 84–109.

Ó Catháin, Séamas agus O'Flanagan, Patrick, *The Living Landscape. Kilgalligan, Erris, Co. Mayo*. Dublin: Comhairle Bhéaloideas Éireann, 1975.

Ó Ceannabháin, Peadar (eag.), *Éamon a Búrc Scéalta*. Baile Átha Cliath: An Clóchomhar Tta, 1983.

Ó Cionnfhaolaidh, Micheul, *Beatha Mhíchíl Turraoin maille le Sceulta agus Seanachas*. Baile Átha Cliath: Oifig an tSoláthair, 1956.

Ó Ciosáin, Niall, *Print and Popular Culture in Ireland, 1750–1850*. London: Macmillan, 1997.

Ó Ciosáin, Niall, 'Boccoughs and God's Poor: Deserving and Undeserving Poor in Irish Popular Culture' in Tadhg Foley agus Seán Ryder (eag.), *Ideology and Ireland in the Nineteenth Century*. Dublin: Four Courts Press, 1998, 11. 93–9.

Ó Conghaile, Mícheál, *Gnéithe d'Amhráin Chonamara Ár Linne*. Indreabhán, Conamara: Cló Iar-Chonnachta, 1997.

Ó Criomhthain, Tomás, *Dinnseanchas na mBlascaod*. Eagrán nua. Baile Átha Cliath: Cois Life, 1999.

Ó Criomhthain, Tomás, *An tOileánach*. Seán Ó Coileáin (eag.). Baile Átha Cliath: Cló Talbóid, 2002.

Ó Cróinín, Dáibhí (eag.), *The Songs of Elizabeth Cronin*.

Ó Cróinín, Seán agus Ó Cróinín, Donncha (bailitheoir agus eagarthóir), *Seanchas Amhlaoibh Í Luínse*. Baile Átha Cliath: Comhairle Bhéaloideas Éireann, 1980.

Ó Cróinín, Seán agus Ó Cróinín, Donncha (bailitheoir agus eag.), *Seanchas ó Chairbre* I. Baile Átha Cliath: Comhairle Bhéaloideas Éireann, 1985.

Ó Crualaoich, Gearóid, 'Continuity and Adaptation in Legends of Cailleach Bhéarra' in *Béaloideas* 56 (1988), 11. 153–178.

Ó Crualaoich, Gearóid, 'The "Merry Wake"' in J.S. Donnelly Jr. agus Kerby A. Miller (eag.), *Irish Popular Culture 1650–1850*. Dublin: Irish Academic Press, 1998, ll. 173–200.

Ó Crualaoich, Gearóid, *The Book of the Cailleach. Stories of the Wise-Woman Healer*. Cork: Cork University Press, 2003.

Ó Cuileáin, L.M. (L.M. Cullen), *An Saol in Éirinn*. Aistriúchán Tomás Ó Laoi. Baile Átha Cliath: Oifig an tSoláthair, 1976.

Ó Cuív, Brian, *The Irish of West Muskerry, Co. Cork. A Phonetic Study*. Dublin: The Dublin Institute for Advanced Studies, 1968.

Ó Cuív, Brian, *Irish Dialects and Irish-Speaking Districts*. Dublin: Dublin Institute for Advanced Studies, 1971.

Ó Dálaigh, Seosamh, 'Béaloideas an Oileáin' in Aogán Ó Muircheartaigh (eag.), *Oidhreacht an Bhlascaoid*. Baile Átha Cliath: Coiscéim, 1989, ll. 100–8.

Ó Danachair, Caoimhín, 'Some Marriage Customs and Their Regional Distribution' in *Béaloideas* 42–44 (1974–6), ll. 136–75.

Ó Domhnaill, Eoghan, *Scéal Hiúdaí Sheáinín*. Baile Átha Cliath: Oifig an tSoláthair 1945.

Ó Dónaill, Niall, *Foclóir Gaeilge-Béarla*. Baile Átha Cliath: Oifig an tSoláthair, 1977.

O'Donnell, Jim agus de Fréine, Seán, *Ciste Cúrsaí Reatha*. Baile Átha Cliath: An Foras Riaracháin, 1992.

Ó Duilearga, Séamus, 'Ó'n bhFear Eagair' in *Béaloideas* Iml. 1, Uimh. 1 (1927), ll. 3–6.

Ó Duilearga, Séamus, 'Volkskundliche Arbeit in Irland von 1850 bis zur Gegenwart mit besonderer Berücksichtigung der "Irischen Volkskunde - Kommission"', *Zeitschrift für Keltische Philologie und Volksvorschung* xxiii (1943), ll. 1–38.

Ó Duilearga, Séamus, *Leabhar Sheáin Í Chonaill. Sgéalta agus Seanchas ó Íbh Ráthach*. 3ú heagrán. Baile Átha Cliath: Comhairle Bhéaloideas Éireann, 1977.

Ó Duilearga, Séamus (eag.), Ó hÓgáin, Dáithí (a chóirigh), *Leabhar Stiofáin Uí Ealaoire*. Baile Átha Cliath: Comhairle Bhealoideas Éireann, 1981.

Ó Fiaich, Tomás (eag.), *Art Mac Cumhaigh: Dánta*. Baile Átha Cliath: An Clóchomhar Tta, 1973.

Ó Fionúsa, Pádraig, 'Measgra Dhéiseach' in *Béaloideas* Iml. III-Uimh. III (Meitheamh 1932), ll. 283–9.

Ó Giolláin, Diarmuid, 'An Leipreachán san Ainmníocht' in *Béaloideas* Iml. 50 (1982), ll. 126–50.

Ó Giolláin, Diarmuid, 'The Leipreachán and Fairies, Dwarfs and the Household Familiar. A comparative study' in *Béaloideas* Iml. 52 (1984), ll. 75–150.

Ó Giolláin, Diarmuid, 'The Man in the Moon' in Reimund Kvideland and Torunn Selberg (eag.), *Papers II. The 8th Congress for the International*

Society for Folk Narrative Research. Bergen (foilsitheoir gan lua), 1984, ll. 131–7.

Ó Giolláin, Diarmuid, 'Myth and History. Exotic Foreigners in Folk-belief' in *Temenos. Studies in Comparative Religion presented by Scholars in Denmark, Finland, Norway and Sweden.* Vol. 23 (1987), ll. 59–80.

Ó Giolláin, Diarmuid, 'Les deux vies de la fête patronale' in Catherine Laurent agus Helen Davis (eag.), *Irlande et Bretagne. Vingt siécles d'histoire.* Rennes: Terre de Brume, 1994, ll. 15–23.

Ó Giolláin, Diarmuid, 'Changing World-Views and the Patron Saint's Festival in Ireland' in Leander Petzolt (eag.), *Folk Narrative and World View. Vorträge des 10. Kongresses der Internationalen Gesellschaft für Volkserzählungsforschung (ISFNR) 2.* Frankfurt am Main, 1996, ll. 595–608.

Ó Giolláin, Diarmuid, 'Heroic Biographies in Folklore and Popular Culture' in Gabriel Doherty agus Dermot Keogh (eag.), *Michael Collins and the Making of the Irish State.* Cork: Mercier Press, 1998, ll. 134–45.

Ó Giolláin, Diarmuid, 'The Pattern' in J.S. Donnelly Jr. agus Kerby A. Miller (eag.), *Irish Popular Culture 1650–1850.* Dublin: Irish Academic Press, 1998, ll. 201–21.

Ó Giolláin, Diarmuid, *Locating Irish Folklore. Tradition, Modernity, Identity.* Cork University Press: Cork, 2000.

Ó Giolláin, Diarmuid, 'Cultura popular, relativismo cultural y diversidad' in *Revista de Investigaciones Folclóricas* 17, 2002 (Buenos Aires, Argentina), ll. 23–32.

Ó Giolláin, Diarmuid, 'Copy Wrong and Copyright: Serial Psychos, Coloured Covers and Maori Marks' in *Cultural Analysis: An Interdisciplinary Forum on Folklore and Popular Culture* (University of California, Berkeley), Vol. 3 (2002), ll. 100–11.

Ó Giolláin, Diarmuid, 'Tradition, Modernity and Cultural Diversity' in Lotte Tarkka (eag.), *Dynamics of Tradition. Perspectives on Oral Poetry and Folk Belief.* [= *Studia Fennica.* Folkloristica 13. Helsinki: Finnish Literature Society, 2003], ll. 35–47.

Ó Giolláin, Diarmuid, 'The National and the Local–Practices of De- and Re-Traditionalization', le foilsiú in *FF Network* no. 28, May 2005.

Ó Gráda, Cormac, *Ireland. A New Economic History 1780–1939.* Oxford: Clarendon Press, 1994.

Ó Gráda, Cormac, *An Drochshaol. Béaloideas agus Amhráin.* Baile Átha Cliath: Coiscéim, 1994.

Ó Gráda, Cormac, 'The Greatest Blessing of All: The Old Age Pension in Ireland' in *Past and Present* no. 175 (2002), ll. 124–61.

Ó hEochaidh, Seán, Ní Néill, Máire agus Ó Catháin, Séamas, *Síscéalta ó Thír Chonaill/Fairy Legends from Donegal.* Baile Átha Cliath: Comhairle Bhéaloideas Éireann, 1977.

Ó hÓgáin, Dáithí, 'An É an tAm Fós É?' in *Béaloideas* Uimh. 42–44 (1974–76), ll. 213–308.

Ó hÓgáin, Dáithí, *An File. Staidéar ar Osnádúrthacht na Filíochta sa Traidisiún Gaelach*. Baile Átha Cliath: Oifig an tSoláthair, 1982.

Ó hÓgáin, Dáithí, '*Béaloideas*–Notes on the History of a Word' in *Béaloideas* 70 (2002), ll. 83–98.

Ó Laoghaire, An tAthair Peadar, *Mo Scéal Féin*. Baile Átha Cliath: Cló Thalbóid, 1999 [1915].

Ó Laoire, Lillis, *Ar Chreag i Lár na Farraige. Amhráin agus amhránaithe i dToraigh*. Indreabhán: Cló Iar-Chonnachta, 2002.

Ó Lúing, Seán, *Saoir Theangan*. Baile Átha Cliath: Coiscéim, 1989.

Ó Máille, Tomás, *An Béal Beo*. Baile Átha Cliath: Comhlacht Oideachais na hÉireann, 1936.

Ó Máille, Tomás S., *Seanfhocla Chonnacht* I agus II. Baile Átha Cliath: Oifig an tSoláthair, 1948 agus 1952.

O'Malley, Ernie, *On Another Man's Wound*. 5ú heagrán. Dublin: Anvil Books Ltd, 1979.

Ó Moghráin, Pádraig, 'Sean-Chainnt ó Iarthar Mhuigheó' in *Béaloideas* IX, Uimh. I (1939), ll. 47–8

Ó Muimhneacháin, Aindrias (eag.), *Seanchas an Táilliúra*. Seán Ó Cróinín a bhailigh. Cló Mercier: Baile Átha Cliath agus Corcaigh, 1987.

Ó Muirgheasa, Énrí, 'The Holy Wells of Donegal' in *Béaloideas* Iml. VI-Uimh. II (Nodlaig 1936), ll. 143–62.

Ó Murchadha, Tadhg, 'Scéalaithe Dob Aithnid Dom' in *Béaloideas* Iml. XVIII-Uimh. I-II (Meitheamh-Nodlaig 1938), ll. 3–44.

Ó Murchú, Máirtín, *Urlabhra agus Pobal*. Páipéar Ócáidiúil Uimh. 1. Baile Átha Cliath: Oifig an tSoláthair, 1970.

Ó Nualláin, Caoimhín (eag. agus aistritheoir), *Eochair, Mac Rí in Éirinn*. Éamon a Búrc a d'inis, Liam Mac Coisdeala a bhailigh. Baile Átha Cliath: Comhairle Bhéaloideas Éireann, 1982.

Ong, Walter J., *Orality and Literacy. The Technologizing of the Word*. London & New York: Methuen, 1982.

O'Reilly, Edward, *An Irish-English Dictionary. New Edition with a Supplement by John O'Donovan*. Dublin: James Duffy and Company, Limited, 1864.

Ó Ríordáin, Seán, *Brosna*. Baile Átha Cliath: Sáirséal agus Dill, 1964.

Ó Ríordáin, Traolach, *Conradh na Gaeilge i gCorcaigh 1894–1910*. Baile Átha Cliath: Cois Life Teoranta, 2000.

Ortiz, Renato, *Românticos e folcloristas. Cultura popular*. São Paulo: Olho d'Água, 1992.

Ortiz, Renato, *Otro territorio. Ensayos sobre el mundo contemporáneo*. Aistriúchán Ada Solari. Buenos Aires: Universidad Nacional de Quilmes, 1996.

Ortiz, Renato, *Mundialización y cultura*. Aistriúchán Elsa Noya. Buenos Aires agus Madrid: Alianza Editorial, 1997.

Ó Sé, Caoimhín, *Traidisiún na Scéalaíochta i gCorca Dhuibhne*. Baile Átha Cliath: Coiscéim, 2001.

Ó Síocháin, Conchúr, *Seanchas Chléire*. Eagrán nua. Baile Átha Cliath: Oifig an tSoláthair 1970 [1940].

Ó Súilleabháin, Donncha, *Scéal an Oireachtais 1897–1924*. Baile Átha Cliath: An Clóchomhar Tta, 1984.

Ó Súilleabháin, Muiris, *Fiche Blian ag Fás*. An 3ú heagrán leasaithe. Maigh Nuad: An Sagart, 1989.

Ó Súilleabháin, Seán, 'Cnuasacht Orthaí agus Paidreacha ó Chiarraighe' in *Béaloideas* Iml. III-Uimh. III (Meitheamh 1932), ll. 356–8.

Ó Súilleabháin, Seán, *Caitheamh Aimsire ar Thórraimh*. Baile Átha Cliath: An Clóchomhar, 1961.

Ó Súilleabháin, Seán, *A Handbook of Irish Folklore*. Detroit: Singing Tree Press, 1970.

Ó Súilleabháin, Seán, *Storytelling in Irish Tradition*. Cork: Cultural Relations Committee of Ireland, 1973.

Ó Súilleabháin, Seán agus Christiansen, Reidar Th., *The Types of the Irish Folktale*. Helsinki: Academia Scientiarum Fennica, 1967.

Ouaknine, Serge, 'Les rêves menacés de la transculturalité' in Jacques Langlais *et al.* (eag.), *Le Québec de demain et les communautés culturelles*. Montréal: Méridien, 1990, ll. 211–21.

Paden, William E., *Religious Worlds*. 2ú heagrán. Boston: Beacon Press, 1994.

Pedersen, Holger (bailitheoir) agus Munch-Pedersen, Ole (eag.), *Scéalta Mháirtín Neile. Bailiúchán Scéalta ó Árainn*. Baile Átha Cliath: Comhairle Bhéaloideas Éireann, 1994.

Póirtéir, Cathal, *Glórtha ón Ghorta. Béaloideas na Gaeilge agus an Gorta Mór*. Baile Átha Cliath: Coiscéim, 1996.

Prats, Llorenç, 'Sobre el caràcter conservador de la cultura popular' in D. Llopart, J. Prat agus Ll. Prats (eag)., *La cultura popular a debat*. Barcelona: Fundació Serveis de Cultura Popular/Editorial Alta Fulla, 1985, ll. 72–80.

Propp, Vladimir, *Morphology of the Folktale*. 2ú heagrán. Aistriúchán Laurence Scott. Austin & London: University of Texas Press, 1968.

Raglan, Lord, 'The Hero of Tradition' in Alan Dundes (eag.), *The Study of Folklore*. New Jersey: Prentice-Hall, 1963, ll. 210–226.

Rahnema, Majid, 'Poverty' in Wolfgang Sachs (eag.), *The Development Dictionary. A Guide to Knowledge and Power*. London & New Jersey: Zed Books, 1992, agus Johannesburg: Witwatersrand University Press, 1993.

Redfield, Robert, *The Little Community/Peasant Society and Culture*. Chicago & London: University of Chicago Press, 1960.

Renan, Ernest, 'Cad is náisiún ann?' Aistriúchán Breandán Ó Doibhlin. In *Aimsir Óg* 3 (2002), ll. 23–37.

Rizzo de Oliveira, Elda, *O que é medicina popular*. São Paulo: Editora Brasiliense, 1985.

Samuel, Raphael (eag.), *People's History and Socialist Theory*. London, Boston & Henley: Routledge and Kegan Paul, 1981.

Saussure, Ferdinand de, *Course in General Linguistics*. Aistriúchán Wade Baskin. Glasgow: Fontana/Collins, 1974 [1916].

Scheper-Hughes, Nancy, *Saints, Scholars and Schizophrenics. Mental Illness in Rural Ireland*. Berkeley, Los Angeles, London: University of California Press, 1979.

Seabhac, An, *Seanfhocal na Mumhan*. Eag. Pádraig Ua Maoileoin. Baile Átha Cliath: An Gúm, 1984.

Sebeok, Thomas A., 'In what sense is language a "primary modelling system"?' in Henry Broms agus Rebecca Kaufmann (eag.), *Semiotics of Culture. Proceedings of the 25th Symposium of the Tartu-Moscow School of Semiotics*. Helsinki: Arator Inc. Publishers, 1988, 11. 67–80.

Sebreli, Juan José, *El asedio a la modernidad*, 8ú heagrán. Buenos Aires: Editorial Sudamericana, 1995.

Shiva, Vandana, *Biopiracy. The Plunder of Nature and Knowledge*. Dartington Totnes, Devon, UK: Green Books, 1998.

Simonsen, Michèle, *Le conte populaire français*. Paris: Presses Universitaires de France, 1981.

Spivak, Gayatri Chakravorti, 'Can the Subaltern Speak?'. In Cary Nelson agus Lawrence Grossberg (eag.), *Marxism and the Interpretation of Culture*. University of Illinois Press: Urbana & Chicago, 1988, 11. 271–313.

Stone, Kay, 'Things Walt Disney Never Told Us' in Claire R. Farrer (eag.), *Women and Folklore*. Austin and London: University of Texas Press, 1975, 11. 42–50 (*Journal of American Folklore* 88 no. 347, January-March 1975).

Synge, J.M., *The Aran Islands*. Oxford: Oxford University Press, 1979.

Taylor, Lawrence J., *Occasions of Faith. An Anthropology of Irish Catholics*. Dublin: Lilliput Press, 1995.

Therborn, Göran, *European Modernity and Beyond. The Trajectory of European Societies 1945-2000*. London, Thousand Oaks, New Delhi: Sage Publications, 1995.

Thomas, Keith, *Religion and the Decline of Magic*. London: Penguin, 1973.

Thomas, William I. agus Znaniecki, Florian, *The Polish Peasant in Europe and America. A Classic Work in Immigration History*. Eag. Eli Zaretsky. Urbana agus Chicago: University of Illinois Press, 1996.

Thompson, Stith, *The Folktale*. Berkeley, Los Angeles & London: University of California Press, 1971.

Thompson, Paul, *The Voice of the Past. Oral History*. Oxford & New York: Oxford University Press, 1978.

Todd, Emmanuel, *L'invention de l'Europe*. Paris: Seuil, 1996.

Tönnies, Ferdinand, *Community and Association*. Aistriúchán Charles P. Loomis. London: Routledge and Kegan Paul Ltd., 1955.

Turner, Victor, *The Ritual Process*. London: Pelican Books, 1974.

Turner, Victor, *Dramas, Fields, and Metaphors*. Cornell University Press: Ithaca & London, 1974.

Turner, Victor agus Edith *Image and Pilgrimage in Christian Culture*. New York: Columbia University Press, 1978.

Tyers, Pádraig (eag.), *Abair Leat: Joe Daly*. An Daingean: An Sagart, 1999.

Tylor, Edward B., *Primitive Culture. Researches into the Development of Mythology, Philosophy, Religion, Art, and Custom*. London: John Murray, 1871.

uí Ógáin, Ríonach, *An Rí gan Choróin. Dónall Ó Conaill sa Bhéaloideas*. Baile Átha Cliath: An Clóchomhar Tta., 1984.

uí Ógáin, Ríonach, 'Aspects of Change in the Irish-Language Singing Tradition' in Lauri Honko (eag.), *Thick Corpus, Organic Variation and Textuality in Oral Tradition*. Studia Fennica Folkloristica 7. Finnish Literature Society, Helsinki, 2000, 11. 537–55.

van Gennep, Arnold, *Religions, moeurs et légendes*. Paris: Societé de Mercure de France, 1912.

van Gennep, Arnold, *Textes inédits sur le folklore français contemporain*. Eag. Nicole Belmont. Paris: G.-P. Maisonneuve et Larose, 1975.

Vansina, Jan, *La tradición oral*. Aistritheoir gan ainm. Barcelona: Nueva Colección Labor, 1966.

Vansina, Jan, *Oral Tradition as History*. London: James Currey, agus Nairobi: Heinemann Kenya, 1985.

Vattimo, Gianni, *La società trasparente*. Eagrán nua. Milano: Garzanti, 2000.

Verling, Máirtín (eag. agus a chóirigh) agus Tadhg Ó Murchú (a bhailigh), *Béarrach Mná ag Caint. Seanchas Mháiréad Ní Mhionacháin*. Indreabhán, Conamara: Cló Iar-Chonnachta, 1999.

Vermeulen, Han F., 'Origins and institutionalization of ethnography and ethnology in Europe and the USA, 1771–1845' in Han F. Vermeulen agus Arturo Alvarez Roldán (eag.), *Fieldwork and Footnotes. Studies in the History of European Anthropology*. London & New York: Routledge, 1995, 11. 39–59.

von Sydow, C.W., 'Geography and Folk-Tale Ecotypes' in *Béaloideas* Iml. IV-Uimh. III (Meitheamh, 1934), 11. 344–55.

Vovelle, Michel, *Idéologies et mentalités*. Paris: Gallimard, 1982.

Wagner, Heinrich, *Linguistic Atlas and Survey of Irish Dialects*. Vol. I. Dublin: Dublin Institute for Advanced Studies, 1958.

Warnier, Jean-Pierre, *La mondialisation de la culture*. Paris: Éditions La Découverte, 1999.

Whelan, Kevin, *The Tree of Liberty. Radicalism, Catholicism and the Construction of Irish Identity 1760–1830*. Cork: Cork University Press, 1996.

Wilde, Sir William, *Irish Popular Superstitions*. Irish Academic Press: Dublin, 1979 [1852].

Wilson, Thomas M., 'From Clare to the Common Market: Perspectives in Irish ethnography' in *Anthropological Quarterly*, 57, I, 11. 1–15.

Wolf, Eric R., *Peasants*. Englewood Cliffs, New Jersey: Prentice-Hall Inc., 1966.

Yoder, Don, 'Folk Medicine' in Richard M. Dorson (eag.), *Folklore and Folklife. An Introduction*. Chicago & London: University of Chicago Press, 11. 191–215.

Zabludovsky, Gina (eag.), *Teoría sociológica y modernidad*. México: Plaza y Valdés, 1998.

Zimmermann, Georges Denis, *The Irish Storyteller*. Dublin: Four Courts Press, 2001.

Zimmermann, Georges Denis, *Songs of Irish Rebellion. Irish Political Street Ballads and Rebel Songs, 1780–1900*. Dublin: Four Courts Press, 2002.

Zipes, Jack, *Breaking the Magic Spell. Radical Theories of Folk and Fairy Tales*. London: Heinemann, 1979.

Zonabend, Françoise, *La mémoire longue*. 2ú heagrán. Paris: Éditions Jean-Michel Place, 1999.

Innéacs

feirmeoireacht 58, 70, 71, 74, 83, 95,
103, 104, 109, 113, 135
feirmeoirí beaga 85, 132
feirmeoirí móra 84, 85, 118
Feis Bhaile Bhuirne 59
Feis Inse Geimhleach 59
feodach 35, 107
Ferguson, C.A. 88
Fianna 35
Fiannaíocht 13, 101, 108
'fiántas' 7, 12
Fiche Blian ag Fás (1933) 34, 126,
127–128
file 29, 97, 99, 102
filíocht 10, 11, 30, 31, 39, 40, 88, 100,
102, 136
bhéil 86, 97, 98, 100
léannta 86, 100
Filipíní 55
Fíníní 97
Finnbheara 80
finscéal 23, 34, 35, 36, 37, 38, 40, 48,
53, 78, 134, 135
Barbarossa 40
bunúis 36
cathrach 48
Guntram 34
ósnádúrtha 53
taistil 34
Fionán 55
Fionn Mac Cumhaill 29, 40
Fionnlainn 13, 120
Fionntan 101
Firenze 40
fírinneach, fírinneacht 11, 35, 36, 51,
72, 119, 122, 123, 129
flash mob 3
Flower, Robin 16, 34, 120, 127, 128,
129
fochultúr 47, 103
foilsitheoireacht 121, 127
Foirmleachas Rúiseach 98
folk 9
Folkhemmet 9
folklore 8, 9, 10, 120
Folk-Lore Society, The 120
'Folklore als eine besondere Form des
Schaffens, Die' (1929) 98

folkloristics 9
fómhar 20, 21, 79
Fomhórach 50
Foras Feasa ar Éirinn 8, 116
forbairt 7, 57, 72, 82, 84, 92, 93, 118,
125
foréigean 21, 32, 78, 80, 92, 125
Forógra na gCumannach (1848) 5
Foster, George M. 72–73, 77, 78
Fox, Robin 32–33
Frainc 11, 13, 20, 26, 30, 51, 57, 81,
86, 87, 106, 116, 117, 120
Fraincis 10, 49, 71, 86
agus canúintí 57, 87
Francach 107, 116
Franco, Jean 122, 133
Franken 70
Freire, Paulo 73, 77
F(h)reaslannacha, Oileáin 14
fréamhshamhail 23

Gabhagán Barra 79, 82
Gaeilge iv, 12, 16, 31, 47, 48, 49, 52,
60, 62, 63, 70, 71, 78, 84, 88, 89, 90,
96, 119, 128, 129, 130, 132, 133
agus canúintí 15, 47, 60, 116, 118
agus leabhair 60
agus litriú 116, 122, 130
liteartha 127
na hAlban 47
sochtheangeolaíocht 70
Gael 39, 40, 52, 61, 87, 116
Gaelach 55, 116, 128, 133
Gaeltacht iii, iv, 14, 16, 46, 59, 64, 84,
92, 115, 122, 128, 129, 132
Gailey, Alan 47
Gaillimh 14, 28, 48, 58, 70, 82
gaiscíoch *féach* laoch
galar 39, 56
Gall 58
NuaGhall 88
SeanGhall 52, 88, 116
gaol fola 6, 7, 32, 49, 52, 69, 79, 115,
132
García Canclini, Néstor 92, 121, 131
Garraí Ghála 46
Garraí na Scaibí 46
gealach 14–15, 21, 55